鄭宏泰、高皓 著

Families
in Charge

King Makers of Macau Leading Industry

澳門龍頭
產業造王者

揸莊
家族

序

在近代中國歷史上，澳門的冒升可說是一個異數。作為一個幅員細小，偏離中原的小島，澳門因葡萄牙人東來而長年受異族管治，被不為主流價值所容的賭博業主導著當地的社會和經濟，但偏偏這片方寸之地卻能「賭」出名堂，發展為吸引全球目光的頂級賭城，甚至將長居榜首的美國拉斯維加斯也拉下馬，引來不少羨慕與好奇。

當然，最為人樂道稱奇的，相信是歷代賭王成敗興衰的故事。賭業始終是偏門生意，黑白兩道都虎視眈眈，更牽扯不少江湖恩怨；那些憑著膽識拚勁，在腥風血雨中奪取專營權，壟斷博彩業一統江湖，之後又憑敏銳靈活的營商能耐，推動博彩業不斷變革前進，同時賺得滔天財富的人，則被稱為「賭王」。

正因博彩業非正規的邊緣特質，加上賭王之路險阻不少，自然滋生出不少聳人聽聞的奇聞異事。不過，這些口耳相傳的故事大都誇張失實，作為談資尚可，卻無助了解澳門賭業與歷代經營者的實況，更遑論深入研究澳門及這些家族的成功之道。因此，我們著手翻查政府檔案及公開書面記錄，嘗試以賭王家族為切入點，了解他們的起落、取捨與抉擇，一探澳門賭業興旺的遠因近由，以及「撈偏門」的家族與傳統家族企業在經營、接班傳承上有何異同。

誠然，要研究這門非傳統的生意並不容易，更不要說這項研究牽涉了澳門這個特殊社會的多代賭王家族，因此，在啟動研究項目時，我們還是憂心忡忡、舉棋不定。但我們堅持以不偏不倚、客觀中立的學術研究視角出發，隨著蒐集的資料越來越豐富，更了解背後的情節後，我們認為這些家族能闖出新天，自有其獨特因素，至於他們在生意火紅、是非不斷之際如何應對，亦別有心思，值得借鏡。而且，博彩業主導了澳門的社會、經濟、民

生，認識賭王的故事很大程度上猶如了解澳門的崛起，對於澳門在國家和世界發展大局中保持長期繁榮穩定，亦有重要現實意義。因此，我們決定把研究成果草擬成書，為研究項目劃上階段性句號。

這項研究之所以能順利完成，全仗不同機構及師友的助力，在此容我們獻上衷心謝忱。首先，此書大部分文章曾在 2018 至 2019 年間刊登於《家族企業》雜誌，部分章節經增潤後曾於國際學術會議上發表，因此我們要感謝雜誌總編輯金碚老師、出品人王立鵬先生、副主編楊品文女士等。全因他們真誠邀請，讓我們在《家族企業》雜誌發表文章，由創刊之初堅持不輟，推動我們努力發掘研究題材，不敢鬆懈的持續筆耕，在此真誠感謝他們當初的邀請及期間的協助。

另一方面，本書第一、二章以筆者之一鄭宏泰與尹寶珊合著，於 2014 年由 Springer 出版的 *Gambling Dynamism: The Macao Miracle* 一書為基礎，再作深入分析、延伸討論與資料更新，在此向尹寶珊女士致以衷心謝忱，她在我們研究路上給予了堅實支持，令研究可取得豐碩成果。

其次，我們要向前研究助理張詠思小姐及梁俊傑先生表示感謝，他們在研究初期已參與協助搜集資料，在香港和澳門的圖書館或檔案館間來回奔走，對著那些老舊報紙或微縮片逐點逐滴地篩選，耗時不少。另一方面，亦要感謝梁佳俊博士、陳震宇博士、陳麗蓮博士及林廣志博士等在不同層面上給予的意見與幫助，更要感謝李潔萍女士、蕭炳桂先生、梁月蓮女士及陳韻晴女士協助文稿整理與校對，令本書的內容更為詳實。

我們還要向香港中文大學圖書館、香港大學圖書館、香港特別資料藏館、香港歷史檔案館、澳門檔案館及澳門何東圖書館等機構表示感謝，他們提供的寶貴資料大大充實和豐富了本研究。此外，我們還想向那些不願透露姓名但曾經協助的人士，致以最深切的謝意，感謝他們的耐心分享及無私的奉獻。

最後，我們必須感謝香港中文大學前副校長張妙清教授、清華大學五道口金融學院院長廖理教授，及澳門基金會行政委員會主席吳志良博士，長期以來給予作者的鼓勵和幫助。

雖然得到各方友好和機構的大力幫助，我們仍因沒法完全掌握政局的

急速轉變、歷史的曲折漫長、企業的興衰傳承和人生的順逆起落，書中或出現一些糠粃錯漏。對於某些疑而未決、模糊不清的地方，我們雖努力求證，但仍沒法做到完美無瑕，這是我們不想看見卻很難避免的，在此我們希望讀者有以教我，指正批評，讓我們往後的研究可以做得更扎實、更豐富。

如對本書有任何意見，請致函鄭宏泰（香港沙田香港中文大學香港亞太研究所，電郵 vzheng@cuhk.edu.hk）或高皓（北京市海淀區成府路 43 號清華大學五道口金融學院，gaoh@pbcsf.tsinghua.edu.cn），直接與我們聯絡。

鄭宏泰、高皓

目 錄

第

賭博爭辯
正反對錯利弊益損面面觀

　　從古至今，對人性本善或本惡的爭論從未歇止，更有種種質疑，為何生命充斥著苦難、邪惡橫行等，深深困擾著哲學家們。孟子和荀子對人性本質的辯論至今仍沒有回答：前者相信性本善，受外在環境影響才會生出不道德的品格；後者認為人有為惡的本性，需經過後天教育、經驗積習才會變善（Chan, 1963）。莎士比亞藉哈姆雷特對他敵人所說的一段話，尤其點出了當中的自相矛盾及悲劇本質：「人，是多麼偉大的傑作！理性高貴！能力無窮！舉止如天使！思維如上帝！是天之驕子，也是萬物之靈。但對我來說，不過是塵土的結晶」（Shakespeare 1936: 1163）。

　　即是說，哪怕是看似簡單的個人，其實亦十分複雜，善惡、正邪、好壞，在明在暗、在公在私間可以表現不同，亦可以出現巨大變化，難以由始至終的

一成不變。毫無疑問，東西方都相信人是上天的偉大傑作、具備善良，但同時，作為萬物之靈的人類，與其他生物無異，最後只化為塵土，更不要說他們其實亦有自私自利、貪婪好勝，甚至是侵略好戰的一面。因此，儘管我們明白要誠信慷慨待人，應努力守規，但卻常敵不過慾望而偷懶耍滑、因私忘公，這正是平凡人常見的複雜之處。

由於社會是無數個人聚集而成，所以我們通常將好的集體價值稱為「美德」；集體不良價值稱為「惡習」，並藉宣揚美德、遏止惡習締造美好社會。在大多數社會中，賭博不僅是一種娛樂或休閒活動，同時也是惡習。不少人曾參與其中，又有無數人想擺脫而不能，就算政府以種種手法打擊，也長期難以根除，反而時不時會「寓禁於徵」，攫取由賭博中產生的利益。至於本書聚焦的兩條主線 —— 澳門社會與四大賭王家族（盧九家族、傅德蔭家族、何鴻燊家族、呂志和家族）的變遷，說到底與澳門在特殊發展條件與背景下採取「寓禁於徵」政策有關，令經營賭場成為專營事業，吸引無數為利而來的經營者爭逐，尤其讓他們達至原始資本積累，成為巨富，然後便有了投資多元化、思考傳承接班，以及把部分財富用於慈善公益等等後續問題。

賭博的功能與反功能

在開展探討澳門社會變遷與四大賭王家族故事之前，我們不妨先從文獻回顧的角度，梳理社會及學術界對賭博正反、對錯與益損等問題的不同看法，同時亦深入一點看看古往今來，無數人怎樣藉此方法積累財富、追求財富。尤其必須注意的是，有人本來只希望養活家人，卻賺取巨財，富甲一方，進而籌劃把巨大財富與生意代代相傳——哪怕賭博長期以來被視為「偏門生意」。逐步拆解以上連串問題之前，讓我們從賭博的功能與反功能角度，了解社會及學術界長久以來的爭論。

一個不爭的事實是，大部分社會都將「賭博」視為罪惡墮落的行為，

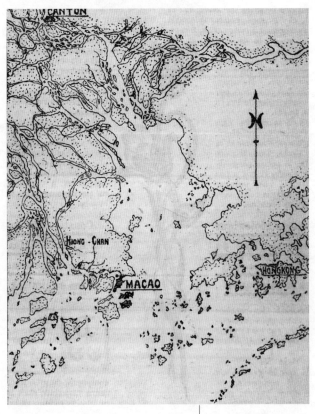

1920 年代前澳門地圖

需要禁止或規限。雖則如此，賭博在人類社會卻極為普遍，從古至今未曾停歇。有人視賭博為一般休閒娛樂，所謂「小賭怡情」；但亦有人直斥賭博會導致嚴重社會問題，滋生罪惡，腐敗人心。前者認為賭博乃人性所在，只要適當規管便可以了，政府把問題公開化，作好管理，不但能增加政府收入、創造就業，更能帶動整體社會經濟；但對反對者而言，從賭博獲得的不過是小利，長遠而言整體卻要付出巨大社會成本，絕對是飲鴆止渴，得不償失。在討論兩邊看法前，有必要先定義甚麼是賭博。

通常，賭博被視為「機會的遊戲」，2012 年版的《麥米倫詞典》（*Macmillan Dictionary*）將賭博（gambling）一詞定義為「一種以金錢冒險的活動，期望好運或猜測正確令你贏得更多金錢」或「在可能給你帶來重大利益的事物上冒險」。如果採用這樣寬廣的定義，那賭博在人類生活中無處不在，從擲硬幣決定開球先後、誰午餐付款，到在股票市場賣買股票、債券或衍生品。當然，這些活動涉及的風險通常與收益相對應，即「高風險高報酬」。因此，我們可以看到，賭博是如此普遍且人人都會參與，「從個人關係到國際政治，幾乎在生活各個層面都可以找到」（McMillen, 1996: 6）。有趣的是，儘管賭博大多涉及金錢，可以用數字計算，但其社會成本卻難以客觀地量化或衡量；因此，賭博總是惹起複雜的、永無止境的爭議（Cozic and Winters, 1995; McGowan et al., 2000）。

不少研究都會從賭博對社會的功能入手，試圖解釋為何賭博一直與人類社會共存。根據結構功能主義的看法，人類社會是由無數個體、小群體及機構組成，為了維持團結及暢順運作，各部分都必須擁有一些共同價值，並定立一些共同遵守的規則，在社會中各司其職，貢獻所能，社會才能順暢運作，否則整個架構都會分崩離析。各部分的貢獻或功能有些是外顯、有意為之；有些則是內隱及無意識的。因此，任何長期存在於社會的現象，必有其貢獻或價值，否則這現象定會日漸消亡，不復存在（Parsons, 1949; Merton, 1957）。

由是觀之，賭博能長存於人類社會，亦應該代表它對社會有其功能或貢獻。有人認為賭博是人類天性的一部分，「對賭博的慾望，願意冒險圖小利，渴求不勞而獲，是人最基本的天性」（Li and Smith, 1976: 189）。若將這天性

放在社會結構內考量，那賭博便具有滿足人類愛好刺激、讓人放鬆、冒險娛樂，以及好逸惡勞、坐享其成等重要及正面的作用（Cozic and Winters, 1995; Reith, 1999; Pantalon et al., 2008）。賭博也因此與工作及其他活動一樣，被視為是有認可的社會義務，其存在本身已是一種目的（McMillen, 1996）。

賭博還有另一項較少人提及的功能，那就是作為社會的「安全活塞」或「減壓閥」。在日常生活中，人類難免遇到各種各樣的挫折 —— 貧困的生活、失敗的人際關係、待不下去的職場、可望而不可即的慾望等等。若這些挫敗不滿一直積累而無法抒解，一方面可能會損害個人精神健康，另一方面可能轉化為反社會或暴力行為，影響整體社會穩定及安全。宗教是遇上挫折時其中一種慰藉，賭博可能是另一種，當然亦有人以煙酒等應對。透過刺激的賭博，人們能逃出沉重平庸的生活，忘卻自己一事無成的現實。因此，有論者認為，賭博有助宣洩壓力，維持社會穩定（Devereux, 1968; Fabiansson, 2010），猶如壓力鍋上的放氣閥，具相當重要的排氣作用。

正因賭博能為社會排氣抒壓，尤其是不懂尋找其他途徑的低下階層，有意見乃提倡將其合法化。Campbell（1976）研究揭示這一特點，他發現，某程度的賭博，能為工人階級減輕抑鬱的情況，因為在日常刻板的勞動中，他們無權作出決策，只能默默聽從指揮，重複單調的工作；但在賭博時，他們不但能作決定及選擇，而且，賭博能為他們帶來勝利的希望、擺脫貧困的可能，以及在過程中感到愉悅興奮的快感。有研究指若在沉悶工作的休息期間，為他們提供這項「娛樂」，不但能提升工人的生產力，更能減低工業意外及曠工的日數。

就算對中產及精英階層而言，有論者也認為賭博可提升他們的自尊，以及為他們提供一個向上流動的機會或希望。Veblan（1953）觀察到，早在19 世紀末（1899），富裕階層已喜歡透過炫耀性的消費，來展現他們高人一等的社會地位和財富，賭博正是其中一種他們用作炫富的活動。而據 Scodel（1964）之言，由於美國社會強調競爭，大家各憑本領向上爬，中產及精英階層會害怕因失誤而變得一無所有，淪落到社會底層。這個階層瀰漫著壓力及不安全感，因此，他們會透過賭博來肯定自己，相信自己有能力作決定，藉此確認一切都在掌控之中。甚至有研究指出，賭博是中產階層通往成功的其

中一條管道，「可以忽視現實上處處受制，成功機會渺茫之苦」（Li and Smith, 1976: 193）。當然，對某些人而言，他們真心相信賭博是「發達之路」（Cooper, 1995: 26）。

最後，從一些跨文化的比較研究中可以發現，某些社會並不把賭博視如蛇蠍，而是具有一定正面意義，例如出現在一些特定宗教場合或團體活動之中，勝出者常被視為神祇的決定或祝福，具有「加持」的效果（Geertz, 1972: Altman, 1985: Duara, 1995）。或許正因賭博依靠運氣，就如人生一樣禍福無由，唯有信靠冥冥中有主宰的神祇，才會降福於信眾，所以能成為某些社會信仰與宗教的內涵。

除了以上那些較外顯的功能外，賭博還有一些常被忽略的潛在利益：作為勤勞、誠實及克制慾望等道德行為的底線。根據 Durkheim 提出的報應性懲罰理論（retributive theory of punishment），由於社會由太多部分組成，大家各自獨立，差異甚大，而且利害相關未必一致，要取得共識、達到團結是一件必須卻十分困難的事。因此當有人作出一些脫軌偏差的行為時，讓大家看到這些人受到責罰，便成為一道清楚可見的邊界，讓大眾知所依從。Durkheim 還透過兩個重要概念「常態化罪行」（the normality of crime）及「不良行為的社會作用」（the social utility of mis-behaviour），以違法行為為例，闡述罪行亦是健全社會的組成部分，由於這些行為破壞了集體道德意識，當這些行為受到懲治時，亦代表集體道德意識再一次被重申及被遵行。而賭博這種祈求不勞而獲的行為，自然會因觸犯道德底線受到譴責，這便成了一種潛在功能，猶如豎立在懸崖邊的告示牌，警告世人不可妄動貪念，否則會粉身碎骨。

簡而言之，在功能學派眼中，賭博既有顯性的娛樂功能，又具有隱性作用，乃社會安全閥，可以減少壓力；更能作為反面例子，告誡社會大眾，哪些屬於社會不容許的行為，若然違反，必會受到懲罰。故它不再單單是與生俱來的慾望，還有讓參與者展示個性及捍衛社會價值的重要作用。因此，對功能學派社會學家而言，雖然賭博會為個人或社會帶來一些問題，但實在是社會的必要之惡。

若按「無功能者不能長存」的原則，賭博既能普遍長存於中外社會，似乎證明它真的對世界有用。但當然，就如銅幣的兩面，賭博同時有不少

壞處，其中最明顯是它會令人「上癮」，不止造成個人或家族財務上的損失，更會毒害個人甚至整體社會（Zola, 1967; Centre for Social and Health Outcomes Research and Evaluation and Te Ropu Whariki 2008）。亦有人認為賭博是軟弱無能、缺乏自制能力的表現，沉迷賭博會「形成自甘墮落的個性」（lead to [a] dissolute character）（Zabilka, 1995: 33）。假使這種只想靠「彩數」、只想不勞而獲的心態蔓延開去，將降低大眾勤勞的意志，導致生產力下降；積穀防飢、未雨綢繆等價值亦會隨之消失（Paton, 1914; Ramp and Badgley, 2009）。

賭博另一個常被詬病的地方，是它總是與其他惡行共存共生：病態賭徒、酗酒、濫用毒品、家庭暴力、賣淫、青少年犯罪、黑社會、貪污、高利貸、洗黑錢等等。政府要用大量公帑以應付這些問題，包括提供精神輔導、藥物醫療、宣傳教育，甚至增加警力及懲教機關以打擊相關罪行。一旦政府應對失誤，種種惡行將如雨後春筍般一發不可收拾，危害整體社會安全（Collins, 2003; Graffam and Southgate, 2005; Spectrum Gaming Group, 2009; Williams et al, 2011）。

從賭博在人類社會存在已久的現實問題看，它的確能滿足不少個體追求快樂、刺激及放鬆等基本需要。同時，它也有其社會功能，疏導個人的不滿、釋放社會壓力，又能作為反面教材，令個人依從常規。不過，從大多數社會都將賭博視為不道德行為，甚至要立法禁絕可見，賭博亦為社會帶來不少嚴重問題，危及個人及社會利益。由於賭博基本上難以杜絕，與其不願正視，將之掃進地毯底下，不如以理性客觀的態度去了解賭博，才能好好應付由此而生的問題，甚或更進一步，清楚其強弱優劣並善用之。

賭博的道德與不道德

賭博的爭議，除了對個人及社會是福是禍、有益還是有害之外，亦有不少討論到底是否合乎道德。儘管大家同意賭博某程度上源於人的天性，但應否滿足這天性卻見仁見智。雖然長久以來賭博都與人類社會共存，但人類大多數時候都將它視如蛇蠍，用種種方法禁絕之，可見大部分社會認為它是不道德及對大眾有害的行為。將賭博視作邪惡其中一個原因是宗教（Zabilka, 1995）。大部分宗教對人的行為都有規範，負責界定其可不可為，故一些個

人行為如賣淫、同性戀、賭博等，就算沒有對第三者構成傷害，仍會被指摘為傷風敗俗、德行有虧。

以基督教社會為例，清楚可見過去一直將賭博界定為自私的惡行，違背了上帝的教導（Cooper, 1995）。在聖經《出埃及記》（Exodus 20:17）的十誡中寫明：「汝不可偷竊」，而賭博某程度上是「有意圖在不付出的情況下獲取他人的財物」（Zabilka, 1995: 33）。因此，賭博在廣義來說，是一種雙方同意下的「偷盜」，鼓勵人不用透過勤勞工作來獲取財物。同時，它亦違背了十誡中「汝不可貪圖」的上帝命令。由於賭博犯了基督教七宗原罪中「懶惰」及「貪婪」兩大罪，難怪會被不少社會所禁。

除了違背基督教教義外，不少社會因賭博會滋生犯罪行為而下禁令（Bankoff, 1991）。儘管賭博不被社會容許，但由於利潤可觀，加上人的天性，自然有不少人會陽奉陰違，鋌而走險，只是將之轉至地下，由有組織的犯罪份子操縱（King, 1969; Dunstan, 1997）。而為了地下賭場能順利營運，犯罪份子都會大灑金錢，賄賂官員或執法人員，要他們隻眼開隻眼閉（Dombrink, 1996），賭博因此與不少罪行糾結在一起。

近年不少心理學、腦神經科學等研究顯示，賭博和藥物成癮十分相似。1980 年出版的《心理疾病診斷與統計手冊》（*Diagnostic and Statistical Manual of Mental Disorders*），便將「病態賭博」列入其中，屬「無法歸類的衝動控制違常」（Impulse Control Disorder Not Elsewhere Classified）。研究顯示，在賭博時，大腦中報償系統的神經，會釋放出多巴胺，帶給人們滿足感，令人們沉迷其中，養成習慣，不能自制。單在美國，便有大約 200 萬人沉迷賭博，多達 2,000 萬人的工作和社會生活嚴重受到賭博的影響（Jabr, 2013）。還有，賭博成癮會帶來債台高築、激化家庭衝突等問題（National Research Council, 1999）。如此種種，自然加深人們對賭博的反感及不道德印象，賭場亦成為罪惡的淵藪。

賭博雖有諸多為人詬病之處，但隨著 1960 年代自由主義在西方興起，社會上開始出現一些價值觀的轉變。1957 年，英國發表的《沃爾芬登報告》（*Wolfenden Report*）建議不應將同性戀行為視為犯罪，在英國引發廣泛討論，對於那些「沒有受害人的罪行」，一批較開明的社會及犯罪學者認為應將之非刑事化。這種觀點招來保守主義者猛烈反擊，他們堅稱「某些壞行為雖

然只對個人造成損害，但當跟風者眾，仍會破壞整體社會」（Dombrink, 1996:
46）。其後，相關爭論雖然降溫，但對於個人惡習是否應由法律制裁等議
題，畢竟引起不少反思（Kadish, 1967; Skolnick, 1968），由於大眾價值觀的轉變，
令法庭亦開始對墮胎、吸食大麻的判決採取較寬容態度。

　　相對而言，賭博在不少社會似乎是「最可接受的惡習」（the most socially
acceptable vice），部分政府甚至會有官辦的賭博，如賽馬或彩票等。在歐洲，
歷史記載最早的彩票可上溯至 15 世紀的法國和比利時，目的是為構築防禦
工程及救濟貧民籌措經費。1530 年，意大利出現第一間公開發行彩票的機
構。在英國，1566 年曾批准發行彩票，集資修建港口和彌補公共支出，《不
列顛百科全書》的「彩票」（Lottery）條目中便有介紹。至 1970 年代，西方開
始有系統地研究合法商業賭博的可行性，大部分指賭博對社會或個人的傷害
輕微，亦不會對社會穩定構成威脅或太衝擊道德底線，公眾對賭博合法化的
反對亦不會太大（Geis, 1972; Skolnick and Dombrink, 1978）。

　　在研究支持及自由主義思想的擴散下，社會對賭博這些「沒有受害人的
罪行」態度亦日漸軟化。美國內華達州首先通過法例將賭博合法化，新澤西
州及南達科州隨即跟進，容許州內興建賭場，這些州份之所以要向「邪惡」
屈服，主要是因州政府面對嚴重的經濟衰退，急需賭博稅收支持福利等開支
（Abt et al., 1985）。到了 1990 年代，賭博合法化的規模更大幅蔓延，伊利諾伊
州、印第安那州、密西西比州、路易斯安那州等紛紛通過法案，容許在政府
監管下開賭，並視之為振興經濟之有效舉措（Chambers, 2011: 91）。

　　之後，不但大型賭場在這些州份如雨後春筍般出現，其他形形色色
賭博如賽馬、賽狗、角子機、體育博彩、電子撲克等亦紛紛出台。進入新
千禧世紀後，線上博彩更是大行其道，不少人足不出戶亦能參與，市場因
此更為膨脹。儘管不同統計數據對博彩市場發展的評估存在一定差異，但
基本指向是市場空間巨大。據國際數據庫 IBISWorld 有關行業發展的統計，
2013 年，全球線上線下賭博市場達 3,086.31 億美元，之後數年漸見下滑，到
2019 年時下調至 2,715.72 億美元。雖受全球新冠疫情影響，2020 年大跌至只
有 1,787.32 億美元，惟之後逐步回升，哪怕疫情仍未受控，在 2021 年已反彈
至 2,072.34 億美元，2022 年再升至 2,617.72 億美元，2023 年更預計達 2,792.94 億

美元（IBISWorld, 2022）。可以看到，全球賭博市場空間巨大，科技改變不但無阻其發展，反有助其開拓，全球疫情大流行雖令其受到巨大打擊，但不久便能克服，令博彩業較其他產業更快速復甦（Los Angeles Times, 2012: IbisWorld, 2022）。如俗語所言：「昨日之罪惡多成今天的娛樂」，賭博正是這句話的寫照（Zabilka, 1995: 30）。

大眾及政府對賭博的態度，由嚴重的惡行變成「沒有受害者的罪行」，再轉化為能增加稅收及提供就業機會的合法公業，就像 18 世紀哲學家曼德維爾（Bernard Mandeville）在《蜜蜂的寓言》（*The Fable of the Bees*）一書所提及的悖論，「私人的惡毒即公眾之利益」。他認為，由個人貪婪及私慾支配的惡行，對整體社會有正面作用，是社會繁榮的能源；相反，宗教對貧民灌輸美德等觀念是虛偽的，對社會進步毫無助益（Mandeville, 1981）。

當然，曼德維爾「有違道德」的觀點很快受教會指斥，但他提倡「私惡即公德」的悖論，卻引起不少學派的討論。之後，現代經濟學之父亞當・史密夫（Adam Smith）的兩本巨著《道德情操論》（*The Theory of Moral Sentiments*）及《國富論》（*The Wealth of Nations*），提出個人為了爭取自己的最大利益，會在無形中或不自覺地進行合作，令經濟繁榮及進步，立論便明顯有曼德維爾的影子。

在這樣的思潮影響下，難怪在 1970 年代開始，越來越多州份將賭博非刑事化，大眾對賭博的接受程度越來越高，由視之為罪惡的淵藪變為社會認可的事業。儘管如此，人們對賭博是否合乎道德仍有不少爭議，最近的一些調查中，仍有 32% 的美國人及 28% 的加拿大人認為，賭博是「道德上錯誤」的（Chambers, 2011: 67）。對賭博反對最力的，當然是宗教及慈善團體，不少仍堅拒接受來自賭場的捐獻。顯然，儘管不少國家不再將賭博視為非法活動，但對這行為是否有違道德的爭議仍未平息。

賭博合法與否的利和弊

歷史已證明，將賭博當作非法活動並沒能將之解決或消滅，猶如將垃圾掃入地毯底下，表面上是光鮮了，但積存在暗角的污垢病毒，有日終將反撲。因為賭博源於人類的本性，極難根除滅絕，加上它能對政府財政帶來裨

益，故自 1980 年代起，不少西方政府認為與其讓賭博在不見天日的地方滋長蔓延，倒不如放在陽光底下，由政府立法監管，反而有利控制賭害，同時人們又能在適當場合下，享受賭博帶來的刺激，為社會「減壓」。

當然，由於社會仍未能對賭博是否合乎道德達到共識，將賭博合法化甚至提倡賭博自然爭議不少。傳統觀點仍視之為病理及精神上的禍害，容許賭博對個人、家庭或社會都是一個極大的隱患。此外，亦有觀點認為不應容許賭博這種非生產性的尋利活動（Bhagwati, 1982; Dixit and Grossman, 1984）。但自由主義者則認為賭博就如體育或大眾娛樂等，能刺激消費、創造就業機會及增加庫房收入。從 1960 年代起，不少地方設立了合法賭場，並視之為一種高利潤工業，顯然後者的想法佔了上風。

不少研究顯示，大部分社會在 1970 年代將賭博合法化，是源於持續的經濟不景及社會開支不斷增長。當時，由於經濟出現結構性改變，傳統工業沒落導致失業率大升，逼使政府引進新行業以吸納勞工。同時，福利社會的興起令政府支出大增，自然需要開闢新財源（Chambers, 2011）。在此情勢下，博彩業被視為能吸引投資、挽救財困、增加就業的救命稻草，有了前所未見的興盛發展（Smeral, 1998; Alexander and Paterline, 2005; Eadington and Doyle, 2009; Calcagno et al., 2010; Williams et al., 2011）。

根據贊成者描述的美麗玫瑰園，一旦賭博合法化，商人將投放資金興建賭場、酒店、商場、主題公園等周邊配套設施，令建築業、運輸業、金融保險業等相關行業興旺起來，增加大量工作職位，失業率下降便會帶動工資上升。此外，賭博專營權及博彩稅等能增加政府收入，政府便有足夠財政盈餘提供福利開支，全民均受其利（United States General Accounting Office, 2000; Collins, 2003; Williams et al., 2011）。

除了龐大的直接收益，賭博合法化後還會帶來間接的經濟利益。首先是賭業將帶動旅遊業及周邊行業，旅客自四方而來雖說是為了賭博，但他們亦多會順道旅行購物、品嘗地道美食等，因此各行各業都有機會受惠。當整體經濟表現提升，亦會增加當地的競爭力。而且由於賭業吸引的是世界各地的旅客，亦會令地區與世界聯繫更緊密（Bybee and Aguero, 2000; California Economic Forecast, 2008; Lahr et al., 2010）。

最後，從自由經濟主義者的角度，賭博只是一種正常不過的消遣娛樂，將賭博視為犯罪，違背了「消費者自主權」，因為消費者有權選擇如何使用自己的金錢，除非對別人構成傷害，否則政府不應插手干預，而通過立法禁止賭博，就是政府不當干預的例子，剝削了部分人的消費權（Lehne, 1986; Productivity Commission, 1999; South Waikato District Council, 2006）。簡而言之，賭博合法化既帶來金錢利益，亦配合現代對個人權利越來越重視的自由主義之風，故開放賭禁的地區自然越來越多。

雖則如此，仍有不少人贊成禁賭或限制賭博，他們認為所謂的經濟收益是大大地被誇張，卻低估了賭博對經濟及社會的負擔。首先，開放賭禁後大量熱錢突如其來的湧入，令地產物業大幅升值，租金及日常用品等價格亦會因此而提升，影響當地市民的生活，而勞動階層及低收入人士受苦最多。此外，急速擴張的賭業會打擊當地的生產業，因為不少賭場都是大集團連鎖經營，大多有一連串的生產線或公司為賭場提供全方位的產品及服務，本地公司根本難以插上一腳，甚至會因無法與外來的大集團競爭而被趕出市場，結果本地人營運的小公司反因此被迫關閉（Goodman, 1995; Grinols, 2004; Walker and Jackson, 2007）。

除了本地公司會被吞噬，開放賭業也會對當地勞工及居民生活做成損害，因為有證據顯示，賭場通常以當地勞工欠缺能力或經驗為藉口，拒絕聘用，同時大量輸入外地勞工（Dunkley, 2010; Lages, 2010），只有少數當地居民能在這個新興行業找到工作，其餘大都被拒諸門外。

雖然提倡開放賭博業的人再三強調賭場能提升經濟，反對者則大聲警告，所謂提升不過是表面數字，只有少數人能分享成果，大部分人都無福受惠，甚至可能受累。當賭場會帶來好處的期望落空，而社會貧富差距越見明顯，自己的生活每下愈況，反會增加社會不滿（Kindt, 1995; Grinols and Omorov, 1996; Walker and Jackson, 2007）。

就算賭博可振興整體經濟，但對當地人而言卻未必能分享成果。始終賭場是一種依賴外來消費的服務業，越多非本地賭徒及遊客光臨，賭業或周邊經濟才能受益（Eadington, 1995）。因此，只有賭場能吸引大量外來遊客，才對該地區有助益；若賭場的客源主要是附近居民，那恐怕除了賭場外，當地

社區受惠甚少。

反對者進一步指出，就算大量外來旅客能帶來滿意的收入，當地經濟能受惠的可能也不多，因大部分收入只會落入外來的賭場大亨口袋中。始終在政府批出賭場專營權時，能成功奪標的都是外來營運者，他們有經驗、有人脈，資金及背景雄厚，本地投資者根本不能相比。這些外來的賭場大亨賺到錢後，自然會運回本家投資，鮮少會將資金重投當地。而且，從外購買賭場設備及支付專利等費用，又會進一步加速資金流出。因此，有說法指「賭場就如一個吸走當地資金的黑洞」（Rose, 1995: 150）。

由於賭場的經濟效益會隨著競爭者增加而減退，特別是當鄰近地區發覺有利可圖時，便會一窩蜂加入，希望分一杯羹。而由於競爭者林立，賭場經營者當然會向政府施壓，要求降低專利稅收，令政府收入減少（Bloomberg, 1995）。因此那些指賭場能為當地帶來穩定財政收入的說法，站不住腳。反對者認為，最重要的是，「所有正面影響都將完全被負面影響所抵銷，而這些負面的影響是絕對沒有人想要的」，因而指支持者所謂的好處如「傻瓜的金子」（fool's gold），一切只是虛幻而已（Kindt, 1995: 143）。

除了駁斥賭博合法化可能帶來的經濟利益外，反對者還認為賭博合法化實際上會引發許多社會問題，個人、家庭以及整體社會將付出巨大的代價。首先，由於賭博是一種令人上癮的「商品」，經營賭博者又常與黑社會、高利貸等罪行相關，因此非法活動會在社區中逐漸出現；此外，病態賭徒等問題亦會開始浮現，影響個人及家庭幸福（Smith et al., 2003; South Australian Centre for Economic Studies, 2008; Clark and Walker, 2009）。為了應對這些與賭博有關的種種問題，政府支出實際上只會不增反減。

此外，有論者認為賭博合法化會加劇酗酒、吸毒、賣淫、家庭暴力及洗黑錢等弊端。密歇根州的總檢察長指：「（因開放賭博業）帶來的金錢很快便將耗用於控制犯罪的執法行動」（Kindt, 1995: 137）。Bloomberg（1995: 157）則指，賭博合法化猶如打開「潘朵拉魔盒」，附近社區不可能不受邪惡影響。若將維持社會秩序的巨大社會成本，與賭博不確定的經濟利益及政府收入比較，結論是合法賭博對整體社會絕對是弊大於利，因此，他們堅決反對賭博合法化。

支持者駁斥了賭博加劇犯罪和社會弊端的批評，表示沒有數據證明賭博合法化與犯罪率上升之間的關係。Rephann 及其同事研究了 1989 至 1993 年期間美國不同州份的 68 個賭場，觀察到「將設有賭場與沒設賭場的地方比較，前者沒有湧現犯罪浪潮」、「在賭場營運期間，兩者罪案數字沒有出現統計學上顯著的差異」(Rephann et al., 1997)。另外，有人指大多數製造業都會造成污染及一些負面影響，但大家仍允許它們繼續運作，賭博業作為「無煙工業」，雖無可避免地會對該地帶來負面影響，但這些後果卻被誇大了(Single, 2003)。在採用「疾病成本法」計算時，支持者發現，用於預防及治療成癮、執法及相關生產力損失的支出，遠低於賭博合法化所產生的收益(Walker, 2007)。

顯然，賭博合法化的推廣者駁斥了反對者的論點，堅持開放賭博業不僅會創造大量就業機會，還有助旅遊等不同行業，增加政府收入並刺激其他領域的經濟活動。通常，支持者多採納純粹的經濟學觀點，主要依靠本地生產總值（GDP）、就業率和公共收入等客觀指標作證據。相反，反對者傾向於採取社會經濟立場，並使用諸如社會價值、民意或市民不滿等主觀指標。即是說，大家基本上各說各話，亦各取所需。

賭博作為原始資本累積的手段

我們常說，人類社會前進的道路崎嶇曲折，有時更充滿血腥，因為當中雖有人性本善、大愛無疆、急公好義等正直信念或價值，但同時卻有不少暴力劫掠、以強凌弱、欺詐壓迫、從中剝削等旁門左道行為，揭示人類社會一如日有畫夜、月有圓缺般，並非一面倒，而是既有光明面，亦有陰暗面。就算是主導當今世界秩序的資本主義制度，其前進歷程亦展示了同樣特性，早期發展更是十分醜陋，例如為了奪取原料、侵佔市場，從而達至原始資本累積，不惜發動戰爭，攻城掠地、擴張殖民。在殖民地則採取種族主義政策，不但視被統治者如草芥、低等民族，更大肆掠奪被統治地方的資源，以供本身揮霍享受。

澳門和香港無疑是中國領土上率先接觸現代資本主義，並且採用資本主義制度的地方，其發展過程亦沾染不少為達至原始資本累積而不擇手段的

色彩，用馬克思的話是使用暴力、征服、奴役等手段（Marx, 1981）。從某個層面上說，兩地有些家族的崛起發跡——即原始資本累積的過程，同樣有類似以不光彩手法攫取財富的問題，簡單而言是行捷徑、撈偏門、鋌而走險，力求既快又巨地積累財富，其中最突出賺快錢、賺多錢的例子，便是經營妓院、鴉片煙館或賭館，以及在市場上進行投機倒把等（鄭宏泰、黃紹倫，2006 及 2010）。

這裡不妨先粗略勾勒學術界對資本主義因何能誕生，以及其如何能迅速發展，向全球擴散的問題。扼要地說，西方學術界對現代資本主義的誕生，基本上有兩大觀點，其一是韋伯（Max Weber）所指的基督新教倫理，其二是宋巴特（Werner Sombart，另譯桑巴特）的猶太教倫理。兩者都拉扯到宗教信仰上，而且都由德國學者提出，均染上了唯心主義色彩，並得出只有西方社會與文化才有資本主義精神，孕育資本主義，其他宗教信仰、社會或文化則欠奉的結論。

由於有關這兩方面（基督或猶太宗教信仰）的討論與本研究沒甚關係，因此略過不表，惟如何能落實原始資本累積的問題，則無論是對國或家而言均備受關注，本書希望在家的層面，尋找一些能夠帶來啟發的發展經驗。在一般情況下，賺取收入、累積財富的途徑，不外乎正途的工作薪金、營商盈利、投資所得、繼承、找到新資源等，稱為正財；另一方面是採取非正途的手段攫取財富，例如搶劫、掠奪、詐騙、貪污等，一般稱為不義之財，或通俗點稱之為「黑財」（黑錢）；第三種是介乎正財與黑財之間，從灰色地帶獲得的財富，例如合法經營鴉片、妓院和賭場，便屬於這種類別，社會視之如偏財。

在一般情況下，正財只能一點一滴積累，且需很有利條件配合，很難一夜致富。相對而言，若能有運氣配合，加上某些力量，黑財與偏財則較易在短時間內取得，惟當中必然亦有巨大風險，偶有不慎，可以帶來致命打擊，這亦是那些靠偏財或黑財致富者，總會高度警惕，生怕掉進那個「三更窮五更富」的困局之中。

從賭博中獲得的財富，屬於偏財類別。同樣地，對一般人而言，在賭枱上贏錢，越多越快越好，相信乃無數賭仔賭女的夢想，當然還有寄望中彩

票之類的想法，可讓自己一夜致富，不用甚麼努力便可達至原始資本積累的目標，但古往今來有多少賭徒如願以償，靠賭錢發達，實在極為罕見。但是，自進入現代社會以來，憑經營賭場成為巨富者，則屢見不鮮，此點揭示獲政府批出賭博專利牌照者，近乎找到金礦，可以財源滾滾。正因如此，哪怕經營賭場被視為偏門生意，仍吸引不少人爭奪，獲得專營權者，自然成為最大贏家，可以真正地憑此生意累積原始資本。

在一個特定時空環境下，當澳門政府為了爭取稅收而採取賭博合法化政策時（參考下一章討論），不少希望藉此生意積累原始資本的人，乃如蟻

1920 年代澳門全境地圖

1920 年代澳門風景

附膻般湧至，投身其中。儘管最終能夠成功，登上賭王寶座者極少，但畢竟指出一個重要方向：憑經營賭場可以致富，達至原始資本積累的目標，那些賭王更因此成為澳門經濟及社會指點江山的人物，對社會和經濟發展具有極為巨大的影響力。

由此帶出的另一必須注意的特點是，與一般生意經營不同，經營賭場牽涉黑白兩道、三山五嶽人物，賭徒在賭枱上輸贏之時又容易有爭拗，可見此生意實在是非極多，並非一般人能輕易駕馭，揭示能夠成為賭王者，不但只營商上有過人之處，在江湖上亦必然有呼風喚雨的能力與膽量，尤其要有號令各方的權威。

從這個角度說，19世紀澳葡政府將賭博合法化，使得不少經營者爭奪賭場利益時，那些敢於參與其中者，必然需有宋巴特口中懂得「用武力、用魔術、用計謀、用新發明和用金錢去獲得財物」的能力，俗語中的「斯斯文文」者必難成事，很難突圍。

事實上，葡萄牙與英國取得澳門與香港統治權，進行各種資源掠奪，正正反映那些赤裸裸的武力、魔術與計謀等手段行之有效。他們將不少不符合傳統道德的生意——即經營鴉片進出口及銷售、苦力勞工（俗稱「豬仔」）貿易、賭館及妓寨等——列為專利事業，美其名是寓禁於徵，實質是不擇手段，藉以加強資源掠奪，從而強化或維持自身在這兩個地方的統治。與殖民政府急功近利步調一致的，當然是爭逐那些生意專營權的商人，他們為爭奪那些利潤豐厚的偏門生意「打生打死」，失敗者迅速消失在風高浪急的商海中，勝利者則名利雙收，受人膜拜。

更確實點說，自澳葡政府宣佈推行賭博專利經營後，為著爭奪此經營牌照明爭暗鬥者可謂不計其數，最終雀屏中選者，則常被冠上「賭王」稱號。撇除一些短暫時期或過渡性人物不談，在澳門賭博合法化的百多年間，有四位備受注目、叱咤一時的賭王，他們便是盧九、傅德蔭、何鴻燊、呂志和。儘管過去的不少討論或故事對這四位賭王已有不少論述，但缺乏把他們綜合在一起的分析，尤其從領導人物，甚至是家族多代人傳承與發展的角度，再結合港澳兩地社會變遷脈絡的梳理。本研究乃希望在這方面作出一些補充和思考，並藉此說明家族落實原始資本積累過程的辛酸與不擇手

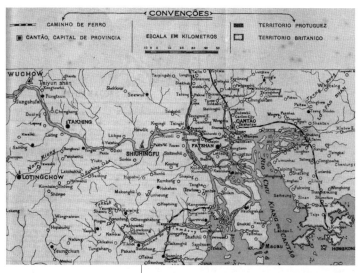

1920 年代澳門與香港在珠江口的位置地圖

段，從而揭示港澳社會走向興盛的曲折道路。

二戰後賭場資本主義的興起和擴散

人類社會的其中一個重要發展階段，必然是第二次世界大戰之後全球秩序重建，當然還有科技突飛猛進與不同產業巨大變遷帶來的全方位衝擊。就以博彩業而言，在第二次世界大戰前後，雖然賭博在某些地區已合法化，但通常被視為是骯髒或邊緣化的生意。許多政府堅持對賭博採取清教徒態度，故此時道德論者佔上風，賭風並不興旺。第二次世界大戰後，尤其 1960 年代自由主義蔓延以及 1970 年代長期經濟衰退後，不少西方自由主義政府逐漸改變了對賭博的態度，轉折點主要是認同賭博合法化帶來的龐大好處：增加就業、推高工資、吸引資本流入、增加稅收、為消費者提供更多選擇等，且能增強當地的競爭力（Walker, 2007; Williams et al., 2011）。

實際上，儘管人們認為賭場賭博可以帶來一定的經濟利益，但如果未能改變公眾對賭博的觀念，要合法化仍是相當困難的，故此政治倡導起了一定作用。研究發現，自 1960 年代以來，除了技術進步使工業生產成本變得更

便宜，運輸更容易之外，《布雷頓森林協定》（*United Nations Monetary and Financial Agreements*）破裂，進一步刺激投資者尋求跨國投資機會，以獲更好的回報，工業生產也漸漸從西方國家轉移到發展中國家（Sassen, 1998）。

結果，不少已發展國家都面臨經濟衰退和失業率上升等結構性問題。儘管政府收入因經濟收縮而減少，但用於教育、醫療保健和社會服務的公共支出持續增加（Calcagno et al., 2010）。面對巨大的社會及經濟政治壓力，許多政府為贏得選民的支持，決意採取非常規措施以促進經濟增長，就如哈貝馬斯（Habermas, 1976）的論點是：不能確保經濟繁榮的政權，將面臨合法性危機。

毫無疑問，始於1960年代的思潮改變，為不少西方政府提供了絕妙的契機，可將傳統上受到譴責的行為轉變為賺錢的事業，幫助他們擺脫困境（McMillen, 1989）。1970年代以前，奧地利、法國、德國、意大利和英國等西方國家已小規模地將賭博合法化，並限制其地點、營業時間，以及只能接待有錢的顧客或遊客，當然也不准進行公開宣傳或局限其宣傳管道（Collins, 2003; Chambers, 2011）。換言之，當時雖已有賭場，但規模不大，數量不多，故未有帶來顯著的影響。

不過，1970年代全球發生多次石油危機，嚴重損害了不少發達經濟體，越來越多的政府嘗試透過賭博合法化這個捷徑以擺脫經濟困境，賭博業的擴張猶如坐上高速列車。在美國這個全球最大的賭博市場，1980年之前，只有兩個州（1931年的內華達州和1976年的新澤西州），將賭場賭博合法化；1989至1996年間，又有九個州將賭場合法化（Calcagno et al., 2010）；到2011年底，已有38個州營運了445個陸上或河船賭場、47個賽馬場、459個部落賭場（tribal casinos）、517個牌室，以及11,091個電子賭博設備。該年，商業賭場收入達到356.4億美元，繳交了近79.3億美元的直接賭博稅（American Gaming Association, 2012: 4）。像其他任何行業一樣，賭博業也有興衰週期，儘管如此，與其他單一行業相比，賭博業的年總營業額仍令人咋舌。

新自由主義和賭場資本主義的興起，不僅發生於美國，在全球不少地方也蔓延甚速。據非官方統計，從1970到2005年，容許設立賭場的國家（不包括賭場以外其他形式的賭博，如彩票和老虎機），從8個增加到19

個（Chambers, 2011）。截至目前，賭場數量最多的前五個國家，分別是美國（1,511）、法國（189）、俄羅斯（169）、荷蘭（167）和英國（144）；設有最多賭場的城市，頭五名依次是拉斯維加斯（122）、邁阿密（74）、莫斯科（54）、塔林（40）和澳門（32）（World Casino Directory, 2012）。至 2008 年，在全球 197 個國家中，有 136 個國家設有賭場（台灣行政院經濟委員會，2008）。

之後，儘管仍有地方或政府容許賭博合法化，藉以開闢財源，吸納好賭一群光顧，但增長速度已經減緩。雖則如此，另一股賭博潮流卻在興起，那便是線上賭博，它以全新面貌出現，在科技日新月異下顯得方興未艾，發展急速。尤其是那種寓遊戲於賭博，又結合多媒體即時互動的方式，為賭博市場注入巨大新血——年輕一群。一如過去，科技不斷進步並沒令賭博活動在社會中減弱或消失，反而是加速其發展，當中原因除了賭博本身的功能，亦與政府或賭博營運者推波助瀾有關。

更確實點說，賭博業務快速增長，絕對與政府積極推動有關（Thompson, 1998; Cosgrave and Klassen, 2009）。反對賭博的人經常指責政府為「騙子」，他們認為，為了讓賭博合法，政府有意散佈誤導性的信息，甚至鼓勵人們賭博（Cooper, 1995: 25）。歷史上亦早有明證，當賭博符合統治階級的利益時便合法；當它對統治階級構成威脅時則被定性為非法（Chambers, 2011: 11）。現今世代賭場蔚然成風，便是政府和商人聯手，再以美麗謊言向公眾游說，確保該行業穩定發展，以達致「有錢齊齊賺」目標。

由於有了政府背書，不再害怕隨時被掃蕩，以利潤為本的賭場營運商自然會採取更積極的方式來促進業務。回顧有關賭博市場推廣的歷史，可以看到，自 1990 年代起，賭博營運者便運用了營銷技巧來推廣賭博，將賭博重新包裝，描繪成都市生活的潮流、家庭娛樂的一種形式。這種營銷策略不單令賭博變得更受歡迎，也改變了賭博的形象（Johnston, 1992）。賭場提供高檔的娛樂節目，其附建的大型現代設施如水療中心、主題公園，不僅吸引賭徒，連無意賭博的人也樂而忘返，賭場成了豪華度假勝地，一種現代生活方式（更具體地說，是美國人的生活方式）。美國的許多賭場已成為遊客必到景點，大賭場營運商如美高梅、Mirage、Flamingo、Venetian、Wynn、Palazzo、New York New York 和 Harrah's 等，銷售額和收入與煙草公司、汽車公司及石油

公司並駕齊驅，賭博業已成為美國經濟主要的資本來源之一。

當美國賭博市場在 1990 年代後期接近飽和時，那些賭博營運商或資本家又把目光投向海外市場，通過影響力，將個人自由、消費者選擇、減少國家干預等思想向外推銷。始終，不少國家仍視賭博為不道德，將賭博定為非法活動，又或是只限局部開放。因此，要敲響這些賭禁國家的大門，將賭博業務擴張，首先便要改變政府的態度，好讓這些賭場巨頭進入，並填補市場的巨大真空。

在美國賭博公司於本地和全球迅速擴張的同時，雷曼兄弟、摩根大通、美林和標準普爾等美國金融公司也在迅速擴展。由於大家均高舉自由主義和自由市場思想，加上美國政府認為賭博公司的擴張策略，能為國家帶來巨大收益，因此政府與金融機構都全力支持美國賭場經營者（Abt, 1996; McGowan, 2001）。當然，美國賭博公司以創新的促銷手法、豪華的娛樂設施作誘人包裝，展示賭博的「好處」，使他們成功打進開放賭禁的不同地區，一躍而成世界賭業的領導者。當美國賭場經營者、美國政府及金融公司攜手合作時，他們的擴張也被視為美國霸權另一面向的發展（McMillen 1996）。

自 1970 年代起，已有人提出資本主義完全成為一種「賭博經濟」，金融市場完全脫離了生產領域。事實上，由於 1990 年代的放鬆管制浪潮，自由市場的狂熱主導了國際金融和經濟秩序。一旦放寬賭禁，不少地區進一步取消監控和限制資本流動的法規，隨著資金流量的限制越來越少，不僅賭博業務增長迅速，股票市場「短炒」及投機交易也越見猖獗。除了賣空買空股票期權外，債券和證券的押注頻率也有所增加，複雜且高風險的投資產品（如衍生工具）可以像日用品一樣自由買賣，許多金融機構像賭博一樣進行投資，股票交易所亦變成豪賭的地方（Strange, 1986）。就如古巴前領導人卡斯特羅說，世界已經成為「一個巨大的賭場」（Comaroff and Comaroff, 2001: 7）。

值得深思的問題是，若然博彩業納入了全球化資本主義體系，那麼如何更好地在這個產業上作出高效管理，乃成為關係國家與民族更好發展的重要一環。一方面，若能在可調控範圍內管理人民的賭博需求，化解內部壓力，那必然有助社會穩定；另一方面，若然不讓那些賭博資本流失，而是留在本身社會（本國）經濟體系內，則有助繁榮本身經濟、減少或堵塞資本

外流。正因如此，自進入 1970 年代起，開放賭禁，爭取賭博資本乃成為不少國家不宣於口的共同政策，進入新千禧世紀以來，更加出現甚為激烈的競爭。對於擁有超過 14 億人口的中國而言，不讓潛在賭博資本外流，寧可吸引其留在自己指定地方，這樣的想法或政策方向，自然成為澳門博彩業發展一枝獨秀的核心因素，亦成為這個彈丸之地能夠繼續發光發熱的最重要原因。那些賭王家族因此有了重要的發揮舞台，可以繼續積累巨大財富，至於如何能把賭博資本提升為金融資本，甚至科技資本與道德資本，則是下一步突破的重點與值得探討的方向。

結語

在全球化時代，我們相信國際間的競爭不僅限於軍事、外交和經濟，而是已拓展至以往較忽略的太空、體育、文化，甚至是賭博等領域。例如在美國，區域賭場的增長，已影響到大西洋城的市場；新加坡的度假式賭場，亦成功打入了澳洲市場。換句話說，當今的國際競爭是多方面的，從這個角度出發，難怪某些國家會將賭博視為一種戰略性行業，不僅因為賭博是一項政策驅動和導向的行業，還因為在現實上，賭業的競爭力不單反映私人市場的效率，還與國家的賭博政策息息相關。

從以上有關賭博的文獻回顧中，我們可以看到，已有不少研究從心理學、社會學和社會政策角度，分析賭博的歷史和發展，但大都是從本位出發，較少採用跨學科或綜合的方法作剖析，尤其缺乏深入了解賭業經營者如何崛起、爭奪專營權，以及如何維持生意，甚至傳承財富等問題。此外，過去大多數研究只集中於西方的經驗和實踐，很少關注其他地方的賭博活動。故本文將集中以澳門——這個被譽為「東方賭城」，也是現今世上最大的賭博城市作案例，透過對四代賭王家族的縱向分析，從較寬廣的角度，了解賭博業、家族及社會的多面向發展與變遷，同時從側面勾勒全球化和中國民族復興的進程，既補充一些東方賭博歷史和文化的發展細節，亦點出博彩業與澳門如何能在「一國兩制」安排下，更好地為國家及世界作出貢獻。

博彩在澳門

特殊時空與環境下的發展奇跡

　　對博彩及如何利用賭博以達至資本累積等問題有了多面向的文獻回顧後，
讓我們回到中國文化與歷史背景下，檢視賭博的發展，進而收窄焦點，集中於
澳門這個彈丸之地上，一方面勾勒澳門如何在華洋東西接觸的歷史時空交替
下，成為溝通內外的獨一無二管道，之後剖析賭博業何解能夠在澳門突圍而
出，成為政府批准的專利事業，既給政府帶來巨大財政收入，亦造就了不少賭
王家族，從而指出特殊時空與環境所締造的歷史奇跡。更為具體的研究問題或
重點是，既然賭博具有與人類共生共存的特性，那麼它必然亦存在於我們的歷
史與文化之中。到底賭博曾在中國數千年歷史進程中呈現了何種發展特點呢？
是否同樣曾經面對興盛一時與屢禁不止的情況呢？另一方面，既然澳門早期為
華洋交匯的獨一無二管道，何解又會變成中華大地、亞洲，甚至世界賭業龍頭

章

城市？哪些特殊條件或時空環境造就了這種與別不同的發展格局呢？

　　本章的重點所在，正是探討以上連串令人疑惑且引人好奇的問題，一方面會簡略地檢視有文字記載以來，賭博在中華大地的發展情況，另一方面則會聚焦澳門，探討這個偏南一隅的彈丸之地，如何成為溝通華洋的唯一管道，又如何走上賭博業一業獨大，最後又在因緣際會下發展成中華大地、亞洲，甚至世界上一枝獨秀的賭城。至於澳門為何有別於中華大地的主流社會文化道統，出現「商業至上」歷史與文化（或稱重商文化），亦會粗略談及，尤其會扼要地指出其中差異。當然亦會藉四大賭王家族的故事，串連一個多世紀的社會變遷與家族發展進程中所面對的種種重大挑戰。

中國歷朝賭博政策的弛與禁

中國不僅是四大文明古國，也是世界上賭博歷史最悠久的國家之一，擁有極其豐富的賭博文化（Price, 1972）。各種考古記錄表明，賭博活動約在 4,000 年前已出現（McMillen, 1996）。大量賭博遊戲如骰子、象棋、鬥雞等等都記錄在正式的歷史文獻或詩歌中。從容忍度和放縱度來看，Olmsted（1962: 172）將中國南部描述為世界賭風最盛的地區之一，美國賭場中人甚至指出：「基本上，所有中國人都有賭博基因」（Casino City, 2002）。從此看來，我們可以大膽斷言，中國在不同時期，曾流行過類型五花八門的賭博（Price, 1972; 郭雙林、蕭梅花，1995）。

從歷史記錄中，可以看到每當賭風過盛，滋生出社會弊端並影響到道德底線時，政府就會介入。在《史記·蘇秦列傳》便提及「臨淄甚富而實，其民無不吹竽鼓瑟，彈琴擊筑，鬥雞走狗，六博蹋鞠」，反映齊國賭風甚盛。朝廷曾下令禁賭，以防止官員和百姓過份沉迷；魏國也曾懲罰從事賭博行業的人，可見兩國都視賭博為有害的活動。然而，在燕和趙等地，儘管賭博很常見，但不見有採取抑制賭博活動的措施（羅新本、許蓉生，2002：261）。

當秦國統一中國後，秦始皇將賭博定為違法，並對違法者處以重罰。這種反賭博政策在漢朝同被採用，且處罰更加嚴厲，不過似乎效果不彰，甚至出現「博徒」這個專指以賭博為生的人，《後漢書·列女傳》便有相關一些記載。至三國及晉朝，由於戰爭頻繁，禁賭更形同虛設，某些地方政府曾採取短暫或零星的措施，試圖鎮壓賭博場所或懲處賭徒，但收效甚微（郭雙林、蕭梅花，1995：29-30）。

到了南北朝時期，賭博形式更多樣化，傳統的六博被樗蒲、雙陸、攤錢、射箭等取代，部分甚至被政權認可而合法化，但大致上仍是以禁賭為主，對從事或參與賭博的人實行監禁和放逐等嚴厲處分，而且不僅適用於普通百姓，連貴族及高級官員亦同罪。不過，同樣地，這些措施未能產生預期效果（羅新本、許蓉生，2002：262-263）。在隋唐時代，禁賭措施進一步加強，不僅定下更清楚的法規，還詳細規定了刑責及罰則，而且除嚴懲賭徒外，唐律還規定賭場經營者可被判入獄，這在以前朝代中是罕見的。儘管隋唐時期嚴格實施禁賭，但仍可看到不少賭博的記載（羅新本、許蓉生，

2002：263）。

宋朝沿襲唐律，同樣採取強力的禁賭措施，《宋刑統‧雜律》中，便記載有「諸博戲賭財物者，各杖一百」的刑罰（竇儀，1964），量刑相當重，但同樣無法令賭博絕跡，而且文人百姓各有所喜。如南宋時有書提及北宋時流行「雙陸」的玩法、著名詞人李清照酷愛「打馬」，自言「晝夜每忘食事」，撰有《打馬圖序》詳述玩法；至於一般市民多是參與玩法簡單的，如以擲錢幣分勝負的「關撲」或擲骰子的「除紅」。由於宋朝重文輕武，軍隊士兵質素欠佳，故朝廷對軍人賭博的刑責更重，除杖刑外，還會監禁、刺面、流放等，但犯禁者仍眾（羅新本、許蓉生，2002：263-265; 郭雙林、蕭梅花，1995：121-125: 黃純怡，2016）。

最嚴厲的反賭博措施在明朝出現。那些被抓到的賭徒，一般懲罰是將他們的手砍掉，如果被發現沉迷賭博，甚至可以判處死刑（羅新本、許蓉生，2002：265）。由於明初嚴刑禁賭，取得一定成效，賭博風氣驟降。但到中後期，由於律例混亂等原因，賭風更加氾濫。清朝同樣視賭博為重罪，並將之置於「四害」之首，清楚反映朝廷對賭博的深惡痛絕，視之為社會的巨大威脅（羅新本、許蓉生，2002：266-269）。但禁賭同樣只能在清初成功，到了中後期，賭博死灰復燃，而且花樣更多，鬥禽鳥昆蟲、打牌、擲骰、壓寶、花會、白鴿票（粵音標）、闈姓、彩票、牌九、麻將等，不勝枚舉。

1911 年，同盟會建立了共和政府，對賭博的態度及政策不變，是對家庭、工作、道德和社會秩序的威脅，也一樣禁賭。但這段期間政治衝突不斷，加上軍閥割據，同樣無法解決地下賭博的問題（郭雙林、蕭梅花，1995：358-421）。1949 年中華人民共和國成立後，在社會主義的影響下，嚴禁一切形式的賭博。普遍認為，在激烈的意識形態鬥爭及政治清算下，賭博在國內大致上絕跡了。但 1970 年代末實施改革開放政策後，隨著市場自由度的提高及經濟不斷發展，各種非法賭博又如野草再生（顏玉強等，2005：34-35）。據非正式統計，2009 年，「約有 60 萬人因賭博被捕」（The Telegraph, 2010）。毫無疑問，地下賭博以及網上的非法在線賭博比以前更加猖獗。但是，出於意識形態的考慮，中央政府不會允許中國大陸上出現合法賭博（顏玉強等，2005：243-249）。

事實上，賭博之風可說是一直伴隨著中國歷史。雖然有官方明令禁止，且罰則嚴厲，卻從未有完全消弭之時。這固然反映了人性有好賭、愛碰運氣、貪便宜的心態，但同時也是禁賭政策執行上的失誤。首先，中國歷朝有不少皇室成員甚至皇帝本身都喜愛賭博——當然會美其名為博弈。早於春秋戰國時，宋後湣公就因與人博戲，發生爭執而被六博盤砸死，司馬遷在《史記·宋微子世家》有提及；班固在《漢書》〈文帝紀〉、〈景帝紀〉、〈荊燕吳傳〉等提及文帝、景帝及宣帝賭博的資料，甚至有糾紛而鬧出人命。在唐人傳記中，便描寫玄宗喜愛鬥雞，賈昌因善養鬥雞而獲寵信，故有「生兒不用識文字，鬥雞走馬勝讀書」之句。正所謂上有好者，下必有甚焉者，故中國賭博風氣一直不歇。

此外，儘管歷史上大部分賭博都是違法的，但在國庫空虛或要進行大型基建時，政府亦會發行彩票，如在漢代要修築長城但缺乏資金時，便曾推出官營的彩票。又例如據《三朝北盟會編》第 66 卷〈靖康中帙四十一〉條目記載，南宋初年亦曾有大臣提議「許民賭博，放房錢以甦小民」之議，揭示哪怕是在傳統保守的年代，其實亦有明知禁而不止，不如寓禁於徵的構想，可見思考讓賭博合法化的政策，由來已久。

當然，將賭博當成經濟復甦措施，付之實際行動者，在清末更有逼切需要。資料顯示，清政府為籌集軍事開支和向列強支付賠款，曾一度在廣東省將某些賭博合法化，那便是引入「闈姓」賭博一事（郭雙林、蕭梅花，1995：254-259），尤其曾在各地發行彩票，成立官方的「彩票公司」（王美英，2001）。就算到了今天的中國內地，儘管賭博已被嚴格禁止，但仍設有「福利彩票」，為促進體育運動或支持慈善事業籌集資金。

雖說中國大部分時期都禁賭，但在社會上，仍允許人們以娛樂、放鬆、休閒或社交的形式進行一些小規模的賭博（Price, 1972），地方官員與一般百姓都抱著「小賭怡情」的心態，對規模不大的賭博行為寬鬆處理。此外，在農曆新年期間，會開放賭禁，賭博又被視為慶祝活動的一部分，老幼婦孺都可以參與（Cable and French, 1927: 98）。班固在《漢書·五行志》亦有記錄指在漢哀帝時，「京師郡國民聚會里巷仟佰，設祭張博具，歌舞祠西王母」。由此可見，儘管賭博被視為惡行，甚至違法，但同時仍被承認有其娛

樂等功能，故有一些例外情況是被容許的。

　　從以上中國賭博歷史的簡略回顧中可以看出，賭博一直是禁而不絕的，幾乎所有朝代都有「賭博恐懼症」，統治者相信賭博會破壞社會秩序和社會結構，影響經濟，如朱熹《勸農文》所指，賭博會導致荒廢農桑，故一直明令禁止，當賭風太盛或影響到軍隊質素時，更會嚴格限制。但或許是執法過於寬鬆，或是大多數人認為小賭問題不大，賭博仍會以不同面貌和方式與中國社會共存。顯然，悠久的賭博歷史反映了中國根深蒂固的賭博文化，賭徒無處不在。不管接受與否，我們都不能根除賭博，它似乎亦會與人類永久共存，而以律法強行禁賭，亦不是對症的良方。

賭博在澳門的發展與變遷

　　儘管從古至今中國一直嚴格禁止賭博，但偏中華大地南方一隅的澳門，卻是一個例外，是世界四大賭城之一，賭博更是當地最重要的產業及稅收來源。到底是甚麼原因令澳門走上賭城之路呢？那便要由她特別的發展歷史說起。

　　16 世紀以前，只有彈丸大小的澳門，屬香山縣管轄範圍，但在嘉靖二十六年（1547 年）成書的《香山縣誌》中卻未見經傳，反映當時此地尚未自成一格，不足以被官方獨立定名，可推斷當時居於此地的人口不多，與中華大地諸多沿岸小地方般，毫不起眼（鄭天祥等，1994；湯開建，1995）。但到了 16 世紀初，當葡萄牙人成功繞過印度好望角登陸中國領土後，澳門這個偏南一隅的珠江口前沿，卻成為中西交往的重要管道（Willis, 2002; Hao, 2011; 吳志良等，2009）。

　　儘管中國與歐洲國家的最初接觸可以追溯到元朝，但是直到明朝才有較頻繁的貿易和文化交流。而葡萄牙人在 1513 年登陸中國領土，想與中國貿易，曾試圖以武力手段奪取據點，侵擾中國廣東、福建等沿海地區，但被明軍擊退（陳新文，1998）。後來，葡萄牙人改變策略，放棄非法走私活動，放低姿態，並透過賄賂官員（黃鴻釗，2015），以及協助朝廷擊退日寇和沿海地區海盜等方式（Coates, 2009），獲允許在澳門暫居和參加市舶貿易（Lamas, 1998）。據郭棐（1998）於萬曆年間編撰《粵大記》，提及「嘉靖三十二年（1553

年），舶夷趨濠鏡者，托言舟觸風濤縫裂，水濕貢物，願借地晾曬」，而這次「借地晾曬」，成了澳門發展的重大轉振點。

一開始，相信葡萄牙只是獲得繳稅後加入市舶貿易的資格，並無權居留，但不少葡人私自建屋居住，在「澳官姑息」下，「不逾年，今殆千區（小屋）以上」（俞大猷，2009；龐尚鵬，1997）；在 1557 年後，中國官員更不再驅逐居留葡人（黃鴻釗，2015），允許他們建造「永久性建築物」，「在澳門活動並向中國政府納稅」（Lamas, 1998: 19）。到底後來澳門是如何演變為近乎「中葡聯合政府」管治模式的，說法存在不少分歧：中方認為是一份臨時租約，葡萄牙人則認為這是無條件的領土割讓。但無論如何，都反映當時澳門成為前所未有的「中葡管轄區」，而中葡雙方都認同這一片「灰色地帶」，不僅可以滿足東西方的貿易需求，還可以成為一個多種族或多元文化共存的地方，對大家都有好處（Maxwell, 1999）。

作為中國領土上最早的貿易「飛地」（enclave），澳門吸引了大批人從四方八面湧入，於 1561 年，澳門約有葡商五、六百人；兩年後已躍升至 5,000人以上（文兆堅，2014）。按明朝律法，想入境中國的外國人或要出國的國

1839 年澳門一角素描

民，也必須通過澳門，使澳門的地位越見重要，成為東西方貿易唯一的閘門，也是東西多元文化交匯之地。當然，從漁村發展成國際貿易樞紐並非易事，兩個文化、語言、生活習慣都完全迥異的族群，磨合時也產生了不少挫折和紛爭，但幸好在大多數情況下，雙方都能以明智、務實和寬容的方式去解決分歧。

在中葡聯合管理澳門的首個世紀，不僅貿易活動增加了，種族間的接觸和婚姻也變得很普遍。教堂、西式平房和別墅等建築物紛紛在澳門半島上豎立起來，而歐洲法律和社會制度、提供雙語和現代教育的天主教學校等亦開始出現。除了葡萄人外，意大利、英國、西班牙及荷蘭的商人和傳教士也來澳門經商或傳教，也有人前來學習漢語、東方文化和藝術。一時間，澳門成為中國土壤上高度國際化的城市（鄭天祥等，1994；吳志良等，2009）。

當葡萄牙在歐洲的影響力開始下降之時，明朝也開始步向衰落。1620 年代多次出現的饑荒及民變，削弱了朝廷的威望，也令國力更衰。1644 年，滿族入主中原，建立了清朝。不過，改朝換代並沒有給澳門帶來太大的變化，葡萄牙人被允許繼續管理澳門，顯示清朝從實用主義出發，承認前朝留下的安排，確保了澳門成為東西方貿易的重要管道。在堅定的國家政策支持下，澳門充當了長達兩個世紀的國際貿易中心，在此段期間，海上貿易活躍，社會文化和種族融合繼續進行（Porter, 1996）。

在 17 世紀後期，葡萄牙帝國持續衰落，相對而言，荷蘭、英國的影響力則不斷擴大，改變了世界力量和秩序的平衡。沿著葡萄牙的運輸路線，英國海員、商人、傳教士和軍人亦來到中國，希望建立雙邊貿易關係。然而，與葡萄牙人不同的是，英國人一方面不滿通商口岸太少，同時也對雙方的貿易逆差感到挫折，最後不但輸入鴉片，更以武力打開中國貿易大門，令中華大地甚至東亞地區的發展發生巨大變化（Montalto de Jesus, 1984）。

第一次鴉片戰爭失敗後，香港島被割讓予英國，不但標誌著清朝的衰落，也令中葡關係發生變化。1842 年，《南京條約》簽署後不久，葡萄牙人要求清朝向他們提供與英國人同樣優惠的條件，即是想將澳門變為殖民地。1845 年，葡萄牙女王擅自宣佈澳門為自由港，並派海軍上校亞馬留（Ferreira do Amaral）出任澳門總督，將中國官員從澳門驅逐出境，又停止向清

政府繳稅。相關舉動導致了武力衝突，造成不少人命傷亡，亞馬留被暗殺（Lamas, 1998; 鄧開頌、謝后和，1999；吳志良等，2009）。

經過連串嚴重對抗後，澳門基本上落入葡萄牙手中，但她作為東西方貿易管道的地位卻快速被取代，原因是出現了不少競爭對手——來自香港的直接競爭，加上廣州、福州、寧波和上海等港口按照條約被迫開放，令她過去獨一無二的貿易地位風光不再，開始陷入長期的經濟衰退，公司倒閉、居民失業，政府收入大減。澳葡政府為了充盈庫房，先後對各樣商品實行專營制度，如牛肉、豬肉、魚、鹽等，後來更將傳統上一些不道德的活動——包括賣淫、賭博、售酒、鴉片和契約勞工（也稱為「苦力交易」或「人口販運」），透過發牌批出特許經營權，以換取專利收入（鄧開頌，1999；黃啟臣，1999；鄧開頌等，2000）。

當時，政府提出的論點是這些活動難以徹底禁止，限制只會使它們進入地下，令犯罪份子有機可乘，從中獲取豐厚的收入，壯大其力量，不利社會發展。因此，不如將這些活動合法化，令地下業務浮出水面，透過政府監管以防止氾濫失控，同時又能將收益從犯罪份子的口袋轉移到公眾的保險箱中。儘管反對者不少，但在政府堅持下，各種類型和規模的特許妓院、鴉片煙館和賭場仍在澳門蓬勃發展起來，不僅吸引當地居民光顧，連鄰近的香港和廣州市民也紛紛前往。自此之後，澳門成了一個臭名昭著的「墮落之城」，充斥著色情、毒品和賭博等罪惡（Cheng, 1999: 138）。

事實上，澳門在成為貿易港口後不久，賭博等不道德活動即盛行起來（胡根，2011）。如方濟各會修道士 Jose de Jesus Maria，於 1742 至 1745 年在澳門暫居，他稱澳門充斥著「淫蕩、搶劫、背叛、賭博、醉酒、爭吵、打鬥、行騙、殺人等各式各樣的罪行」；一名賭場荷官也曾斷言：「沒有賭博，澳門即一無所有」。然而，在 1840 年代之前，澳門是由中葡聯合政府管治的，因此儘管地下賭博猖獗，表面上仍跟從大清律例禁賭。但隨著清朝國勢日下，失去了對澳門的掌控，葡萄牙人於 1847 年 1 月將「白鴿票」合法化；1849 年，再宣佈發牌予「番攤」賭館。隨後，流行於廣東的賭博相繼在澳門承充繳餉。開賭，成為澳門保持財政平衡的救命丹（吳志良等，2009：1623、1641 及 1644）。

最早期的所謂博彩專營權只有一年，亦非由一家公司獨攬經營，而是

不同種類的賭博有不同經營者，且劃分為數個地區，規模甚小，地下賭檔仍十分猖獗，加上來自香港和廣東的競爭，賭業並沒有像預期那樣迅速發展（張廷茂，2011）。雖然澳門的經濟沒有即時反彈，但政府的賭博稅收則增長穩定。在基瑪良士（Isidoro Francisco Guimarães，任期 1851-1863）的統治下，更有多種類的賭博獲得發牌，賭博活動變得更多元化。Okuley 和 King-Poole（1979: 5）在其《澳門賭徒手冊》（Gamblers Guide to Macao）一書中，引用了 1860 年代遊客對澳門的印象：「街道上有些疏落且毫不起眼的生意，惟賭場或教堂則是主要的度假勝地」。

1860 年，廣東引入「闈姓」這種賭博形式，但至 1876 年被禁，賭博經營者逃往澳門和香港，並在那裡開展闈姓生意。據家族長居澳門的鄭觀應觀察：「……粵東闈姓捐輸，其款甚巨，本屬病民傷化。惟不能杜其弊，遏其流，而奸民遂遷往澳門，仍行開廠廣收。綜計三年捐銀五十萬両，利歸洋人」（夏東元，1982：70）。1867 年，香港將賭博合法化（胡根，2011），澳門的賭博業受到沉重打擊，部分經營者甚至將業務從澳門遷至香港，以尋求更高的回報，但香港賭博合法化的政策維持不久，即在 1872 年被取締。而約在同一時間，廣東省也採取了嚴厲措施打擊地下賭博，令澳門又成為區內唯一合法賭博的城市，賭徒、賭博經營者和資本大量湧入，澳門的賭博業再次興旺起來（胡根，2011：27），日後成為澳門第一代賭王的盧九，便在那時嶄露頭角。

19 世紀末，由於國際和當地輿論對售賣鴉片、販賣人口等不道德行業的批評與日俱增，澳葡政府苦於壓力下，同意廢除契約勞工的許可制度，亦承諾採取更嚴格的措施，防止賭博、賣淫和鴉片貿易繼續擴散。雖然政策有調整，但事實上它是政府主要收入來源，故在執法者半心半意的態度下，相關生意仍如脫韁野馬，不受控制（Cheng, 1999: 30-33; 鄧開頌，1999：220-243; 胡根，2011）。

總結而言，在 1870 年代初至 1910 年代末的 40 年間，澳門的賭博業務持續發展，雖然受到廣東、香港等鄰近地區時弛時張的賭禁影響，仍能反覆向上增長。其間，特別有四個重要的因素增強了澳門的競爭力，使她成為區域賭博中心。首先，是有效實施賭博場所許可制度。澳葡政府一開始引入發牌制度時，地下賭博十分猖獗，這不僅影響了政府和特許經營者的收入，而且常有非法賭博經營者不支付彩金，令參與的賭徒「啞子吃黃連」。當時賭場持

1922 年澳門望廈觀音廟

牌人與澳葡政府合作，大力打擊地下賭館，一旦發現便立即取締，令賭業走
向正規化。

其次，是穩步積累賭博管理知識和資金。最初，賭博業被視為短線投
資，因此管理鬆散，只求「搵快錢」，迅速獲利。後來，由於商人看到澳葡
政府全力支持博彩業，令這行業持續發展，於是開始願意增加資金投入，作
長期投資，亦帶動制度優化，令管理變得更專業。不過，許多參與投資的運
營商清楚賭博業的風險及性質，在獲取收益後，都會十分明智地將賺得的盈
利分散到其他業務上，不少都會投資到市場較成熟的香港。

第三，賭博經濟逐步發展。當香港和越來越多沿海貿易港口通商後，
澳門已失去獨一無二的國際貿易港地位，接下來，苦力貿易又在輿論壓力
下被取締，進一步削弱澳門的經濟基礎。儘管賣淫和鴉片貿易仍然合法，
但由於鄰近城市的激烈競爭，兩者的貿易額及利潤不斷下降。因此，賭博業
務不僅為澳葡政府帶來日見吃重的收入，亦為當地製造工作機會、吸引遊客
等，成為澳門經濟的主導力量。

最後，將賭博文化與慈善事業連結在一起。儘管在澳門賭博是合法

的，但無可否認的是，它屬不道德、不容於主流社會的行為。許多賭博經營者都非常清楚，賭博可以為賭徒及社會帶來破壞性的後果，故無論是為了「贖罪」、為子孫積福積德，或純粹出於善心，許多賭博經營者如何連旺、盧九、蕭瀛洲等，都是著名的慈善家。他們不僅捐出大筆金錢，為澳門及內地的貧民建造學校和房屋，在饑荒或洪水氾濫時，亦會向災民伸出援手。在那個沒有任何政府福利的時代，這些善行毫無疑問能減輕許多窮人的痛苦（胡根，2011）。

1911 年，孫中山領導的辛亥革命成功推翻清朝，中國隨即陷入如 Montalto de Jesus 所言「全國大混亂」的狀態（1984: 451），但對一水之隔的澳門影響不大，相反，大量難民為逃避戰禍而湧入，不少人都以賭博作為暫時擺脫焦慮不安的方式，因此賭博業生意更是興旺。

1919 年，國際聯盟成立，由於反對售賣鴉片的聲音大增，國際決定將鴉片歸類為危險藥物（Blue, 2000; Slack, 2001）。為了遵守國際條約，港英政府和澳葡政府都同意要廢除鴉片，不過，由於鴉片為政府及商人帶來巨利，實際執行時自然是拖拖拉拉。因此直到 1946 年前，儘管國際社會一再譴責，鴉片貿易和煙館在兩地仍然猖獗（Social Welfare Bureau, 2001; United Nations Office on Drugs and Crime, 2010）。

1930 年代，澳葡政府對賭博發牌制度進行了重要改革，不再向澳門半島、氹仔和路環等不同地區的小型運營商頒發許可，而是發出一個單一專營權。換言之，從那時起，賭博業務就如水電的供應，在澳門成了一家獨享的壟斷性業務。與此同時，在中國內地，軍閥亂局終於消停，但不久卻又受到日本入侵的威脅。1931 年，日軍吞併東三省，大批國民擔心戰禍，先後湧到香港和澳門尋求庇護，資金亦隨之轉移，令兩地經濟越見蓬勃發展。

1937 年，日本大舉入侵中國，多個沿海重要城市迅速淪陷。不過，由於葡萄牙政府宣佈中立，故澳門在其管治下亦能避過戰火，得享太平（鄧開頌，1999：100-105）。當時大量難民從鄰近的城市湧入澳門，使總人口猛增到 375,000 的新高點（鄭天祥等，1994；Statistics and Census Service, 1998: 100），加上熱錢湧入，澳門經濟蓬勃發展。同年，政府就博彩專營權進行新一輪競標，並由傅德蔭及高可寧領導的泰興公司投得專利（澳門特別行政區博彩監

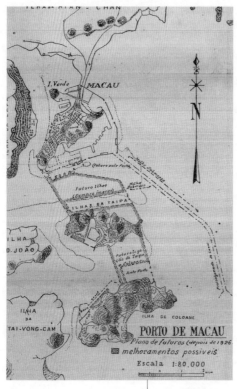

1924 年澳門地圖

察協調局，沒年份）。新賭牌持有人開始了一系列促銷活動，成功吸引更多客源，賭場幾乎天天都座無虛席，泰興公司佔據了澳門賭博專營權近 25 年（澳門特別行政區博彩監察協調局，沒年份）。

1945 年，日本戰敗。戰後國內民族主義抬頭，要求從外國人手中收回香港和澳門的呼聲高漲（鄧開頌，1999：122-124）。但隨後中國爆發內戰，政黨與國民無暇顧及其他，相關呼籲很快就消失了。另一方面，隨著移民及金錢離開澳門，這座城市亦回復舊觀，經濟逐漸降溫。但僅僅幾年後，隨著中國的內戰從北向南席捲全國，難民和金錢再次湧入。

1949 年，共產黨擊敗國民黨，建立中華人民共和國，收回香港和澳門的聲音再次湧現，但很快便平靜下來。有人指是因國際秩序轉變及國內政治風

1939 年澳門一角

潮，中國領導人難以同時兼顧香港和澳門的問題（吳志良等，2009：2763），亦有人指是因為新政府採取「務實方案」，認為共存和維持現狀好處更大（Lamas, 1998:104）。由於一切保持不變，賭博業繼續成為澳門經濟和社會的重要支柱。

不過，由於有不少國民黨人在內戰戰敗後逃往澳門，葡萄牙政府又未與新中國建立外交關係，故澳葡政府與廣東省政府常起衝突。兩年後，朝鮮戰爭爆發，聯合國對中國實行貿易禁運，香港、澳門與中國內地之間的聯繫幾乎被切斷，來澳門的人數急劇下降（鄭天祥等，1994；Statistics and Census Service, 1998:100-102），對澳門經濟造成了巨大打擊，香港則成為澳門旅客的「主要來源」（Maruya, 1999: 126）。

儘管冷戰的地緣政治終結了澳門數百年來東西貿易的地位，但從 1940 年代末到 1950 年代初，大規模資本、機械和人力資源大量湧入，使澳門走上了工業化的道路（Sit, 1991），經濟結構和社會文化成分也在變化。澳門與中國內地之間的聯繫雖被切斷了，但澳門仍受中國內地的影響，兩地偶有衝突，如 1952 年的「關閘事件」和 1966 年的「12.3 暴動」等（黃啟臣，1999：322-324; Hao 2011: 43-44）。

1961 年，賭博專營權展開新一輪競標。當時有兩個集團參與投標，但大家普遍認為泰興公司能再下一城。想不到結果令人大跌眼鏡，由何鴻燊、霍英東、葉漢、葉德利等組成的澳門旅遊娛樂股份有限公司投得賭牌（澳門特別行政區博彩監察協調局，沒年份），這也是澳門賭業歷史上的新篇章。

與泰興公司舊式的管理方式不同，新經營者創新的思想為業務帶來了新的動力。澳娛注了大量資金興建葡京酒店，又購買了大量先進高速的水翼船，改善了香港與澳門之間的交通聯繫。該公司還將西式賭博遊戲引入，令賭博形式更多元化，同時又透過營銷策略擴大市場（澳門特別行政區博彩監察協調局，沒年份）。當時，有兩個備受關注的改變：一是在農曆新年時，澳門總督會為賭場主持新年慶典；而原本禁止參與賭博的公務員，允許在農曆新年首三天可到賭場玩樂，並隨心所欲地賭博。

1971 年，中國成功加入了聯合國，次年，美國總統尼克遜訪問中國。這兩件事不僅改變了世界格局，亦改變了中葡和中英關係，因為中國駐聯合國代

表提交了備忘錄，指當時機成熟時將收回香港及澳門。備忘錄提交後不久，葡萄牙爆發革命，成功上場的新政府明確表示「只要兩國認為適當，可就澳門領土進行談判」（Lamas, 1998: 109），中葡關係變得較和諧協調。1979 年，葡萄牙宣佈與中國建立正式外交關係，之後不僅雙邊貿易和投資迅速增長，而且自改革開放政策下，社會文化交流也穩步增長。因此，澳門恢復了其以前作為東西方貿易門戶的地位，並為中國的經濟發展作出了巨大的貢獻。

當中國與英國完成談判，並簽訂《中英聯合聲明》後不久，中國亦開始與葡萄牙就澳門前途問題進行談判，至 1987 年 4 月達成協議，簽署了《中葡聯合聲明》，中國將於 1999 年 12 月 20 日恢復行使澳門的主權，澳門成為特別行政區。澳門在「一國兩制」的模式下，享有「高度自治」、「澳人治澳」，資本主義體制及生活方式保持不變，賭博也可繼續成為支柱產業。在《中葡聯合聲明》簽署前一年，澳葡政府向澳門旅遊娛樂股份有限公司批出了新的賭博特許經營權，有效期至 2001 年 12 月 31 日。

《中葡聯合宣言》頒佈後不久，澳門經濟持續放緩。由於不同的犯罪組織為地盤和利益而鬥爭，幾乎每天都發生盜竊、縱火、放置炸彈及謀殺傷人等嚴重罪行，經濟和社會秩序都在惡化，許多澳門居民開始感到焦慮。他們期待著回歸後，情況會有所改善。

至 1999 年，中國政府恢復行使澳門的主權。不久，澳門特別行政區政府經深入的研究後，決定開放博彩業，為澳門經濟帶來新的動力及競爭力，並於 2001 年通過了《娛樂場幸運博彩經營法律制度》，容許在原來的博彩專營權合約屆滿後，把專營牌照的數目由一個增至三個（澳門特別行政區政府博彩監察協調局，沒年份），藉以引入市場競爭，新賭王在這次博彩業開放中群雄並起、先後湧現，澳門經濟因大量資本注入，逐步復甦起來（黃平，2008）。

特別需要指出的是，2003 年初，港澳曾遭遇「沙士」疫情衝擊，惟之後中央政府開放內地居民赴港澳「自由行」，令經濟迅速復甦起來，推動了澳門社會的經濟轉型。在開放博彩業後不到五年，澳門賭博的年總營業額已超過拉斯維加斯，成為世界排名第一的賭場經濟體（Wiseman, 2007）。從 2007 年至今，澳門一直保持著世界最大賭博中心的地位，而人均本地生產總值更

躍升至中國所有城市之首（中國國家統計局，2011）。

回顧澳門及賭博的歷史，可以發現三個要點。首先，儘管澳門在 1849 年之後受葡萄牙管治，但澳門與中國內地之間仍然有著極其強大的社會經濟聯繫。因此，每當國家發生戰爭、饑荒或政治動亂時，南方的居民都會逃往澳門避難，如 1920 年代的軍閥割據、1937 年的日軍侵華、1941 年日軍佔領香港，以及 1946 年的國共內戰。其次，早於 1847 年，賭博就已經合法化，逐漸成為澳門的支柱產業，並在半個多世紀的發展中，積累了豐富的經驗，成為澳門持續發展的寶貴資產。第三，澳門賭業的發展與鄰近地區的賭博政策息息相關，如當香港和廣東省禁止賭博時，澳門的賭博業務便能蓬勃發展，反之亦然。

「澳門程式」的突圍路徑

人類學家阿諾德・范・杰內普（Arnold Van Gennep）在《儀式的穿越》(*The Rites of Passage*) 一書中，以「在中間」（liminality）的概念去描述介於「分離」和「聚合」兩個階段之間的儀式。所謂分離階段，是指個人或群體由原來的環境分開或隔離；所謂聚合階段，則是重新回到群體；而在穿越這兩個階段的中間或轉變時期，則為「過渡儀式」。此時個人或群體離開了原來的存在狀態，但又尚未聚合至新的狀態，故充滿了「不清晰」、「不確定」。書中，他援引了「年輕人到成年人」作例子，指青少年在此階段不再是兒童，不能以原有的方式看待或回應周遭環境，最初擁抱的價值和道德觀念變得不再確定。當他們成功通過這個「過渡儀式」，便會擁有「新生」的身份，然後可以成年人的身份再次受到主流社會接納，融為一體（Van Gennep, 1961）。

范・杰內普的論點不僅用於宗教、文化和人類學研究，甚至引進社會科學領域，「在中間」一詞亦進一步擴展為包括任何「由脫序走向穩定的邊緣或轉變境況」。在這個不穩定和瞬息萬變的邊緣階段，可能出現建設性或破壞性的思想，社會成員可選擇以自己的方式進入或退出「在中間」儀式，亦意識到他們不能在這階段永久停留，或遲或早都會退離（Thomassen, 2009）。

如果用「在中間」的概念去解釋澳門的獨特發展過程，我們就能更好地理解賭業為何及如何在澳門落地生根、為何能吸引各式賭徒，賭博業又如何成為澳門文化、社會和生活方式的一部分。

如上文所述，葡萄牙人初到中國並要求建立雙邊貿易關係時，明朝政府曾多次拒絕。因為當時明朝抱有強烈的儒家傳統思想，視自己為「居天下之中的帝國」，四周是落後的「蠻夷之邦」，並且是自己的附庸國家。為了管理與附庸國的「外交關係」，中國統治者訂立了朝貢制度，附庸國的使節會定時前往中國向皇帝朝貢，以換取與中國的貿易權。不過，葡萄牙人在 16 世紀東來時，國勢正盛，認為自己比中國人優秀，不可能接受蠻夷身份，自然拒絕採納朝貢制度（Gunn, 1996: 13-33）。在這情況下，雙方都明白必須以新思維或新措施，才能縮窄兩國的觀點和外交分歧，故最後兩國將澳門這個資源有限但擁有海港的半島劃為貿易區，在不影響中國領土安全或破壞朝貢制度下，滿足中葡的貿易需要。這顯然是一個經過深思熟慮的計劃，絕非巧合或倉促而成的結果。

在深入研究後，霍啟昌認為可以「澳門程式」（Macao Formula）來解釋這項創新計劃如何滿足中葡雙方的需求和擔憂。明朝官員基於海上貿易的好處以及沿海安全（因葡萄牙的艦艇和武器比中國的先進，能協助海防），故在中間落墨，答允葡萄牙的貿易要求。儘管官方文件從未明確說明，但他認為朝廷是有意為之，既利用外國人的防禦能力又能從貿易中獲利。利用「澳門程式」，朝廷可將外國人限制在遠方的細小區域內以便管理，若有任何不妥當，亦可即時關閉邊界，外國人只能屈服。同時，當外國人在澳門成功開展業務，朝廷可以採購西洋貨物之餘，又能獲得稅收得益（Fok, 1978 及 2003）。

「在中間」概念與「澳門程式」相似，兩者亦能互相補充，解釋澳門為何及如何成為中國領土內由葡國管理的城市，並發展出一套有別於中國其他地方的社會和價值體系。由於澳門被劃為外國管理的貿易「飛地」——或中葡聯合行政區域，故能在不削弱明朝朝貢制度下，解決了葡萄牙的貿易和落腳需求，又避開中葡衝突。在澳門內，盡量忽略大家的差異處，拋開兩國原有的道德觀及社會價值，單純地進行雙方都同意的活動——貿易及賺錢。換句話說，某些不被中葡主流文化接受的行為，在澳門那個獨特環境下，變成可以容忍或接受。

因此，澳門出現了重商、多元種族及文化共存的思想。這種意識形態與傳統儒家思想截然不同，因為儒家向來低估商人及外族的地位，也鄙棄「重

利」的價值觀。傳統上,中國按職業的貢獻將百姓劃為四等,置於頂層的是士(官員及讀書人),第二層和第三層的農民和工匠,商人位處社會底層,也是「四民之末」。此外,根據儒家的教義,強調華夷秩序,與蠻夷的接觸雖不是完全被禁止,但種族之間界限分明,也有高低之別。不過,當澳門成為葡萄牙貿易區後,這些舊有思想受到衝擊,形成了新的社會及經濟秩序。

當澳門成了一個不論種族和階級、以賺錢為上的地方後,不少具相同思想的中外人士自然慕名前往。由於缺乏天然資源,加上社會價值較寬鬆,令她成了一些傳統難容的經濟活動的沃土,諸如賣淫、賭博、鴉片走私、人口販運這些不依靠天然資源的「不道德」貿易,在這個半島上迅速滋長。當然,早期移居澳門的中國人大多來自附近村落,他們大都是社會底層,或是在家鄉難以謀生的浪人,在傳統的社會中沒有位置或向上流動的機會。而且,驅使他們來澳的最大原因是為了賺錢,當賺到足夠金錢後便會歸鄉,很少永久在澳門定居,故沒有任何參與政治的願望,也無意改善社會的不公義。

來自東南亞和歐洲的外國人也到澳門賺快錢,同樣地,他們並沒打算永久定居於此。Barrie and Tricker(1991: 16)引用了一位歐洲商人在 1840 年代初期在香港經商的觀點,可令我們更了解這些早期移民的心態:「我們是求財的務實之士,在合法範圍內,只要能盡快地賺得最多,運用任何方式或手段都沒問題」。來自不同國家、不同背景的移民都抱有這種賺取快錢的心態。Barrie and Tricker 進一步引用倫敦貿易委員會副部長對 1870 年代在東方工作的歐洲商人的評論:

(他們)是不道德和魯莽的冒險家,在交易中只追求巨額利潤,對商業的永久利益不在乎,對真理和正義原則的關心也很少,這些人總是以愛國主義和文明為幌子掩飾不公。(Barrie and Tricker 1991: 17**)**

由於澳門社會到處都是來碰運氣的移民,他們只是短暫停留,冒險、機會主義和只著重短期利益成為普遍的心態。中葡兩國官員亦一致地將道德

放下，著眼於實際之事——如何增加收入，進一步刺激了非傳統及不法行業的發展（鄧開頌等，2000）。

　　中國以澳門作為國際貿易的閘門，那些充滿爭議的行業為朝廷帶來持續的收入，但其獨特的地位又確保不會對國內的社會、經濟及政治體系造成破壞，因此這種特殊的「澳門程式」能延續至明末。到滿清上台後，仍以這程式讓葡萄牙繼續管治澳門，在清朝不斷拓展領土的康雍乾盛世，葡萄牙人同樣沒有被驅逐，顯示澳門作為葡萄牙飛地對明清政權的效益（Fok,1978及2003）。

　　1840年代，葡萄牙人乘清朝衰落，強行佔領澳門，導致不少對抗及糾紛，但雙方不久後都意識到，經濟利益比政治或外交上的爭端更重要，故放下分歧，再次轉為鼓勵經濟發展。1840年代香港開埠後，取代了澳門中西樞紐的獨特地位，澳門貿易急速萎縮，政府於是放寬了對「黃賭毒」等不道德生意的限制，令澳門經濟保持一定的活力（Gunn, 1996: 71-91）。

　　1911年清朝被推翻後，新政府與明清政府一樣，以務實的態度保持這種「澳門程式」。顯然，新政府亦認為這安排，不會對中國內地的社會、經濟及政治體制等構成威脅，反而具有一定社會作用，可以保留。換句話說，傳統上受人詬病的生意在澳門仍然充滿活力，有錢的移民不斷湧入和流出，澳門繼續成為「冒險家賺錢的樂園」（Fok, 2003: 19）。

　　在民族主義和愛國主義高漲的時期，國民對廢除「澳門程式」的呼聲一度高唱入雲。然而，政府上層領導明顯一直保持高度冷靜，因為他們知道，以澳門的彈丸之地，要收回或改變其現有姿態，實在輕而易舉，惟一旦改變，澳門原來的作用與角色將消失殆盡，之後若要反過來「恢復舊制」，卻極不容易，所以寧可採取「擱置問題直到條件成熟為止」的安排和決定（Cohen and Chiu, 1974: 380）。即使共產黨政權上台，也採取了這種務實態度，強調腳踏實地追求經濟利益，促進文化交流和種族共處。當然，大前提是這種程式不會對中國的社會、經濟、政治體系構成威脅（張廷茂，1988）。

　　到了1980年代，中國政府認為恢復行使香港和澳門主權的條件已經成熟，於是分別與英國及葡萄牙政府展開雙邊談判，提出了一種前所未有的程式，即「一個國家，兩種制度」，強調「高度自治」和「港人治港」、「澳

人治澳」，還承諾保持資本主義制度，兩地生活方式不變。換句話說，在 1999 年以後，澳門仍然是資本主義的自由貿易港、擁有自己貨幣的獨立關稅區。更重要的是，澳門將繼續允許賭場作為合法事業。

如果將「澳門程式」與「一國兩制」進行比較，可看出中國政府清楚了解澳門及香港過去的位置及功能，也意識到她們能擔當中國與世界之間的橋樑，以及兩地對中國經濟改革及現代化的貢獻。因此，在考慮澳門和香港的未來時，中國政府採取以務實主義為基礎的政策，去解決歷史遺留的問題。

總而言之，四個世紀以來，澳門扮演著聯繫中國與世界的關鍵角色。她不僅展示了多元文化交流和種族和諧共處的可能性，也讓人看到傳統上備受指責的行業，如何能夠長時間維持卻不至危害本族安全、動搖道德標準和社會制度。此外，作為貿易的「飛地」，澳門還是中華大地的「安全閥」，讓無法在原鄉找到生計的低下階層，在不影響大秩序的情況下找到生存之道。同時，她滿足了外國人想在中國境內進行貿易和定居的需求，減輕了外交壓力。最後，「一國兩制」似乎帶有「澳門程式」的味道，這不僅反映了中央政府對澳門和香港過去的貢獻的認可，還有對兩個特區未來能繼續作出貢獻的期望。

多重特殊環境造就了多代賭王

若沿著范·杰內普「在中間」理論的角度看，那些在澳門以賭業致富、稱王稱霸者，可說是攫取了「多重在中間」(multiple liminalities) 位置優勢的一群，是澳門社會發展進程中的最大贏家。所謂「多重在中間」位置，其一當然是指澳門作為中國領土卻被葡萄牙人管治的歷史事實，令她成為連結華洋東西的其中一個「在中間」的管道；其二是賭博在中葡雙方主流社會均不被接受，視為不利社會道德教化之事，但卻能在澳門這個特殊環境中獲得法律保護，成為開闢政府收入並支撐經濟的折衷式制度安排；其三是經營賭場者既要按法律規定、循主流社會方式經營，但同時又必須與三山五嶽江湖人物周旋，任何拿捏失準或是缺乏號召力，均會給業務發展帶來不利影響。

由此帶出來的重要訊息是，在澳門那個特殊環境下，經營賭業雖然成為專利，獲得政府保護，但要在那個「多重在中間」位置的環境中突圍而

出，坐上賭壇王者大位，其實一點也不容易，凡夫俗子與普羅家族，實在可望而不可即。概括而言，他們必須具有如下多重不可或缺的特點：

一、在華人及洋人社會均具影響力，且能獲得雙方社會與領導層信任；

二、在江湖黑白兩道均有影響力和擺平事端的實力，不會因為其他勢力的染指而影響生意發展；

三、既要擁有雄厚資本，亦要具有政商及社會人脈網絡；

四、除了具備突出才華、膽識和領導力，更要有高效優秀的領導班子；

五、營商之餘，亦須慷慨捐輸，大做慈善。

一個不爭的事實是，當滿清國力失速急墜時，不少國人移居海外，或被歐洲強國殖民的港澳。部分人士 —— 盧九、傅德蔭、何鴻燊、呂志和 —— 敏銳地注意到澳門賭博業在特殊環境下所呈現的重大歷史機遇，因此作出爭奪，並憑著其過人才幹與各方面能量作出重要舉動，一方面集結資本，另方面建立網絡，然後順藤摸瓜，既爭取華洋政府信任，亦擺平黑白兩道，成功取得澳門賭博專營權，登上賭王寶座。

當然，由於時代不同，每個澳門賭王均需審時度勢，一方面在時機有利自己時大舉出擊，在不利自己時則應退便退，或持盈保泰；另一方面是在困境時更要做好多方綢繆，力求不失大局、不傷元氣、不輸身家。更為重要的，則是及早把從賭博業中賺到的巨大財富，轉移到其他更能扎根成長的投資中，如物業地產、金融保險、交通運輸、工業生產，乃至於種種與賭博業相關的休閒娛樂等生意，令他們可以因應社會與時代變遷作出更好調適。例如，在上世紀末，當澳門開放博彩業，賭場資本主義浪潮淹至時，何鴻燊便及早作出應變，因而既能讓澳門博彩業獲得更好發展，本身家族生意與投資組合亦能換上新妝（黃平，2008）。

概括地說，經歷一個多世紀的時代變遷，賭博業在澳門明顯已有了巨大改變。過去一直被稱為「賭王」的賭場經營者，有了截然不同的形象；過去被視為偏門生意的賭博，今天亦已有了新面孔，甚至可說已成為時髦玩意，更不要說那些千變萬化、可以多方互動的網上遊戲了。正因時代變化這樣急劇，如何應變求變乃顯得極為重要，這其實反而是當前澳門，甚至世界賭博業最為突出的全新挑戰。

結語

澳門是中國領土南端的一個小地方，被塑造成葡萄牙人定居之地，之後發展出一套獨特的社會、經濟、政治體制，與中國內地任何一個地方都不同。她由中葡聯合行政管理，政策重商親商，多元種族的人民和諧共處。儘管她被早期英國居民否定，認為其狀況是「不獲承認、應許，卻在中華領土一處難定義的位置上，遭佔據時沒被挑戰」(Maxwell, 1999: 74)。哪怕如此，四個世紀以來，澳門一直成為中國與世界之間的橋樑，發揮了無與倫比的重要作用。

就博彩業而言，在澳門自 1849 年被葡萄牙殖民以還，它即變成合法生意，這大大改變了澳門的發展內涵。無可辯駁的事實是，賭博的亦正亦邪和悖論性質，似乎很適合在澳門落地生根。此後，賭博業在澳門繁榮發展，也沒對鄰近地區帶來太多損害。儘管澳門的歷史悠久，但澳門的賭博仍然是一個未被充分研究的話題，這正是促使我們專注於這一領域研究的原因。

第

一代賭王
盧九家族的一統賭壇與傳承波折

　　正如上一章中提及，賭博業雖然利潤豐厚，澳葡政府又寓禁於徵開出了綠燈，將賭博合法化，但它卻不是人人均吃得起的一碗飯，遑論要從中發達致富。因為賭壇風高浪急、暗湧處處，極為兇險，偶有粗心大意，一時失手，可以弄至家破人亡、萬劫不復，不少人相信亦曾掉進那個傾家盪產的困局。在芸芸曾經染指澳門賭業的風雲人物中，能夠成為最後贏家，稱王稱霸者，首推盧九、傅德蔭、何鴻燊和呂志和，他們無論在港澳、中華大地，甚至世界商業舞台上均叱咤一時，讓其家族後人獲得令人艷羨的發展基礎。引人好奇的問題是，這些家族到底有何突出條件，令其可在群雄逐鹿的背景中突圍而出？期間又曾碰到哪些問題？他們以何種手段鞏固發展成果？這些發展又如何反映了澳

第 3 章

門社會的變遷？

　　在接著的篇章中，我們將逐一訴說這四位賭王和其家族的發展故事，同時剖析當中的發展軌跡和經驗教訓，以及澳門社會的變遷。至於本章則會先談談盧九崛起成為賭王的傳奇經歷，尤其會聚焦於家族如何達成原始資本累積的過程，之後再探討家族如何壯大，以及如何令財富扎根，不斷滾存，不至於財來財去；當然亦會探討當中遭遇的挫折，還有如何思考接班傳承問題；進而是提升社會名聲與地位，洗脫經營「偏門」生意形象等問題。至於傅德蔭、何鴻燊及呂志和的故事，則在接著其他專章中逐一作出深入討論。

變幻社會的乘勢而起

澳門和香港可說是中華大地最早接觸西方資本主義氣息的地方，其中的澳門更早在 1553 年已闢為葡萄牙人在華居住地，因此充當了華洋接觸交往獨一無二的管道，而且維持長達約 300 年，直至 1841 年香港自鴉片戰爭後落入英國人之手，開闢成另一由歐洲人統治的自由貿易「飛地」，令澳門失去了那個獨一無二的地位。而其他中國沿岸通商港口的先後設立，又進一步削弱了澳門過去扮演的溝通內外角色，經濟貿易尤其顯得疲不能興。

19 世紀四、五十年代，四周城市無論規模、資源及競爭力等均較澳門強大，為了生存的澳葡政府，在亞馬留（Joao M.F. do Amaral）出任澳督期間，採取了與以往不同的政策，一方面仿效英國人向衰敗的清政府發動挑釁，既侵略了氹仔和路環等地，又攫取澳門為葡國全權統治的「殖民地」，而非過去般只是在中國政府允許下承擔「天主聖名之城」的行政管理。另一方面，更想出了合法開賭，甚至經營鴉片、當押，以及重要民生必需品如豬肉、牛肉、火水、養蠔、製鹽等專利經營制度，藉收取專利稅增加政府收入，同時又利用博彩活動刺激經濟，帶動諸如旅遊、餐飲、酒店等生意（吳志良等，2009）。正是在那樣的歷史背景下，澳門走上了博彩業一業獨大的經濟結構，這座城市亦搖身一變成為「賭城」，日後有了「東方蒙地卡羅」稱號，一代接一代的賭王於此便如走馬燈般先後登場。

打正旗號經營賭博之初，一來博彩種類未多，只有白鴿票（俗稱「小闈姓」）、番攤及闈姓等甚為民間的玩法，生意尚未見興盛；二來各種賭博由不同公司或家族經營，澳門亦尚未建立在區域中獨一無二的「賭城」地位，因為廣東及香港等地曾時禁時弛、或停或開地批准賭博，與澳門相競逐，所以澳門賭業當時屬於摸索前進、各方混戰階段，不但制度尚未完全建立，配套服務亦不齊全，難言立即蓬勃發展起來。[1] 至於在那個賭博業剛剛踏出腳步時率先投身其中的家族，計有王祿家族、何桂家族、馮成家族、陳六家族及蕭瀛洲家族等，他們的起落尤其顯得急速，所得利潤相信亦非想像般豐厚，原始資本累積仍進行得不太順利。舉例說，王祿家族以紹昌堂名義，早於 1860 年代參與澳門博彩生意，何桂家族於 1869 年開展闈姓業務，馮成家族在接著的 1875 年投得闈姓及番攤生意，陳六家族及蕭瀛洲家族則在進入 1880

年代一同取得賭博與鴉片專利。

　　由此可見，自 1849 年澳門把賭博合法化後，雖然曾如走馬燈般出現不少經營者，但卻未見突破性發展，直至盧九的出現。在他之前的不少賭場經營者，都沒取得突出成績，惟自盧九成為一代賭王始，澳門賭壇乃為之一變，令他的名字變得響亮起來，影響力亦最大，其家族在澳門、香港，甚至華南一帶及葡人社會亦最為傳奇，扎根最深（杜博奇，2014）。到底盧九的家族背景如何？有何特殊條件能夠崛起成為第一代賭王？之後有何發展與擴張？又有何種經歷？

　　深入資料揭示，盧九原名華紹，字育諾，號焯之，小名盧狗，故俗稱盧九，[2] 可說是公認的澳門第一代賭王。他生於 1848 年，祖籍新會潮連蘆鞭鄉，父親盧耦，先娶陳氏，無所出，再納高氏，育有三子，盧九居幼，上有兩兄，長兄盧華錦，次兄盧華益。惟其父早逝，相信家道因此中落，他被迫在青年時期踏足被視為「冒險家樂園」的澳門，開始在社會中謀生。

一身官服的盧九

《新會潮連蘆鞭盧氏族譜》(1949) 的記載是：「（盧九）少年怙恃，生計殊窘。弱冠後，3 始至澳門」，至於接著的人生與事業發展則是「業錢銀找換」，簡略的發跡過程指盧九在「稍有蓄積」後，創設「寶行錢號」。4 即是盧九像一般移民創業者般，到澳門後利用個人或家族「蓄積」的資本投入，參與銀號生意，主要從事錢銀找換、押借等業務，走上了今天社會所指的「金融」行業之路。其中 1880 年 6 月 30 日《循環日報》一則「猛頭鹽船告白」，便提及一名東莞商人謝兆康，自置猛頭鹽船，該船以「番銀一千九百餘兩」按揭給「省城永昌堂及澳門盧九」，但因謝兆康「至今尚未清還」，因此以債權人身份登告白：「如有外埠客商人等與他承受此船及僱該船往別埠裝載貨物，務祈與該船主移玉到本號，將該項理明清楚，特字周知，以免後論」，此點既可見其與債仔的糾紛，亦揭示他投入錢銀找換與押借生意應早於 1880 年前。所謂錢銀找換，即是那種一方面收取存款，另方面高利放貸

1880 年 6 月 30 日《循環日報》有關盧九的「猛頭鹽船告白」

的生意，在當時社會甚為普遍。

　　順帶一提的是，族譜提及盧九曾經「家貧失學」，促使他日後大力捐輸，多作善舉，甚至參與同善堂及鏡湖醫院等慈善組織的管理等（王文達，1999），此點與前文提及他「少年怙恃」，家道中落的說法一致，揭示他確實應是「白手興家」。具體地說，大約 20 歲左右（即 1868 年）到澳門的盧九，應經歷了十多年藉藉無聞的努力打拚，在積累一定經濟資本、人脈關係，甚至是江湖地位後，到了 1870 年底，才有了更大發展能量，所以自進入 1880 年代起，即圖謀更大發展，不但進軍被認為利潤豐厚的博彩業，亦染指民生是賴的豬肉專利生意，由於兩者均取得成功，他的人生與家族發展從此發生了巨大變化（葉農、王桃，2010）。

　　這裡須先談談 1880 年代華南地區社會與賭博環境的轉變。扼要地說，較早前粵、港、澳三地因為不同政治考慮，曾對賭博一事採取了時弛時禁的不同政策，給澳門賭博業帶來時好時壞、甚不穩定的挑戰。但是，自進入 1880 年代，由於廣東和香港同時推出了禁止賭博的政策，令澳門賭博業變成「獨市生意」，因此出現一個高峰發展期。那時的上海《申報》，曾有如下一段扼要敍述：

> 　　彼澳門西官以為人棄我取，粵省香港既已禁止淨絕，則賭徒之生業頓無所賴，然平素怙為生涯，而一旦棄之，人情所不能堪。澳門舊有賭館，有不絡繹趨赴者乎？合省港於澳門，以三合一，有不更增其盛者乎？此所以每年承繳賭稅有百數十萬之多也。（《申報》，1880 年 8 月 1 日）

　　另一方面，剛推行賭博專利經營時，一切仍屬草創，制度未全，所以常有「地下」（非法）賭檔，影響專利經營者的利潤，窒礙資本投入，提升配套服務。但是，經過一段時期的發展，制度逐漸建立起來，尤其對地下賭檔進行嚴厲打擊──當然合法經營者亦出錢出力，配合政府打擊地下賭博行動，不但令經營利潤驟升，亦促使他們積極開拓生意，四出招徠客戶，刺激經濟發展。至於賭博的種類，民間傳統賭博如骰寶（即俗語中的「骰

仔」）、牌九及魚蝦蟹等，儘管規模不小，亦開始按不同賭徒的興趣與要求，納入經營範圍之中。

正是在那個背景下，盧九與胡袞臣等友人，早於 1881 年進軍賭博業，一舉取得澳門博彩生意的專營權。5 他又在那個重要時刻引入不少新的賭博玩法，當中又以經營賭船令賭客有了新的刺激，生意因此變得更為火熱（胡根，2010：160），利潤自然同步上揚。當然，盧九能夠躍升為第一代澳門賭王，而非如前文提及那些賭館經營者般只有剎那光輝，除了助力於關鍵時刻能看準時機的運氣因素，亦有本身不惜冒險，做人做事夠狠夠勇的個性使然。可以這樣說，從錢銀找換生意中獲得「第一桶金」的盧九，明顯洞悉了當時華南地區賭博環境的轉變，所以夠膽花費巨額「博彩專營稅」，以求擊退對手，取得專營權，結果亦算如願，令他可以乘行業急速發展之時而起，在接著的人生中大放異彩（葉農、王桃，2010：166）。

古哲人亞基米德曾豪氣干雲地說過：「給我一個支點，我可以舉起整個地球」。對於那些具有點石成金能耐的商人而言，當他們找到那個能夠讓其財源滾滾的支點後，總是做甚麼賺甚麼，生意越做越大、財富越積越多，不久便能富甲一方。具體地說，1881 年的博彩專營權只有一年，賭博模式亦只有獨沽一味的番攤，惟在屆滿後，盧九按原來條件連續十多次獲得續約，直至 1895 年，奠下他澳門第一代賭王的地位（杜博奇，2014）。

在這段時間內，盧九一方面擴大賭博類別與市場，另一方面則進一步配合或強化澳葡政府打擊地下賭檔的政策，弱化潛在競爭對手的實力，令其可在澳門賭博業中不斷壯大。至於盧九搖身一變成為了「大賭商」，對經濟與就業有了巨大影響，尤其能夠給政府帶來穩定而巨額的稅收，則令其成為澳門和廣東政府眼裡的「財神爺」（胡根，2010：157）。他本人更於 1888 年做出一個當時一般華商甚少採取的舉動，就是申請入籍葡國，目的明顯希望藉此獲得對方政治保護，更有利事業發展，但此舉看來是他「計錯數」，日後可能因此賠上了性命。

政商投資的多方押注

在澳門那個華洋雜處、只重視實際利益的社會，盧九憑著賭博專營生

意崛起壯大，之後又為開拓更多生意而常奔走於華洋之間，甚至曾私下支持孫中山的革命黨，所以難免給人「對人（華人）講人話，對鬼（洋人，貶稱）講鬼話」的印象，批評他乃「兩面派」，具有「雙重效忠」（林廣志，2013）或是「兩頭蛇」的性格與特質（譚世寶，2010）。其實，這些觀點或批評只說對了一部分，尚沒反映出事實全部。

更確實地說，無論是盧九或是其子侄（見下文討論）的所作所為，反映的其實是一種「多方押注」，即是在不同層面上均押下注碼，以免一方勝出或得勢時，因為沒有任何連結與關係，而令自身投資與利益受到損害。這種「多方押注」的做法，與其經營賭博生意具高風險、須作對沖的基本原則或哲學可謂理氣相通。更為直白地說，賭客均有贏輸，對他們家族而言卻沒所謂，因作為經營者，他們必然能夠從中獲益，成為最後贏家，反而若果只押注在一方，沒有其他方，則容易帶來風險，處理不好可能「輸身家」。

回頭看，盧九多方押注的舉動可概括為政商兩個層面。先說商業投資方面，由參與寶行錢號的生意，到進入賭博業，盧九很快染指其他更多層面的投資，粗略而言可歸納為鴉片、豬肉、繅絲工業等。同時又強化銀號、地產和賭博的相結合，一方面令其投資風險降低，另方面則發揮一定的協同效應，所謂「肥水不流別人田」，例如賭博生意必然帶來錢銀借貸與兌換，雄厚的資本累積又需尋找更能帶來穩定回報的地產業配合等等。

這裡更應補充的是，盧九於 1883 年承充澳門豬肉生意，之後一直掌握著普羅民眾餐桌上這項食品的供應與價格。至於盧九於 1895 年初獲澳葡政府批准，開發佔地面積多達 5,396 平方米的「沙崗地段」（即現今三巴門至三盞燈一帶，含義字五街），興建房屋，其實揭示了有了巨大財富的盧九，開始在地產生意上大展拳腳。同年，盧九與宋子衡、曹子基等友人開設繅絲廠，把生意焦點拓展至工業生產之上，該工廠的男女工「至八百餘名之多」，可謂規模不小（胡根，2010：161）。若加上較早前已發展的銀號押借生意、豬肉專利生意，以及最為重要的賭博專營生意，那時家族的投資狀況，已呈現了十分明顯的多元化格局，自然亦符合家族「多方押注」的發展原則或策略。

在政治投資方面，由於參與澳門博彩專利生意，盧九自然需要經常與澳葡官員及土生葡人打交道，例如他及其子侄們與極具影響力的土生葡人

家族——飛南第（Fernandes）家族不同世代的成員們，便一直關係深厚，原因是該家族一直「為盧九承充賭權作擔保」（李長森，2010：143），即是為整項投資「包底」，承擔最後風險。一來由於入了葡籍，二來又在賭博業中作出巨大貢獻，葡國皇室於1890年授予盧九騎士勳章（即如英國王室的爵士頭銜）；作為表揚，1894年他再獲授更高級的聖母寶星勳章（Conceicao de Vila Vicosa），兩項舉動揭示其在葡人社會中地位十分突出。

與此同時，盧九把目光轉移到中華大地，覬覦粵省更為巨大的賭博市場，加上家族根在新會，因此亦多方巴結當地及粵省官員，一心希望取得賭博專營權。正如其他章節中粗略提及，晚清時期，由於國庫空虛，地方大員曾在賭博的弛禁問題上舉棋不定，盧九自然支持合法開賭，並曾奔走於不同衙門之間，對滿清朝廷表現了忠誠。但是，盧九（包括其子侄）明顯並非一心只向滿清朝廷，對於意圖採取革命手段推翻皇朝統治的革命黨人，亦樂意交往巴結，其中廣被引述的例子，則是1895年時曾向革命失敗的孫中山「伸出援手」，讓他逃到澳門，之後「以船（把孫氏）護至香港，轉神戶焉」（李長森，2010：144）。

經過一番努力，當時任兩廣總督李鴻章同意開賭時，盧九與友人率先合組公司參與競投，並於1897年以「呈繳銀票一百萬兩，奪得了粵省闈姓承充權」（葉農、王桃，2010：167），令其賭博市場由澳門一隅擴展至整個廣東（主要是城市地區）。或者是為了配合這一生意投資策略，盧九於翌年（1898年）向清皇朝捐得「鹽運使銜，復賞二品頂戴花翎、廣西道員，疊封文林郎，誥授中議大夫」（林廣志，2013：21；鄭國強，2010：311）。即是說，他在滿清朝廷中亦取得一個不細的名銜，讓其可以更有體面地在華人社會行走。

誠然，透過捐獻以換取官位或頭銜，從而提升個人社會地位或認受性的做法，中外社會皆然，新富階層尤其樂意為之，因為那些被視為虛銜的東西，其實又屬發財立品的重要組成部分。但因澳門處於華洋社會的「在中間」（liminality）位置，盧九的生意目光又不只聚焦於澳門，還有粵省及中華大地，而中華大地又出現了不容低估的革命力量，作為經營「大殺四方」生意的他，相信會覺得不能只是「一心事奉一主」，所以無論是對滿清政府、革命力量、澳葡政府、葡國政府，甚至是港英政府，均表現了「忠誠」一

面，難怪會招來「雙重效忠」及「兩頭蛇」等負面批評。

　　但是，若果細心一點看則不難發現，盧九那些舉動，其實只是「賭仔」性格多方押注的一種「自然」條件或行為反射而已，當然亦與商人階級在華人社會一直處於低層位置、受到壓迫有關。所以他們在思考問題時，只會從生存與現實主義出發，計算哪種行為更能帶來更大利益，忽略政治人物眼中更為重要的一片丹心與忠誠問題。至於澳門華洋雜處、重利輕義、少談政治忠誠的社會氣氛或環境，亦很容易令人聯想到那種「有奶便是娘」的印象。

廣東賭博生意失利與盧九自殺身亡

　　無論是否政商人物，或者曾經顯赫一時，在面對危機時，有些人總是因為覺得問題極為嚴重，走投無路，無法解決，於是有了自尋短見、一死了之的做法。被冠上「澳門第一代賭王」美譽，身上掛滿葡國皇室勳章，亦有清廷官位及頂戴的盧九，亦因一時看不開走上了自殺絕路。至於導致這種局面的原因，則是他早年不惜出高價投得的粵省賭博專營權突然生變，令他債台高築，生意嚴重虧損，覺得局面再亦無法扭轉。

　　到了 1890 年代末，盧九的事業和生意無疑更上層樓，賭博專營權十分牢固，尤其自 1889 年起，專利合約不再採用每年一次的做法，而是六年一期，這樣的安排自然可以減少不少重複手續，降低對手競爭，有助長遠投資和規劃，令其影響力更大。至於他大舉進軍地產，開發沙崗，日後更帶來了巨大回報。當然，更令他大感滿足的，相信是光緒二十一年（1895 年）與韋菘、韋玉和李陞等港澳著名巨商合股創立宏豐公司，之後於 1897 年奪得「粵省闈姓承充權」，此舉標誌他的賭博王國版圖走出澳門，擴展至幅員廣大的廣東省（林廣志，2013）。

　　所謂食髓知味，在完成第一次專營權生意後，盧九又決定乘勝出擊，於 1900 年再下一城，於「光緒二十六年（1900 年），承辦粵省小闈姓（俗稱「白鴿票」）」（葉農、王桃，2010：167）。這次投入的精力與資金，又較上次更多，但他卻掉進了俗語所言的「貪勝不知輸」局面，結果是「老貓燒鬚」，沒有做好政局逆轉時可能出現投資環境變壞的風險管理，因此遭遇了滑鐵盧，不但生意蒙受巨額虧損，投資血本無歸，更輸掉了自己的生命。

事情是這樣的，作為長期覬覦粵省更大賭博市場的一代賭王，在知悉時任兩廣總督李鴻章有意「弛禁賭博，以裕餉需」後，率同粵港澳有意投資賭博的巨商們，組成一家名叫宏遠公司的組織，集巨資以競投廣東的「小闈姓」生意。由於一方庫房空虛而求財若渴，另一方則覺得粵人好賭，市場潛力無限，又想盡量把競爭對手拒諸門外，所以雙方一拍即合，得出了專營權長達八年的決定，這樣的安排必然是賭稅（加上各種不同名目的徵費及賄賂）金額巨大，預繳不少（見下文）。但不可不知的事實是「鐵打的衙門流水的官」，主持兩廣的首長如走馬燈輪替，盧九顯然因為「貪勝」，低估了政府領導變更時政策逆轉的風險，最後掉進投資失誤的泥沼。

經過三年八個月的起動初期，經營正常，也算為盧九等投資者帶來一定收入，打好生意基礎。但到了1903年，岑春煊出任兩廣總督，[6] 由於他對「小闈姓」影響社會以及預繳賭稅的問題都有不同看法，立意禁賭，雙方便掉進了嚴重爭議之中。到底盧九一方在這項生意中投入了多少資金？林廣志作了如下介紹：

> 據盧九稟稱，至岑春煊禁止小闈姓時，歷時三年零八個月，盧九共繳交正餉、加餉、報效、軍需等款共計四百七十四萬五千元（作者註：銀元），而按承充時所定條款，盧九應繳銀三百三十萬元。也就是說，盧九在案外被迫溢繳一百四十四萬五千元，加上又賠墊各項利息並因裁被欠兩項銀五十餘萬元，則實際溢繳二百萬元。由於迭次加繳，不得不向港澳中外商人借款，其公司已是負債纍纍。（林廣志，2013：89）

民間智慧總是教訓我們「窮不與富敵，富不與官爭」。然而身為一代賭王，相信亦已是澳門首富的盧九，很可能覺得在資本主義社會，商人地位已今非昔比，亦可能認為自己理直氣壯，名銜亦有不少，加上早年已入籍葡國，有洋人身份，於是高調打出「葡籍人士」的牌，尋求葡國政府保護，尤其大張旗鼓地透過「葡萄牙駐廣州總領事館插手餉項糾轕一案」，以拉攏洋人（用今天的話是引入外國力量），擺明車馬地要與岑春煊鬥到底。但他這

樣做的反效果,則是令問題變得更複雜,亦有點意氣之爭,同時期他又捲入另一粵省大案——「南海縣令裴景福出逃澳門事件」,令他與岑春煊或政府之間的轇轕「變得越加撲朔迷離」(林廣志,2013:89)。

確實地說,岑春煊對盧九以葡籍作護身符之舉極為反感,嚴正指出專營權的批出,只是給予華籍商人,沒有任何洋資,盧九本人更曾報捐廣西道員,當時參與競投乃至於獲得牌照,均是基於那個華籍商人身份,當然更不用說整項商業活動均在廣東;而盧九在中華大地上行走,以華籍商人自居,其祖籍亦在新會,所以沒有甚麼葡籍問題。岑春煊進而批評他「冒認葡籍,任意譸張」,背後所指的是盧九持有「雙重國籍」,違背「一人不得入二籍之禁」,這在中葡兩國均不允許(譚世寶,2010:138)。基於此,岑春煊宣稱若他再踏足中華大地,必會治其罪,再追究賭博專營權之轇轕。換言之,盧九不但追不到預繳賭稅,還蒙上了公然開罪岑春煊與「冒認葡籍」罪。

不但如此,他私底下亦開罪了岑春煊。據林廣志(2013:212-219)分析,盧九在「裴景福出逃澳門事件」中扮演一定角色,而裴景福在擔任南海縣令期間,不但因貪污受賄被通緝,更與岑春煊有私人轇轕,主要原因是岑春煊與康有為之間有交往,且有書信往來記錄,裴景福任南海(康有為家鄉)縣令時,曾奉旨到康有為故里抄家,可能扣有康氏與岑春煊的往來書函,因此與岑春煊有了過節,促使岑氏要將裴景福置諸死地(桑兵,2004:264)。盧九在經營粵省賭博時,既早已與裴景福有私交,在裴氏逃澳時又曾協助他,自然加劇盧九與岑春煊在公在私的猜忌與矛盾,令他被岑春煊視作眼中釘,不但追討預繳稅無望,更被追究蒙上欺下、包庇逃犯等重罪。

一方面,盧九在粵省賭博生意中蒙受巨大虧損,有些資本是看著他「賭王」面子投入的,有些則是借貸,他貪勝不知輸,既令友好血本無歸,又必然引來債主臨門,以他好勝要面子的個性,實難放得下。另一方面,盧九開罪朝廷大官,家鄉故里難再立足,就算是在澳門,相信亦自覺難再在華洋社會行走。結果,在光緒三十三年(1907年)十一月十一日,盧九在澳門盧氏大宅自縊身亡,結束傳奇人生,享年59歲,消息轟動省港澳。

對於盧九自殺一事,不同分析與看法紛陳,其中的「負債山積」與「畏

現時的盧家大屋（照片出處：澳門文化遺產）

罪自殺」之說最盛（鄭國強，2010：311；王文達，1999：160），對盧九生平有深入研究的林廣志則提出如下扼要研判：

> 倚賴中葡，涉政過深；礙於時局，得罪官府。既失利，又畏罪。盧九之死，與其說是生意失敗，不如說是複雜多變的政治形勢之犧牲品。（林廣志，2006：155）

沙場上，因戰敗自殺者其實並不罕見，就如項羽敗於劉邦後自刎烏江一樣，很多時只是為了「一口氣」，「沒顏面再見江東父老」的面子問題而已，我們不必過份解讀，甚至扯到「複雜多變的政治形勢」之上，因為作為「利字當頭」的商人，多是現實主義者，除了對錢特別懂得計算，對政治問題卻一般較為「單純」。但是，對於家族及企業發展而言，當大家長突然去世後，家族會否四分五裂，甚至風光不再，急速滑落，則是最引人注視的地方。例如大約 20 年後的「一代煙王」利希慎，正值壯年時遭人刺殺身亡，

便曾引來坊間同樣猜測（鄭宏泰、黃紹倫，2011）。

盧廉若接班的繼續發展

盧九突然去世後，家族的發展到底有否碰到甚麼傳承接班問題？之後又有何種曲折遭遇？在回答這兩個問題時，不能不讓人對老祖宗以長子嫡孫作為傳承接班的智慧有了更深刻體會。簡單地說，據王國維（1956：117-118）研究，周朝之前，由於父死子繼、兄終弟及的傳承制度同時存在，曾引起族人為爭奪領導權而互相殺戮；到周天子得天下後，採取了「立嫡以長不以賢」的嫡長子統一繼承標準，即區分嫡庶，在嫡中再論長幼，不再考慮賢或不肖。於是歷朝傳承便有了更好的規則依據，大大減少了家族血脈之間為了領導權而出現內部鬥爭與自相殘殺。

身為一代賭王的盧九，娶一妻九妾，並育有17名兒子（由於當時各人的名字號眾多，這裡只以他們行走江湖的稱號列出，即為：一、廉若；二、煊仲；三、怡若；四、孔勉；五、靜庵；六、康民；七、季馴；八、篆璧；九、次常；十、早殤，不詳；十一、美甫；十二、松坡；十三、養平；十四、衡若；十五、小焯；十六、蔭民；十七、光顯），7女兒的數目相信亦有不少，但因重男輕女，沒有記錄而缺乏資料（林廣志，2013：21-22）。

由於家族複雜，子孫眾多，他的突然去世，生前又沒有立下遺囑，必然會引發內部巨大矛盾與爭奪，令家族陷於四分五裂的險境。但是，眾所周知的現實是，靠賭起家且債台高築的盧九家族，哪怕大家長突然去世，亦沒因此土崩瓦解，而是仍能收拾殘局，繼續上路，再領風騷，原因是作為嫡長子（即既是嫡出，又是諸子之長）的盧廉若，能夠立即子代父職，接班成為家族毫無爭議的領導人，帶領家族及企業繼續向前發展。至於盧九老謀深算，財產早有「金蟬脫殼」安排，亦能避過巨債連累。就算是澳門的博彩業生意專營權，家族亦採取了以不同名義——例如合夥或間接持股的方式，尤其透過盧九侄兒盧光裕，8 以及其他生意長期夥伴如蕭瀛洲等持有，所以仍能延續其對澳門賭博業的掌控。

盧廉若於1878年11月生於新會，乃盧九元配歐陽氏所出，屬嫡長子，本名鴻翔，另名光燦，字聖琯，號廉若，幼年受學於南海名士潘衍恫門下，一

心考取科舉，惟自 17 歲開始應考，卻「秋試屢躓」，後來只能「授例納粟，以道員分發浙江，賞花翎二品頂戴」，亦透過「檄調」方式到「桂林為小吏」，惟不久「厭倦吏事，告假歸鄉，後至澳門，隨其父經營銀號、煙館，遂成巨富」（林廣志，2013：31）。即是說，身為嫡長子的盧廉若，曾想走功名之道，但科場之路不順，最後只能如盧九般藉捐錢換個頭銜，亦曾透過關係在桂林尋得「小吏」官職，藉以開拓人脈網絡、增加歷練，而這段時間相信維持不久，最後便回到澳門，開始接手家族生意，踏上更實質的接班路途。盧九突然去世時，將屆而立之年的盧廉若，其實已有一定社會名聲與經營歷練，所以能夠應對變局，統領家族上下。

在父親去世後，盧廉若成為當然接班人，因此可以穩定家族內外的挑戰。粵省賭博生意嚴重虧損，無法挽回，盧九一死，自然由大小股東各自承擔，作為大股東的盧氏家族也破財甚鉅，但這並沒令家族從此一蹶不振，因為不少財產早已從盧九轉到諸兒子名下（見另一節討論）。另一方面，由於家族各項生意在他死後繼續經營 —— 尤其賭博及鴉片專營，所以仍是財源滾滾，更不用說那些散佈香港與澳門不同地方的地產投資，隨著兩地經濟不斷發展、樓價地皮持續攀升而水漲船高。

具體地說，自盧廉若在 19 世紀末回到澳門後，便與堂兄盧光裕（盧九大哥盧華錦之子，為人老成持重，勇於任事，深得盧九器重）一起，參與家族大小生意。堂兄可說成為他的接班「導師」，9 其中又以曾經營寶行錢號、清平戲院、長春閣藥店、九如押店，成為南洋煙草及青洲英泥等公司的股東，並承投澳門山票、舖票（兩者都是彩票的一種）及鴉片等生意最引人注目，從中建立自身的名聲與人脈關係。成為家族與企業新領軍人後，盧廉若首先將精力集中於穩定接班之上，除了分配好家族財產予諸弟，化解離心力，同時亦理順與各生意夥伴的關係或羈轕，因為亦有一些股東參與到粵省的賭博生意之中。

雖然曾一心考取科舉，亦曾在桂林擔任「小吏」，但到澳門生活後的盧廉若，卻又與父親盧九一樣，私下支持孫中山革命。到革命成功後，除了更加公開表現支持，例如在 1911 年 11 月 15 日邀請不少澳門社會精英到盧氏家族大宅，參與一場「剪辮運動」，以示去舊迎新（*Hong Kong Telegraph*, 16 November

1911），同時亦輸財出力，尤其積極支持廣東省政府，不斷強調個人及家族與孫中山的關係（參考下文討論）。

1912 年 2 月，孫中山辭去臨時大總統之職，5 月由港到澳時，便下榻盧氏家族大宅——娛園（即今之盧廉若公園），盧廉若自然殷勤招待。但是，在另一方面，有分析則指出，盧廉若其實並非真正的孫中山支持者，反而是袁世凱擁護者，並曾因支持袁氏稱帝，獲贈「樂善好施」牌匾（譚世寶，2014）。此點其實進一步說明前文提及家族「多方押注」的賭博哲學或特質。

論參與孫中山革命，盧廉若的同父異母胞弟盧怡若無疑更為突出。資料顯示，盧怡若生於 1883 年，乃盧九妾侍梁氏所出，本名宗緝，又名光燊，[10]字聖惇，號怡若，自幼與盧廉若般立志考取功名，且因甚有才氣，在少年時已結識康有為，康氏亦對他甚為欣賞，曾引薦他給恭親王溥偉，溥偉對之「頗器重」，並「把他收入門下」（陳志峰，2010：204）。1902 年，年屆 18 歲的盧怡若與胞弟盧康民（本名誦芬，又名光濟，字聖勤）在鄉試中一同考獲舉人（其中盧怡若名列第 31 名，盧康民名列第 158 名），[11]成為一時佳話（林廣志，2013：21-22）。

1974 年 9 月 28 日《工商晚報》有關澳門政府購入盧九花園的報道

盧九花園今日改稱盧廉若公園

1903年，盧怡若赴日本留學，加入革命黨，直接參與革命事業。1906年，他赴英留學，在革命活動上參與更多，後來更出資創辦《澳門通報》，自任社長，宣揚革命思想。其中，據說盧怡若在清廷尚未倒台前已剪髮，不再留辮，成為澳門首位剪髮華人，惟時間上存在不少爭議之處。[12] 到革命成功之初，胡漢民任廣東都督時，財政緊絀，盧怡若曾在香港籌款作出大力支持，先後獲任為「香山鎮撫使」、「總統府籌餉委員」、「廣東都督府參謀」等職（陳志峰，2010；歐陽偉然，2010）。順帶一提的是，除了盧廉若和盧怡若，盧九二子盧煊仲及四子盧興源（又名光釗、光冕，字聖步，號孔勉）亦是孫中山革命支持者，法律出身的盧興源，日後更成為南方中華民國政府總檢察廳檢察長，在司法界名聲響亮（參考另一節的討論）。

回到盧廉若身上。自確立了新家長身份後，他很快便在社會中變得活躍起來，其中重要的社會公職，自然是鏡湖醫院和同善堂。初期，他只擔任會董，後來連續多屆擔任這兩個組織的執事之職，影響力巨大。除了慈善組織，他亦領導當地娛樂商業團體，較受注目的則是牽頭創立澳門賽馬俱樂部及澳門中華商會，之後更連續多屆擔任那些組織的領導職位，作出不少貢

○盧怡若兼為外交顧問，將軍署顧問盧宗縉昨在澳門地方組織集思廣益社支部業已成立電京勸進盧顧問事畢返省入謁龍代使陳明澳門紳商多數贊成君主立憲情形龍代使現授盧兼為本署外交顧問

香港《華字日報》1915年11月22日報道「盧怡若兼為外交顧問」

獻。為了肯定盧廉若對澳門社會發展的貢獻，葡國政府先是贈予一級十字勳章，後來是三等嘉禾勳章，到1925年再給予基利斯篤一等勳章，令其名聲比盧九更高（李長森，2010）。

在經營賭博及鴉片生意方面，盧廉若亦甚有表現，接班後不但生意歷久不衰，還有一定擴張，其中尤以1913年牽頭創辦《澳門通報》一事為人所熟悉。此報紙的最大特色，不是聚焦於一般政經社會新聞，而是提供各類賭博資訊，包括賭博場地、賽事日程，以及各種勝負賠率分析，因此甚受賭客歡迎，而此報亦成為日後馬經、狗經、波經（球賽賭博）等先驅。

盧廉若接班後的生意與其父相比，可謂有過之而無不及，加上他長袖善舞，在中葡社會均有響亮名聲和巨大影響力，所以被稱為「澳門皇帝」，連澳門總督亦難以望其項背（林廣志，2013：29）。可他的壽命卻較其父更短，於1927年7月16日突然因病過世，享壽只有49歲，消息及其出殯的連串安排，如其父般同樣轟動粵港澳一帶（South China Morning Post, 18 July 1927；《華字日報》，1927年7月18及28日）。

更為備受關注的，則是盧廉若生前同樣沒有訂立遺囑，他的突然去世

1927 年 7 月 18 日《華字日報》有關盧廉若去世的報道

促使其長子（盧永官或盧榮觀）向香港法庭提出呈請，按傳統繼承安排成為遺產管理人。呈請雖於 1927 年 9 月獲接納，但他一來年紀較幼，輩份較低，二來在家族中的領導地位未立，因此沒法如其父般，有充分力量與威望令其叔叔們信服。這便令過去一直存在的家族矛盾激化，不久便趨向表面化，出現四分五裂局面，結果不但爭產官司驟起，生意投資亦添變數，並逐步走向滑落。

家產轉移與盧廉若去世後爭產官司

正如前文提及王國維（1956）有關皇權繼承過程碰到諸多爭逐的研究，其中最為關鍵之處，發生在採用「父死子繼」抑或「兄終弟及」的節點上。父死子繼簡單直接，一代傳一代亦不難理解。但是，若遇長兄早逝，其子年紀尚幼，反而諸弟無論才幹、家族權威及社會地位均較為突出時，則很自然地會產生領導權到底是「父死子繼」或是「兄終弟及」的所謂「叔侄之爭」。盧廉若英年早逝，諸子年紀尚輕，諸弟則已蠢蠢欲動，則是這種情況的很好說明。

與乃父一樣，盧廉若可謂妻妾子女成群，他有一妻七妾，兒女合共 17 人，其中兒子八人，女兒九人。諸子依次為榮觀（又名永官）、榮杰、榮蔭、榮滿、榮儉、榮典、榮爵、榮驥，諸子女在他突然去世時仍有不少未屆成年，有些甚至仍屬嬰孩。從有關盧廉若的遺產資料看，單是投資在香港的股票物業，總值就約達 60 萬港元（一說為 628,746 港元，另一說為 594,500 港元），數目實在不少（*South China Morning Post*, 3 November 1927; Probate Administration Bonds: Lo Lin Yeuk al..., 1927）。可是，一個不爭的事實是，盧家上下人多口雜，財富分配又難以平均，內部其實一直存在不少矛盾，再考慮到財產安排可能有其他目的，所以當家族失去可以主持大局的領導人物時，各種問題自然迅速浮面，其中最為轟動的，是今天社會高度關注，喜在茶餘飯後討論的爭家產問題了。

　　早在盧九在生之時，已有一些因財產安排引來的爭拗，只是沒有鬧大。到盧廉若坐上家族領導位置時，也有不少家族成員提出質疑和挑戰，只是盧廉若能夠憑其權力和威望管控得住，維持家族一統大局。到盧廉若兒子接班後，家族內部矛盾則全部浮面了。這裡先交代一宗盧九生前的財產安排官司，之後談談一宗曾經引來社會注目，主要是盧廉若庶母梁氏 —— 即盧九二妾侍 —— 與盧廉若之間的財產爭拗案，然後再分析盧廉若胞弟們控告盧廉若長子盧榮觀的案件。

　　盧九生前發生的那宗案件，在 1905 年 8 月 28 及 29 日的《華字日報》上被稱為「假冒字跡」案，興訟一方是盧九兒子盧光釗（即盧興源），被告一方是一位名叫 V. P. Musso di Peralta 的洋人。案情揭示，年齡未滿 21 歲，那時仍屬未成年的盧光釗遭控告，追討一筆按揭借貸，指光釗曾以一份香港內地段 7 號（Inland Lot No. 7）地皮（皇后大道中及史丹利街）的個人權益作按揭借貸，而拿相關按揭借貸文件到田土廳註冊，並安排各項交易工作的人，便是 V. P. Musso di Peralta。

　　聆訊資料進一步披露，案中牽涉的地皮物業，乃盧九於 1904 年用現金 23 萬港元購入，並以盧光釗等五名兒子名義持有，五人的權益均等，其中一子盧光燊（即盧怡若）於 1905 年把權益轉給生母梁氏（盧九之妾），因他擔心另一子經常花天酒地，影響權益。而那名「大花筒」的兒子，據說是被稱為

「豆皮仔」的盧光鎮，他在聆訊中被指為了花費，拿盧光釗的權益到律師樓由 V. P. Musso di Peralta 代辦按揭，並假冒其簽名，之後往同德泰銀號（Tong Tak Tai Bank，譯音）借款 26,000 港元。事件到同德泰向盧光釗追討欠款時揭發，盧光釗因此提出訴訟，要求法庭判決那份按揭文件無效（*South China Morning Post*, 29 August 1905）。

由於法庭上揭出了案中案問題，最後更拉扯到盧九自己兒子，相關借貸的債務，自然還是落到盧光鎮身上。雖然筆者未能找到最後判決，但從日後另一宗家族爭產官司的資料看，無法清還個人債務的盧光鎮，被澳門法院捉拿，要在監獄中度過一年鐵窗歲月（*South China Morning Post*, 9 October 1929）。至於盧九對此子的行為則大為「惱怒」，更曾在《澳門憲報》刊登公開啟示，「剝奪盧光鎮名下產業」，責罵他「不知艱難，恣行浪費」，尤其申明社會人士不要借錢予他，盧九本人亦不會承擔盧光鎮的任何債務（林廣志，2013：39）。

這宗案件，有助社會了解當時家族的發展狀況，因為法庭的聆訊，其實拉扯出更為敏感的財產轉移問題，其中尤以辯方御用大律師普樂（H. E. Pollock）在結案陳詞時特別提醒法官：「有足夠理由支持，雖然物業以諸兒子之名持有，但真正操作則在父親手中」的問題，而如下一段講話由於指出了整個安排的核心，因此值得深入思考。

> 從物業分配的歷史看，父親顯然不願將香港的物業置於本人身上，所以放到五個兒子名下，令父親的名字沒有出現在任何登記中。但他本人才是物業的私下操作者，亦是真正的受益人。引人好奇的事實是，在澳門的其中一個物業交易（相信指娛園）亦出現同樣的情況，那便是他把物業轉移給了兒子們。（*South China Morning Post*, 29 August 1905）

那宗案中案的官司並沒就此令家族重歸於好，反而在盧九自殺數年後又再鬧出糾紛，要交到法庭處理，那便是家族的第二宗爭產訴訟。扼要地說，盧九於 1904 年以現金 23 萬港元在香港購下的物業地皮，持有人包括盧

WIDOW SUES STEPSON.

Family Litigation over Loan.

This morning before the Chief Justice, Sir Francis Piggott, the action was commenced in which Lo Leung-shi, a widow, sued Lo Lim-yuck, described on the writ as a gentleman, to recover the sum of $38,728.10, being money payable to the plaintiff as monies received by the defendant for her use. The claim set out is for one fifth of $142,000, the principal money received by the defendant from Messrs. F. Sassoon, A. W. Sassoon, E. Nissim, N. Nissim, M. Nissim and E. Shellim, on or about Feb., 1910 on the security of a mortgage on Inland lot No. 7, dated Feb. 8, 1910, of which lot plaintiff owns one-fifth. There was also another claim for $51,640.53 rent for Nos. 62a, 64, 66, and 68, Queen's Road Central and Nos. 3 and 5, Stanley Street, all standing on the above named lots. The plaintiff alleged that defendant had not paid all or any

it as her title to the share, because when a deed was challenged, it had to be proved.

Later in the case Mr. Pollock suggested that it was following a Chinese custom to take out the assignment in the son's name.

His Lordship:—It might be done to escape death duties.

Mr. Pollock:—Or the husband might have been heavily engaged in trade.

After tiffin, Mr. Pollock continuing for the defence asserted that though the assignment of the property was made over to the sons, he still retained absolute control.

Evidence was being called when we went to press.

REFRACTORY SEAMEN.

Continued Trouble with Chinese Crew.

When the steamer Bessie Dollar, of the Robert Dollar Line, arrived in port last evening, she

1912 年 1 月 23 日 *Hong Kong Telegraph* 有關盧九家族官司訴訟的報道

廉若、盧怡若在內五名兒子，其中的盧怡若於 1905 年把名下一份權益轉給生母梁氏，惟整個物業則由盧廉若負責管理，梁氏對此應該有意見，於是在 1911 年提出訴訟，追討兒子所贈她的那份權益，當時物業連租金收益的總值為 38,721.10 港元（*Hong Kong Telegraph*, 23 January 1912）。

相對於上一宗案件，這次的爭論無疑較為簡單，所以法官在聽取雙方爭辯後，判梁氏一方得直，盧廉若要按五子均分原則，將梁氏應該獲得的一份交還她。只是案情同樣揭示了物業交易中令人不解的一些問題，對於盧九 1904 年以巨額現金在香港大手購入物業，但卻由五名兒子持有一事，法官在審理時覺得甚為可疑，不合情理，又因察覺到盧九在完成交易兩年多後去世，所以質疑是否為了「逃避遺產稅」（to escape death duty），但被告代表大律師的回應則指「應該是過於深入地捲入貿易之中」（might have been heavily engaged in trade）。這一說法可說隱晦而巧妙地回應了，盧九應是為了擔心粵省賭博的投資虧損，影響名下資產而作出轉移的安排（*Hong Kong Telegraph*, 23 January 1912）。

第二宗案件雖然完結，但家族內部矛盾顯然沒有化解。到盧廉若於1927年去世後，擁有「美國費城大學商科學士」學位的長子盧榮觀（林廣志，2013：31），接替盧廉若成為家族新領導，亦擔任遺產管理和執行人，[13] 惟其叔輩不服，內部矛盾乃再次浮面。當私下解決的道路走不通，最後便於1929年——即盧廉若去世大約兩年後——鬧上法庭，成為盧家第三宗備受港澳社會關注的爭產官司。

案件於1929年10月8及30日在香港高等法院審理，興訟一方為盧九其中四子：盧光煒（即盧美甫）、盧光濤（即盧松坡）、盧光燊（即盧怡若）和盧光鎮（即盧靜庵），[14] 被告一方為盧廉若長子盧榮觀。法庭資料顯示，盧九生前在香港買下一批約10個物業（沒有說明以何名義購買，估計並非盧九個人名義），這些物業在1929年估計價值200萬港元。值得注意的是，該資產在盧九去世後並沒立即處理，而是到了1921年，才由其年紀較長的兒子們在商討後決定成立一個名叫「育諾資產」（Yuk Nok Estate，相信因盧九字育諾之故）的信託持有，管理與執行人則是盧廉若等四位年紀較長的兒子（但除盧廉若外，並沒列出其他三位信託人的名字），至於遺產所帶來的經常性收入，則由盧九諸子（包括兩名長孫，相信是盧廉若之子）均分享用，特別開支或情況除外。到了1924年2月，諸子更簽訂一項契約，令安排正規化（South China Morning Post, 9 October 1929）。

但是，部分兒子覺得某些資產其實屬盧九生前留下的，卻給信託管理人視為個人所有，即是轉移資產，影響他們的利益。儘管他們曾提出質疑，卻不獲他們視為合理的處理，內部爭拗十分激烈，到了1924年9月，興訟一方更向法庭提出一項資產接管令：Original Jurisdiction Action 188 of 1924，這便令育諾資產信託出現了「未決訴訟」（lis pendens）的問題，影響其銷售或按揭。1927年盧廉若去世後，興訟一方顯然曾與盧榮觀等人私下交涉，但仍未獲滿意回應，於是在1929年採取進一步法律行動，其一是將本來只屬臨時安排的「未決訴訟」變成長久安排，其二是要求法庭頒佈接管人接管財產。

法官在聽取雙方爭辯後於1929年10月30日作出裁決，主要觀點是家族內部無疑對於盧九遺產有巨大爭拗，但應有一定私下妥協，其中在1921年組成育諾資產信託，管理盧九在港所有遺產，收益由諸房均享，則屬出於善

意（bona fide）的安排；各方更於 1924 年初簽了契約，契約上有各方律師的代表，所以相信大家對內容均有全面了解，起碼不能以不明白安排作抗辯。基於當初創立信託的善意安排，各方又簽下契約，法官認為信託管理人有穩固法律基礎，所以判被告一方得直，「未決訴訟」取消，不會頒佈接管人，由原信託人繼續管理，興訟一方需承擔被告一方堂費（South China Morning Post, 1 November 1929;《工商日報》，1929 年 11 月 1 日）。

官司完結的同時，家族在澳門的賭博專營權亦告完結，家族從此失去了「經營賭業累計歷時 40 餘年」的長期穩定和豐厚收入（林廣志，2006：150），成為家族發展的重大轉捩點。兩年多後的 1932 年 4 月，相信只過而立之年不久的盧榮觀亦如其父般，突然英年早逝，[15] 其弟盧榮杰向香港法庭提出申請，由他取代亡兄的地位，成為盧廉若遺產管理人，而非像當年盧廉若突然去世後由兒子盧榮觀接任。此申請獲法庭接納（South China Morning Post, 15 December 1932），恰是「父死子繼」與「兄終弟及」兩種不同傳承方法的最好說明，亦折射了家族發展轉入另一階段。

諸房子孫的不同際遇和發展

與不少盧家子孫大多在新會家鄉或澳門出生不同，盧榮杰生於香港，在香港生活的時間反較澳門多。他在盧榮觀去世後成為盧廉若一房的「家長」，活躍於港澳社會，例如 1933 年 11 月曾在盧家大宅娛園以主人家身份舉辦大型活動，歡迎澳督伉儷（A. J. B. de Miranda），目的自然是要強化家族與澳葡政府的關係（South China Morning Post, 15 November 1933）；1936 年 2 月，他更獲選為香港東華三院主席，「承諾在其任期內運用其權力全力為醫院工作」（South China Morning Post, 21 February 1936）。

可以這樣說，儘管家族的名聲與地位大不如前，但部分後人其實仍在不同崗位上表現出色，並非一般人想像中的全面沒落。當然，若與盧九及盧廉若相比，盧家自經歷 1924 至 1929 年的連串官司之後，一方面是子孫後代的關係不再如過去般團結緊密，另一方面則是他們在粵港澳的影響力每況愈下。其中較多人注視的目光，落到盧怡若和盧興源身上，因此值得以之作為補充說明。

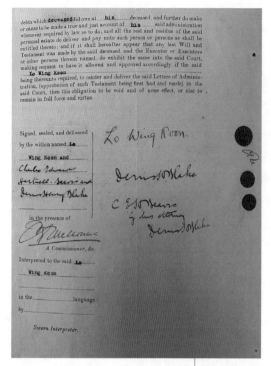

盧榮觀遺囑

　　先說盧怡若。據說由於積極支持孫中山革命，亦參與廣東省政治，盧怡若曾獲任「香山鎮撫使」、「總統府籌餉委員」、「廣東都督府參謀」等虛銜。不過，據譚世寶的深入考證和分析，盧怡若其實如盧廉若一樣，並非由始至終均支持孫中山革命，袁世凱攫取革命果實時，盧怡若便曾改為支持袁氏。譚世寶（2014）這樣介紹：「（盧怡若）不但在廣州積極投身擁戴袁世凱復辟帝制的活動，參加了與北京籌安會為『一丘之貉』的反動組織『集思廣益社』，而且因為其在 1915 年 11 月 21 日組織了集思廣益社的澳門支部，發電報給北京圖謀稱帝之袁世凱勸進」。即是說，盧怡若成為袁世凱復辟帝制的馬前卒，做了一些譚世寶心目中認為是「反革命」的行為，因此得出如下不無慨嘆的結論或評價：「曾一度投機革命而迅速轉為反革命並在晚年冒充老革命黨人，卻在身前與死後都獲得極大成功之一例」（譚世寶，2014）。

但是，若然譚世寶能從盧氏家族「多方押注」的人生哲學看，則不至於會有那麼巨大的「期望落差」。簡單而言，當盧氏兄弟們看到當時的袁氏政治勢力強，亦押上一注，給予支持，為自己買個保險，在袁氏登上大位，坐穩江山時可以收取政治利益，實在既平常又自然，一點也不奇怪。要求他們對革命有高度忠誠，始終如一，無疑是把標準定得太高了。

　　眾所周知，袁世凱復辟沒有成功，革命之火仍然燃燒，中國更掉進了軍閥割據局面，直至1925年孫中山去世，代之而起的蔣介石迅速掌握權力，然後在廣州發動北伐，到1928年北伐成功，再次統一全國。至於盧怡若，相信他在押錯袁世凱後在澳門「退隱」了一段不短時間，期間家族內部更出現了前文提及的爭家產官司，相信亦分身不暇了。

　　到了1930年代中，抗戰展開，盧怡若據說曾因感到民族存亡，答應「擔任第七戰區第三縱隊司令部參議，專注指揮澳門地下工作」，為抗日貢獻一己力量。期間，據說汪偽政府曾致電盧怡若，「邀他出掌中山縣，企圖借助盧家在廣東積累下來的名聲，壓制廣東一省，以助日軍推進」，但這一請求遭到拒絕，令盧怡若被汪精衛的地下工作者行刺，幸好只受輕傷，逃過一劫（陳志峰，2010：207）。對於這一說法，雖不排除他是受到民族興亡的感召，不為名利所誘，但看來只是一面之詞，缺乏檔案證明，另方面又明顯與他本人及家族過去採取的「多方押注」原則相抵觸，筆者偏向存疑，值得日後再作深入考證。

　　抗戰勝利後，盧怡若據說曾獲贈廣東省政府參議員的虛銜，惟國共爆發內戰後，他看來又再次因為政局急變，採取了「退隱澳門」的做法，沒有花太多時間在廣東或中華大地上行走。較受澳門社會關注的，則是在進入1950年代後，他曾在孫中山元配盧慕貞於1952年去世時，親書輓聯致悼，自稱「姻世姪」，又是盧慕貞的「鄰居」（張卓夫，2010：104）。日後，據說他更曾代為與澳葡政府爭取，讓盧慕貞葬於「聖味基墳場」（俗稱「舊西洋墳場」）。

　　同樣獲得注視的，是盧怡若據說曾代孫中山後人，向澳葡政府取回孫中山家族在澳門文第士街的故居，該物業日後闢為「國父紀念館」，有傳言指蔣介石因此於1955年贈予他「革命老人」稱號（歐陽偉然，2010：226）。

相對家族不少成員都短壽，盧怡若卻特別長壽，成為家族中的壽星公，他在 1985 年才去世，據稱享年 101 歲，結束了甚有爭議的一生（陳志峰，2010：212）。不過，無論出生年月、參與革命問題，或是如何躍升為「革命老人」等問題，均受嚴重質疑，這裡不逐一分析（譚世寶，2013）。

再說盧興源。相對而言，比盧怡若年輕一歲的盧興源，在 1905 年以盧光釗之名控告 di Peralta，此一官司可能令他對法律有了深入體會，日後選擇了法律專業之路，並在 1909 年負笈海外。他先後到英國及法國留學，尤其進入牛津大學，先是攻讀政治經濟，後改修法律，取得文學碩士及法律學士學位，並於 1916 年在英國中廟法學院（Inner Temple）取得大律師資格，然後返華。初期，他選擇在上海私人執業，三年後的 1919 年，他獲同樣祖籍新會的伍廷芳賞識，聘於外交部。再過兩年的 1921 年，調任廣東高等法院，成為檢察長，之後擢升為中華民國政府總檢察廳檢察長（Chief Justice），在司法界名聲甚響（South China Morning Post, 21 May 1927），期間曾審理轟動社會的「廖仲愷被暗殺案」（曾慶榴，2009）。

1926 年，蔣介石宣佈北伐，進展順利，盧興源轉到上海，並獲任命為上海臨時法院院長兼上訴院院長，但到了 1928 年時，因與江蘇臨時政府就司法獨立問題出現爭拗，最後選擇辭職。經過一段時間休養與思慮後，盧興源於 1931 年改為私人執業，加入了上海英租界廣東路 17 號一家名叫 Hansen 的洋人律師樓，成為合夥人（South China Morning Post, 27 May 1955）。

由於本身乃法律專業，盧興源長子盧榮康亦如父親一般，走上了負笈英國修讀法律之路，並在格雷法律學院（Gray's Inn）取得大律師專業資格返華，亦如其父般曾在上海執業。值得注意的是，盧榮康於 1939 年 5 月迎娶伍廷芳孫女伍礪瑜（伍朝樞三女）為妻，[16] 令盧伍兩家關係更為緊密，哪怕兩個家族自盧廉若及伍朝樞先後去世後，政治與經濟力量已大不如前。

可順作補充的是，盧氏家族自不再從事賭博生意之後，家族後人似乎多了與其他世家大族通婚的情況。例如在此之前的 1933 年 3 月，盧九其中一孫盧榮錫（盧怡若之子），迎娶香港太古洋行總買辦莫幹生之女 Lorna Mok，在港澳可謂轟動一時（South China Morning Post, 20 March 1933）。接著的 1935 年 3 月，盧九另一孫盧榮全（盧煊仲之子），宣佈迎娶名揚南洋與港澳的商業鉅

子余東旋之女余子清，同樣吸引港澳華洋社會的注目（*South China Morning Post,* 25 March 1935）。

　　進入 1940 年代，日軍擴大侵略戰線，於 1941 年入侵上海租界及香港，至於澳門則因葡萄牙政府在第二次世界大戰中宣佈中立，可以尚保和平，成為「孤島」。為此，盧興源可能一度回到澳門生活，但不久又返到上海。抗日勝利之後，盧興源繼續在上海執業，直至 1948 年和兒子等舉家轉到香港。在港安頓下來一段時間後，他向法院申請「繼續執業」，原來他在 1916 年自英國學成歸來後，已獲香港法院通過執業資格，只是他不久選擇放眼中華大地而已。大約 30 年之後，盧興源重回香港執業，*17* 相信對於這個「重回原點」的人生遭遇感慨良多（*South China Morning Post,* 27 May 1955）。

盧興源遺產執行文件

資料顯示，盧興源父子在港重新執業後，代表客戶在法庭上雄辯滔滔，亦曾以中國家族與傳統繼承的法律專家身份，在法庭上提供證供（South China Morning Post, 8 February 1957）。至於盧興源本人更經常在報章上發表個人對中國政治與社會問題的看法，對共產黨治下的新中國表示同情與接納，引來不少讀者的回應與辯論（South China Morning Post, 14 and 28 December 1949; 7 and 15 March 1950; 24 March 1955）。到了 1962 年 6 月 7 日，盧興源因心血管硬化去世，享年 78 歲（Probate Jurisdiction: Loo Hing Yun @ …, 1962）。

受資料所限，子孫眾多的盧九家族後人，可能由於轉趨低調之故，自1930 年代起失掉澳門賭博專營權後，較少活躍於港澳社交場合，新中國成立後尤其變得低調，此點無疑折射了家族社會地位及影響力的滑落。不得不承認的是，賭博生意帶有偏門色彩，同時又牽涉黑白兩道的龍爭虎鬥，各種關係與利益分配尤其錯綜複雜，實非一般商人能夠輕易駕馭，只有那些曾經行走江湖，又有一股強悍個性及冒險精神者，才能應付得來。這樣的領軍人物，自盧九去世後，家族中已不復見了。盧光裕與盧廉若曾追隨盧九行走江

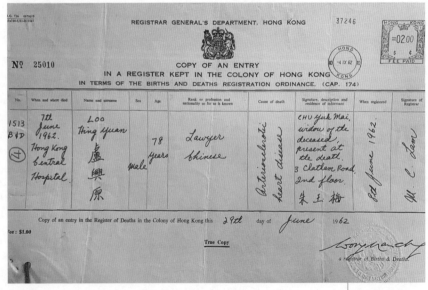

盧興源死亡證

湖多年，因此做人處事作風仍有盧九的一些特質（影子）和號召力；但其他家族後人在富裕環境下成長，往往只是飯來張口、衣來伸手，家族因此失去賭博專營權，甚至滑落，自不待言。

從現實上說，由於子孫後代教育水平大幅提升，不少更有專業資格，因此多走上專業之路，下海經商者少。就算是經商，亦多從事航運、金融等正規化業務，不再選擇偏門生意。另一方面，亦有不少子孫選擇移居他方，到了美國、加拿大等地生活，人生舞台已不再是港澳或中華大地。正因子孫性格、社會關係及人生舞台等已經發生了巨大變化，他們難再在澳門賭博業上指點江山，失去了長期穩定豐厚收入後，家族的政經與社會影響力漸弱，便顯得順理成章。

結語

毫無疑問，澳門是一個極富傳奇的地方，自開埠至今已達 400 多年，長期是華洋接觸交往的管道，賭業亦發達，乃當前大中華地區唯一能合法賭博的地方，因此便誕生了不少在賭壇上叱吒一時的風雲人物，其中又以盧九、傅德蔭和何鴻燊等最受注目。至於這種以偏門生意完成原始資本積累的過程，從某角度說，恰恰折射了資本主義在初期擴張過程使用武力、征服和奴役等手段以達目的的問題。澳門和香港曾被葡、英兩國統治，作為其掠奪工具，至於這兩個地方曾利用鴉片、賭博、娼妓、苦力（豬仔）等生意和貿易發展起來的歷程，又屬最直接有力的說明。

儘管盧九家族實行原始資本累積的過程，有其偏門與具爭議的地方，惟他們歷近百年的發展進程，其實並沒如坊間所說般掉進了「富不過三代」的窠臼。哪怕傳承接班上曾碰到一些人算不如天算的問題，部分子孫的才能和努力又不如祖上，變成了普通人家——當然就如俗語所說，「樹大有枯枝，族大有乞兒」——但總體上說仍維持著豐厚優裕的生活，不少子孫更學歷突出，屬專業人士，能維持其在上層社會的地位。可見一個家族只要能完成原始資本累積，政經投資多元化，傳承上不要出現致命失誤，則家族保持發展的韌力其實要比枯萎強，原因是有了資本在手的富裕家族，畢竟有了更多更能為其所用的工具去解決問題。

註

1　早期的所謂博彩專營，其實並非由一家公司獨攬全澳賭博生意，而是不同種類的賭博有不同經營者，而且分為澳門本島、氹仔、路灣不同地區。資料顯示，在 1880 年前，澳門共有 12 家賭館，單是 1880 年便增加了四家，達 16 家，但那時全澳人口不足七萬人，揭示內部競爭實在十分激烈（胡根，2010：158-159）。

2　有指小名盧耇，並一傳十、十傳百地成為「主流」說法。但據譚世寶（2010：135）考據，以其家族教育背景，採用辟字甚為罕見，很可能只是後人一廂情願的推斷而已，反而民間常給孩子改貓狗牛豬等小名則屬常見，所以推斷應是盧狗，而非盧耇，筆者同意這種分析。

3　有分析指出，盧九約於 1857 年少年時期便踏足澳門謀生（林廣志，2013：26），惟譚世寶認為，此推斷來自葡萄牙政府 1888 年批出盧九國籍時提及他「在澳門居住已歷 30 餘年」，並指出那相信是把盧九踏足澳門的時間「提早了十年或近十年」。他進而指出，族譜中「弱冠」，應是指年約 20 歲，即是 1867 年左右才踏足澳門，而非坊間所指的 1858 年左右（譚世寶，2010：134-135）。

4　此銀號並非盧九獨資，而是合夥公司，盧九只是眾多股東 —— 如陳香帆、陳逸黎、李鏡泉及蔡康 —— 的其中一個而已（《澳門憲報》，1908 年 6 月 27 日）。由於其他股東均屬澳門有財有勢之人，揭示那時他應已躋身有錢人圈子了。

5　當時的鴉片專營幾乎和賭博專營生意綑綁在一起，所以是兩者兼得 —— 既經營賭博，亦參與鴉片生意。

6　李鴻章於 1901 年 11 月去世，兩廣總督一職先後由鹿傳霖和陶模接任，他們的政策都緊跟李鴻章，沒有大變，直至岑春煊上台，才有了截然不同的調整。

7　從日後家族後人爭家產的法庭資料看，盧九育有 16 名兒子，其中 13 人在他去世時仍在生（*Hong Kong Daily Press*, 1 November 1929）。

8　盧光裕，字聖珍，號舜渠，盧九長兄盧華錦之子。為人內敛，處事冷靜，曾與盧九出生入死，乃其左右手。他在澳門有一定人脈與網絡，對於家族能夠牢固地掌控澳門賭權專利一事可謂角色吃重（李長森，2010）。

9　盧廉若踏上接班路時，年齡較長的盧光裕相信扮演重大角色，既成為盧廉若的「盲公竹」，亦是重要輔弼。可惜的是，他於盧九去世一年多後亦突然病故，幸好那時的盧廉若領

導地位基本上已十分穩固了。

10　　林廣志（2013：21）指盧怡若又名「光榮」，這「榮」相信是「燊」之植誤，因不同法庭審訊記錄均提及「光新」或 Kwong Sun 之語（*South China Morning Post*, 29 August 1905）。

11　　盧九二子盧煊仲（名宗瑛，字聖岸，出繼盧九二兄育茗），更曾在「辛丑補行庚子恩正科並鄉試」中獲第一名舉人（林廣志，2013：21）。即是說，盧九共有三子考中舉人。惟這一說法備受質疑，因有分析指，清末廣東科場舞弊之風極嚴重，盧家「一門三中舉」，在當時社會流傳著「請槍」作弊之說，揭示那項「佳績」，可能有表裡不一的情況（譚世寶，2013: 174）。

12　　有關盧怡若曾經留日及參與同盟會等說法，譚世寶同樣提出多重質疑，認為當中有很多方面均屬不盡不實，甚至杜撰之說，並作出了嚴重批評和指摘（譚世寶，2013）。

13　　由於盧廉若突然去世，又沒有訂立遺囑，他自己的子女之間亦發生爭家產問題。事緣盧榮觀獲法庭接納為遺產管理人與執行人後，採取了遺產「傳男不傳女」的分配方法，引來女兒們的反對，其中的長女盧寶安（Loo Po On，譯音）將案件告上法庭（*The China Mail*, 12 and 13 August 1929），爭取本身權益。但因官司只屬盧廉若一房的爭拗，結果亦只影響子女間的利益分配，本文不作深入分析。

14　　法庭資料指是第三、第五、第十八及第十九子，惟這些計算方法與盧九兒子數目的記錄有出入（林廣志，2013：21-22），相信可能是計入女兒之故。

15　　從盧廉若於 1927 年去世時列出只有一孫（名叫念祖）的情況看（林廣志，2013：36），身為長子的盧榮觀，相信在 1927 年時已婚，並育有一子。

16　　本身乃法律專業的伍廷芳，乃香港首位華人牧師何福堂長婿，即何啟姐夫。他是港英政府首位華人立法局議員，曾任李鴻章幕僚，晚清朝兩任駐美公使。中華民國成立後，他曾主持南北和談，並任外交總長之職。其獨子伍朝樞同樣乃法律專業，亦曾擔任中華民國政府駐美公使及外交部長，可惜於 1934 年英年早逝。

17　　盧榮康亦如此，他於 1936 年自英學成返港後，隨即獲香港法院通過其大律師的執業資格（*South China Morning Post*, 15 July 1936），惟之後轉到上海執業，1950 年代隨父一同回到香港後，亦重新申請恢復執業資格。

盧九家族圖

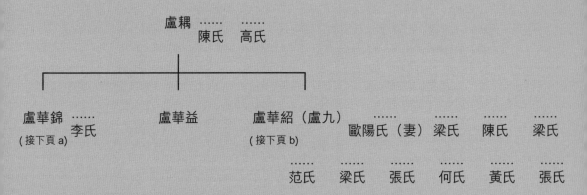

盧耦 ‥‥‥ ‥‥‥
　　　陳氏　高氏

盧華錦 ‥‥‥　　　盧華益　　　盧華紹（盧九）　　歐陽氏（妻）梁氏　陳氏　梁氏
(接下頁 a)　李氏　　　　　　　　　　(接下頁 b)

　　　　　　　　　　　　　　　　　　　范氏　梁氏　張氏　何氏　黃氏　張氏

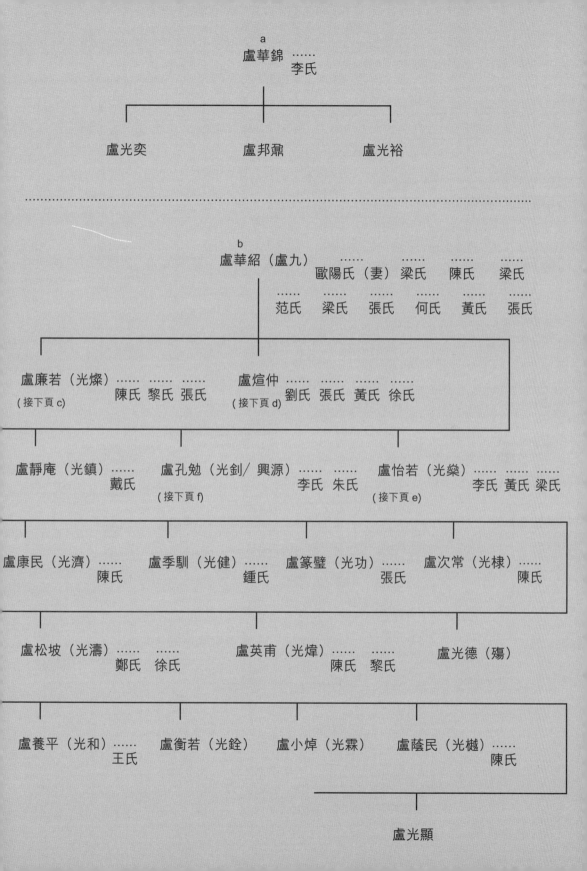

a
盧華錦 ……
李氏

盧光奕　　　盧邦鼎　　　盧光裕

b
盧華紹（盧九）…… …… …… ……
歐陽氏（妻）梁氏　陳氏　梁氏
…… …… …… …… …… ……
范氏　梁氏　張氏　何氏　黃氏　張氏

盧廉若（光燦）…… …… ……　盧煊仲 …… …… …… ……
（接下頁 c）　陳氏　黎氏　張氏　（接下頁 d）劉氏　張氏　黃氏　徐氏

盧靜庵（光鎮）……　盧孔勉（光釗／興源）…… ……　盧怡若（光燊）…… …… ……
戴氏　　（接下頁 f）　李氏　朱氏　（接下頁 e）李氏　黃氏　梁氏

盧康民（光濟）……　盧季馴（光健）……　盧篆璧（光功）……　盧次常（光棣）……
陳氏　　　　　鍾氏　　　　　張氏　　　　　陳氏

盧松坡（光濤）…… ……　盧英甫（光煒）…… ……　盧光德（殤）
鄭氏　徐氏　　　陳氏　黎氏

盧養平（光和）……　盧衡若（光銓）　盧小焯（光霖）　盧蔭民（光樾）……
王氏　　　　　　　　　　　　　　　　　　　陳氏

盧光顯

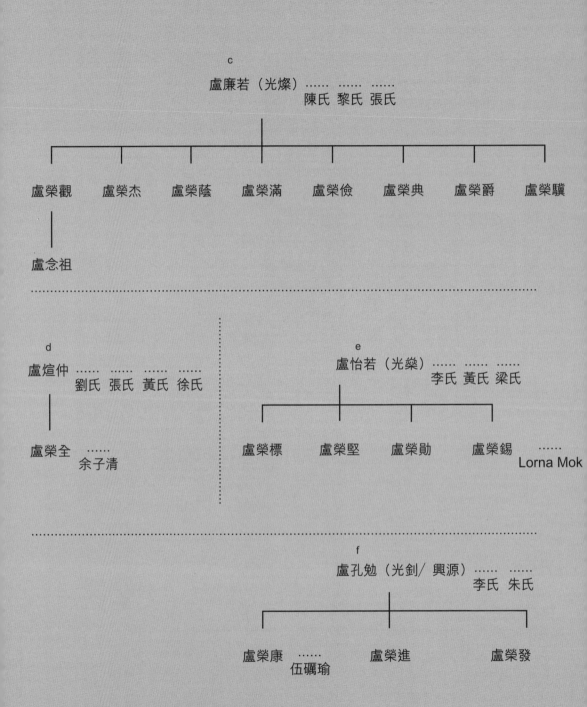

c
盧廉若（光燦）…… …… ……
陳氏 黎氏 張氏

盧榮觀　盧榮杰　盧榮蔭　盧榮滿　盧榮儉　盧榮典　盧榮爵　盧榮驥

盧念祖

d
盧煊仲 …… …… …… ……
劉氏 張氏 黃氏 徐氏

盧榮全 ……
余子清

e
盧怡若（光燊）…… …… ……
李氏 黃氏 梁氏

盧榮標　盧榮堅　盧榮勛　盧榮錫　……
Lorna Mok

f
盧孔勉（光釗／興源）…… ……
李氏 朱氏

盧榮康 ……　盧榮進　盧榮發
伍礪瑜

二代賭王

傅德蔭家族的取而代之與知所進退

民間諺語有所謂「一雞死，一雞鳴」之說，放到被稱為「冒險家樂園」的澳門賭博業上，亦確實如此。當佔據澳門賭業生意長達 40 餘年的盧九家族在第二代接手後出現逐步滑落，甚至無以為繼，走向衰落的局面時，不少對該利潤豐厚的生意垂涎欲滴，具才幹、膽識、冒險精神，同時又曾行走過江湖，曾染指博彩生意，且與黑白兩道，甚至粵港澳官府有千絲萬縷關係的有實力人士，自然視此為重要機會，表現得躍躍欲試，希望爭奪賭王寶座。

就如不少朝代更替之時，政權爭逐總會出現一段混亂時期一樣，盧九去世後，家族曾因捲入巨大債務危機，有一段時間不能直接參與賭博生意經營，於

章

是只好透過盧光裕或是「人頭公司」，以相對間接的方式把持賭博業務，惟這樣難免令其影響力或領導地位逐步受到削減。正是在那個背景下，各方有意染指、爭逐那個利潤豐厚的生意者，便趁亂生事，意欲分一杯羹，而紛紛競逐之時，難免爾虞我詐，令澳門賭業出現一段波動時期，直至真命天子出現，穩坐大位，才如當年的盧九般帶領澳門賭博業走向另一台階。本章則談談繼盧九家族而起的第二代澳門賭王家族 —— 傅德蔭家族 —— 的種種傳奇故事與發展特點。

變幻時局中新賭王的崛起

20 世紀第一個十年，尤其是盧九自殺後，專營權仍落在盧光裕和蕭瀛洲手中，直至 1912 至 1917 年間，澳門番攤專營權據說落入一家名不經傳的啟興公司手中，表面持股人名叫林讓或林禮周，但番攤館其實一直由蕭瀛洲掌控，所以不難讓人推斷林讓只是代理人而已，盧氏家族相信仍有不少控股權。另一方面，作為賭壇新星的高可寧，，據說那時亦向蕭瀛洲「分投」番攤館生意，揭示其有意爭取澳門賭壇的一席之位（趙利峰，2011：189）。

1917 至 1922 年，高可寧據說利用另外兩個名不經傳的人物 —— 周鯨和黃楠之 —— 設立一家大興公司，承辦澳門賭餉，惟因那時廣東賭博弛禁，澳門賭業失去獨一無二地位，賭博生意銳減，給經營者造成巨大虧損，並曾因此向澳葡政府申請減少賭稅。之後向澳葡政府承充賭權的，是一家集益公司，背後其中一位股東仍是高可寧。可是，那時的賭博生意仍好不到哪裡去，因為 1925 及 1926 年澳門受省港澳大罷工的影響，生意淡薄（趙利峰，2011：189）。

令人不解的是，在澳門賭壇嶄露頭角的高可寧，為何那時不是振臂一呼，走上前台，而是如盧九家族後人般不願「出面」，選擇透過「人頭公司」代為競投或持有，本身則在幕後操作呢？賭博既屬偏門生意，又有各種爭奪和是非，高可寧那樣做的其中一個考慮，可能是不願成為眾矢之的；對當時的賭業前景不完全看好，或是打算在碰到巨大風險時全身而退，可能是另一些考慮。後者的問題日後真的出現，而他確實亦曾利用其代理人向澳葡政府爭取了賭餉的減省，降低損失。

接著的 1931 至 1936 年，賭博專營權落入一家源源公司手中，這家公司的主要股東有范潔朋、李漢池、葉作朋、李光耀、伍信和陳翰等人。可是，坊間卻總是指那時獲得賭權專利的是豪興公司。據趙利峰（2011：191）的分析，那應該是一個誤解，卻被以訛傳訛地不斷引述下去。其實，豪興公司只是「源源公司設在中央酒店五樓和六樓的一間一等番攤館」。用今天的話說，賭權大牌是源源公司，豪興公司只是該大牌之下擁有「一等番攤」業務的子公司。

源源公司投入經營之初，生意不錯，但不久卻因粵省賭業競爭激烈，

加上政治環境衝擊，出現了生意下滑，表現未如人意的情況。這裡帶出上世紀二、三十年代粵澳賭博生意互相競爭，並且出現重大起落變遷的問題，令染指其中的不少賭博經營者有各自的綢繆與應對。具體地說，中華民國成立後，廣東省政府曾如晚清時期般，因開支緊絀而打起賭餉的主意，所以出現或禁或弛、舉棋不定的政策。舉例說，1914 年，時任廣東都督龍濟光曾一度藉開放山票、舖票競投，收取賭餉以補充軍需，到陸廷榮主政時，又大肆倡賭；而早年創立華強皮革公司，並靠籌備軍需起家的霍芝庭（《霍芝庭先生訃告》，1939：沒頁碼），[2] 那時則因承充賭博生意進一步壯大起來，不但家族財富急漲，日後更被冠上「廣東賭王」的頭銜（趙利峰，2011：192）。

　　到陳炯明緊握廣東大權時，曾一度嚴禁賭博，但這種局面維持不久，到被稱為「南天王」的陳濟棠上台後，又改轅易轍，採取弛禁賭博以增庫房的政策，霍芝庭因此又在廣東賭業中盡領風騷。家族後人對於霍芝庭因此得到賭權並繳納賭餉一事，有如下隱晦介紹：「陳前總司令濟棠整飭軍備，努力國防……五六年來，增餉不下數千萬元（作者註：不知屬何貨幣），國防建設賴之」（《霍芝庭先生訃告》，1939：沒頁碼）。

　　當廣東省開賭時，與之相互競爭的澳門必然首當其衝，生意淡薄，反之則十分興旺，道理不難理解。由於廣東開賭招來反賭人士強烈抨擊，陳濟棠曾因此採取「禁絕省河煙賭」政策，即是整肅廣州市區河南區域的煙賭，但同時卻在深圳開辦番攤活動（參考下文另一節討論），這反而給澳門賭業帶來更大競爭壓力，令其生意更為低沉。為此，不堪虧損的源源公司只好在1934 年 9 月向澳葡政府申請「中途退辦」，結束營業（趙利峰，2011）。

　　面對那個局面，澳葡政府只好再作招標，但因景氣不好，哪怕專營權縮短為每年一屆，投標底價亦下調，但仍難獲理想回應。到了 1936 年時，與蔣介石爭權的陳濟棠失勢，過去一直支持開賭並與陳氏過從甚密的霍芝庭，只好隨即結束廣東省內的賭業生意，並舉家移居香港。然而，澳門的賭博生意反而有了起色，其中一位只算略有名氣的人物——傅德蔭，與早年已染指澳門賭業的老手高可寧攜手合作，於 1937 年澳葡政府再次公開招投博彩經營商時，異軍突起，以高價投得了專營權。

是日（1937 年 3 月 20 日）出投，傅德蔭、高福銘等人所設立的泰興公司，[3] 以遠遠超過底價的 1,826,000（澳門）元獲得第六屆番攤承充權。5 月 1 日，泰興公司與中央酒店六合公司的司理何十在黎登狀師樓互立合約，將酒店全盤生意賣予泰興公司管理營業……5 月 7 日，澳葡政府與新設立的泰興公司訂定番攤專營承充合同。（趙利峰，2011：193）

　　自此之後，澳門賭業因中華大地全面嚴禁賭博，進入了一枝獨秀的年代，泰興公司更是獨佔市場，獲利豐厚，傅德蔭由於是公司大股東，又是生意領軍人，經營上每有創新，因此迅速冒起，成為澳門新一代賭王，其名聲不久便蓋過早年的盧九，屬於另一位叱咤省港澳的賭壇風雲人物。

傅德蔭的出身與江湖闖蕩

　　到底傅德蔭有何個性特質與家族背景，令他可在那個環境中突圍而出，穩坐賭王大位？綜合各種資料顯示，傅德蔭生於 1895 年，祖籍南海西樵山碧雲村，原名德用，號偉生，外號傅老榕。傅德蔭父親傅彥芳，母親馬氏，傅德蔭乃父母三名兒子中唯一能夠長大的，另有一姐，亦幸能長大。由於家境欠佳，傅德蔭年幼時讀書不多，據說在 1912 年「弱冠之齡」（17 歲）時，便被迫離鄉別井，「遠走香港碰運氣」（鄭棣培，2018：32），原因是父親早年已到香港謀生，相信他覺得到港與父親一起工作，較留在家鄉有前景。

　　當然，傅德蔭的人生事業之路並不平坦，而正是走過這一條不平坦的道路，令傅德蔭磨煉了過人膽識，結交黑白兩道朋友，尤其培養了敢於冒險的意志，以及處事果斷勇狠的個性。扼要地說，單身寡人又年紀輕輕的傅德蔭，到港後與在五金店工作的父親會合，並很自然地在父親介紹下進入五金店工作，主要是負責熔冶方面重複枯燥的粗活。

　　與任何青年一樣，工作一段時間的傅德蔭很快便意識到，該份工作實屬「賤役」而已，無助他飛黃騰達，故不久即辭了工，之後據說一度流落街頭，替人做些散工混日子。1913 年，在他尚未找到更有作為的門路之時，卻收到其母馬氏於家鄉病逝的噩耗。由於父親在傅德蔭年幼時已離家，長年

傅德蔭傳封面

在港工作，傅德蔭可說是馬氏一手一腳照顧成長的，母子感情極深厚，傅德蔭此時的傷痛不難想像。而更為關鍵的問題是這一變故，激發了傅德蔭對自己一事無成、無以報效母親一生劬勞的遺憾，因此誓要更加發奮，出人頭地，衣錦還鄉，以慰母親在天之靈（鄭棣培，2018）。

1914 年，傅德蔭在紹安輪船公司找到一份差事，並因工作勤奮獲「大車司機員」（輪機長）賞識，授以輪船運作及維修等知識，反映他的工作應漸入佳境。同年秋，他返回碧雲村，按其母遺願，迎娶母親生前代為安排許配的簡靈芝為妻，以完成亡母希望他早日成家立室的心願。婚後不久，傅德蔭隨即再次離鄉赴港，繼續他的尋夢冒險之旅。

正當人生事業略有進展之時，傅德蔭卻在 1915 年因參與聚賭而入獄一年，那時他才剛滿 20 歲。出獄後，他即離港到廣州「行商」，主要是往來於香港、廣西、雲南等地，出售各類貨品。由於當時民國初立，南北戰亂未平，土匪橫行，能在這樣的時局下過省穿州做買賣，顯然非一般商賈能輕易成事，何況是一個剛滿弱冠又沒家勢助力的小伙子。故最大可能是他在獄中

結識了一些「奇人異士」，在他晚年親書紀念父母的文章《望雲亭表》中，亦不諱言提及此點，暗示早年入獄令他有了走江湖的門道，所以能在那時期找到維生發展的路徑。此外，傅德蔭所售賣的貨品中，除一般土產華洋雜貨外，據其孫不諱言所指，亦有軍火鴉片的走私貿易（鄭棣培，2018）。

但是，自 1918 年起，其經營似乎出現困難，故傅德蔭結束了走私買賣的生意，轉到江門北街開立一所水果店，不過實質仍是暗營鴉片。同年，其長女貞生出世，4 其父則在秋天病故，享年 67 歲，並與馬氏合葬於故鄉。在廣州生活期間，相信一方面是因為生意獲利不少，生活日漸富裕，另一方面妻子一直未能為他開枝散葉，添下男丁，故他先後迎娶了胡玉卿、盧民禪及何美仙三位妾侍。至 1920 年，胡玉卿終於誕下長男，可惜不足百日即早夭。一直到 1923 年，簡靈芝才生下傅蔭釗，之後便子女繁衍（見另一節討論）。

在 1925 年，傅德蔭再次入獄，據他本人在《望雲亭表》所言，是「以成全友誼而被連累入獄」。原來當時省港澳爆發大罷工，內地政府對港澳實施禁運，而他受澳門友人高可寧所託，5 代偷運一批押物到香港，卻被拘捕並扣押於衛戍司令部，數月後交了贖金（罰款）才獲釋。顯然，傅德蔭的膽識及門路都令高可寧刮目相看，亦成為他們日後長久合作的關鍵起步。

傅德蔭正式開始接觸賭博生意，應是在 1920 年代末年廣東弛禁賭業之時。當時，廣東省正由陳濟棠主政，為了增加稅收支撐軍餉，他將鴉片及賭博的專利交予商人承辦，中標的公司則需向政府繳納稅款，以獲政府發牌保護。當時包攬全省煙稅賭餉的，便是前文提及的霍芝庭，而他則是傅德蔭的同鄉。儘管傅德蔭與霍芝庭相識於何時已不可考，不過有指二人在 1923 年曾短暫合作，承辦江門賭碼，可惜以失敗告終。到霍芝庭投得廣東省的賭博專營權後，他顯然因為早對傅德蔭的才幹膽識甚有信心，於是再找來傅德蔭合作，一起成立裕泰公司，藉以經營廣東省賭館。據稱，該公司在全盛時期一年間向政府交納賭餉 1,000 萬銀元，此點既說明傅德蔭精通經營之道，亦揭示那時公司開設的賭館數量不少，所以才能獲利豐厚（鄭棣培，2018）。

正如前述，由於賭博對社會為禍甚大，民間要求禁賭之聲一直不絕於耳（衛恭，1963），陳濟棠最後亦只好「順從民意」，在 1933 年公佈禁止廣州市內的賭博活動。但是，一個眾所周知的事實是，由於賭餉收入巨大，尤其

有助支持壯大軍隊實力，所以他只是「名禁實不禁」，簡單點說則是把開賭的形式由公開轉向半公開，或是由廣州遷移至與香港相鄰的深圳而已（趙利峰，2011）。傅德蔭則在那個新環境下再獲霍芝庭交託重任，轉到深圳，主力開拓新市場。

傅德蔭奉命到深圳後，開設了「又生公司」，令人想到「野草燒不盡，春風吹又生」之意，而生意又確實顯得生機勃勃。扼要地說，傅德蔭的連番開拓舉動，除了迅速在當地興建一家酒店，內有餐廳、戲院、遊樂場、歌舞廳，成為一個娛樂城，當然還有最為核心、獲利最豐的業務——煙館與賭場。更不容忽視的，是商業頭腦靈活的傅德蔭，還在賭場內引入各式各樣中西流行的賭博玩意，各式賭具一應俱全，就連在澳門被禁止的「骰寶」及「輪盤」等亦包羅其中，吸引各方賭徒興趣，令客源大升，傅德蔭因此成為令人矚目的賭壇新星（鄭棣培，2018）。

不過，在陳濟棠和霍芝庭支持下在深圳開賭的傅德蔭，並沒扎根經營太久。1936 年 7 月，陳濟棠遭蔣介石轟下台，而霍芝庭則和陳濟棠一道避走香港（鄭國強，2010：323），深圳賭博生意自然在國民政府重行禁賭政策下戛然而止。傅德蔭膽識過人，勇狠兼備，而且一心要爭取一番事業成就以光宗耀祖，告慰亡母在天之靈，那時他對於民國政府嚴打賭博，逼使深圳賭場關門大吉一事，並沒看得如世界末日，反而察覺到危與機乃一體兩面，至於那個心目中的新舞台，便是澳門。

當然，傅德蔭如何能在危中洞悉機遇，坊間記錄不多，鄭棣培在傅蔭釗口述有關父親傅德蔭走上賭王道路的傳記中，只有如下簡略記述：

> 直到一九三六至三七年間，國民政府下達禁令，查封廣州及深圳賭場，澳門賭業在競爭對手驟然消失下，方重現生機。此時高可寧已與傅德蔭取得默契，準備東山復出，承投澳門賭權。（鄭棣培，2018：90）

由於傅德蔭和高可寧的出價高出坊間預期很多，甚至被認為是「打破歷年紀錄」（鄭棣培，2018：90），背後自然反映這「是建立在廣東禁賭後對澳

門博彩業興旺繁榮的前景預期之上」（趙利峰，2011：193），但更值得探討的問題是，兩人竟然早已「取得默契」？這說明他們過去一直有緊密和深入的交往，而且英雄所見略同，對時局發展與澳門賭業前景有一致看法，因此能一拍即合，願意冒險付出高價，競投博彩專營權，並對中標後能夠把生意做好有很強自信。

競投結果是，前文提及由傅德蔭與高可寧兒子持有的泰興公司，異軍突起地取得了澳門賭博專營權，令傅、高兩人可在那個十分特殊的內外環境下殺出一條血路。隨後，澳門的其他中式彩票如舖票、白鴿票等，亦由泰興公司以 86 萬澳門元投得，揭示那時的澳門賭業生意，已全部落入傅德蔭與高可寧之手，兩人因此叱咤省港澳，憑這些生意積累巨大財富，令傅德蔭聲譽鵲起，成為繼盧九之後的澳門新賭王，書寫傳奇。

1945 年 2 月 2 日高可寧中彩票二獎的報道

坐上大位面對的挑戰與分散投資

由於能在紛紜時局中看到機遇的閃閃亮光，又有膽識投下巨資以取得專營權，結果如預期般出現一枝獨秀的局面，以傅德蔭為首的泰興公司，隨即大展拳腳。在接著的日子裡，為了配合生意發展，傅德蔭更斥巨資買入位於新馬路的整個中央酒店，然後進行翻新及加建，作為公司的旗艦賭場。由於那時的澳門，已是省港澳唯一開放賭禁的地方，自然吸引大量賭客聞風而至，中央酒店自開幕後一直生意滔滔，財源滾滾不絕。

泰興公司在澳門的賭博生意興旺，自然吸引不少人想從中分一杯羹，傅德蔭的昔日老闆或拍檔霍芝庭，便是其中一位極有份量的人物。據說，自廣州移居香港後的霍芝庭，仍然不甘寂寞，而且很快便意識到澳門自廣州禁賭後的有利位置，於是亦想東山再起，轉戰濠江。那時他採取的一項重大舉動，便是大灑金錢，在新馬路中央酒店另一端購入地皮，計劃興建一幢樓高九層的國際酒店，落成之日與中央酒店分庭抗禮，而且相信會成為澳門最高的建築物。另一方面，他同時亦透過他在澳門的人脈進行疏通游說，務求奪取賭博專營權。

面對財雄勢大的挑戰，傅德蔭不敢怠慢，立即向政府申請將中央酒店加建至 11 層。由於中央酒店原高只有六層，這次加建相當於增加接近一倍樓高，因此政府一度拒絕工程申請。但傅德蔭不服，覺得政府拒絕並不合理，於是不惜代價地上訴至葡萄牙最高法院（Portuguese Supreme Court of Justice），最終得直，中央酒店得以展開工程。1942 年，加建工程完成，酒店易名為「新中央酒店」，並以 11 層樓高奪回澳門最高建築的寶座，成為新馬路上矚目的地標。

不過，傅德蔭與霍芝庭的賭業之爭尚未正式開始便告落幕，原因是霍芝庭在 1939 年 10 月第九屆澳門賭權競投前一個月，突然因咽喉瘤病故香江（《大公報》，1939 年 10 月 12 日；《霍芝庭先生訃告》，1939；鄭國強，2010），當時國際酒店尚未建成，霍芝庭東山再起的心願亦隨其去世戛然而終。[6] 霍芝庭舉殯之日，傅德蔭雖沒親往致哀，但亦有送上輓聯：「貨殖倚長才，十載論交齊管鮑；深秋攖小疾，一朝驚夢困龍蛇」，藉以送別這位同鄉相知，亦作為二人相交之情誼的一個註腳（鄭棣培，2018：98-100）。

霍芝庭靈柩
昨晨出殯安葬
軍政各界千餘人往執紼
花圈百座中西印樂五隊

1939 年 10 月 12 至 22 日《大公報》刊登有關霍芝庭去世和出殯等消息

　　沒有了霍芝庭的挑戰，傅德蔭的賭業發展越見順利，其間雖曾遇歹徒搶劫及被放置炸彈勒索，不過在政府維護，准其購買真槍實彈作保安下，賭場運作未受太大影響，損失不多。據統計，泰興公司每年向政府上繳的賭餉高達 220 萬澳門元，相當於 1942 年澳門的全年財政盈餘。同年，泰興公司亦順利再奪第十屆的賭博專營權。傅德蔭手執澳門賭業牛耳後，曾想將事業版圖擴大，如在抗戰期間，他嘗試重回內地發展，透過其妻姪簡坤及手下葉漢承辦上海、廣州及香港淪陷區的賭餉，可惜虧本而回。

　　由於香港人一直是澳門賭業的主要客源，而兩地的交流以輪船航運為主，傅德蔭為確保交通穩定，不受人掣肘，於是在 1937 年投得番攤專營權時，即成立泰生輪船公司，專營港澳輪渡服務。公司開業初期只有一艘名為「天一號」的渡輪，後再增加兩艘。當時公司的主要競爭對手，是由李子芳及何東兩大家族經營的省港澳輪船公司。兩間公司競爭激烈，曾一度以割喉式減價招攬生意，最後才成功商討劃一收費。不過對傅德蔭而言，經營渡輪是為了穩固賭業的客源，是否賺錢相信非其最重要的考量。

　　1937 年，日本對中國展開全面侵略，由於港澳同為外國統治之地，暫得以維持中立，沒有受到戰火波及，故傅德蔭的賭業及航運生意未受大影

響。但到了 1941 年，日軍出兵侵襲香港時，為防止香港的輪船落入日軍之手，維港兩岸不少輪船自行或遭英軍鑿沉，由何東和李子芳等擁有的省港澳輪船公司，旗下的兩艘輪船亦遭此命運。另一方面，港澳兩地的航運業務因香港淪陷而中斷，傅德蔭的輪船公司業務亦一度大受打擊。不過，由於澳門一直保持中立，未受日軍入侵，甚至因不少內地及香港居民為避戰火逃往澳門，令澳門的經濟維持相當增長。

至 1945 年日本宣佈無條件投降後，省港澳輪船公司因輪船及辦公室幾乎全受炮火摧毀，無法恢復營業，傅德蔭則乘勢擴大投資，於 1946 年創立德記船務公司，經營往來港澳渡輪服務。由於傅德蔭掌握澳門賭業，德記船務自然具有別人難及的競爭優勢，故生意十分興旺，擁有的客貨輪數目更達十多艘（鄭棣培，2018）。

此外，傅德蔭眼見澳門內港 16 號碼頭的設施殘破老舊，影響旅客上落及對澳門的觀感，乃向政府申請將碼頭重建。新碼頭於 1948 年落成，除更便利旅客，德記的輪船也有了專用的泊位，而且由於碼頭位置優異，重建後設施齊備，連傅德蔭亦將自己的辦公室搬到碼頭二樓。後來，傅德蔭在香港設分公司，由長子傅蔭釗管理，又在舊永樂街碼頭附近興建了屬於自己的德記碼頭（鄭宏泰，2020）。

除經營航運業外，傅德蔭亦開始進軍金融業和地產業，其中對日後投資影響最為深遠的，是在朋友的引薦下認識了港澳兩地走的富商何善衡、林炳炎、何添和利國偉等人，他們都是恒生銀行早期的重要人物。借助他們的經驗，加上傅德蔭在澳門的門路及勢力，很快便敲定在澳門開設銀號一事，並在 1942 年合作創辦大豐銀號，選址在新馬路。銀號由傅德蔭任董事長，馬萬祺任總經理，主要股東包括林炳炎、何善衡、梁銶琚及伍宜孫等，而單從這份股東名單上看，則反映了傅德蔭實力與人脈之強。

另一方面，投資目光銳利的傅德蔭，亦清楚地認識到香港房地產業的巨大投資潛能，於是把從賭博業中賺取的巨大財富，盡量投入到香港的房地產上，並成立了廣興置業有限公司（即日後的廣興集團）以統其成。傅德蔭先後購入的重要物業地皮，多位於十分優質的黃金地段，例如中環雪廠街、東半山司徒拔道，以及中環遮打道與干諾道交界等，其投資價值極

高，日後帶來了巨大回報（鄭棣培，2018），這是後話，另一節再補充。可以這樣說，從賭業中致富的傅德蔭，深知賭博投資的巨大風險，所以有濃厚的分散投資意識，至於他結識精通投資的朋友，然後從最有投資潛質的層面入手，讓其家族日後能夠保持實力，繼續發光發熱。

樹大招風的屢遭綁架劫難

傅德蔭為了出人頭地以光宗耀祖，安慰亡母在天之靈，在時勢左右下，最後走上了偏門的開賭致富之路——哪怕那時的賭博已經屬合法生意。這條道路並不平坦，矛盾和爭拗尤其繁多，雖然他結交黑白兩道，但亦會因利益分配糾紛，掉進兩面不討好的困局；而在身家豐厚之後，更容易招惹妒忌是非，傅德蔭與兒子曾遭綁架，蒙受劫難，命懸一線，則是其中令人心寒的例子。惟在分析這些劫難之前，必須交代泰興公司自取得澳門賭博專營權後的經營與發展。

回到 1937 年取得澳門賭業專營權一事上。由於隨後爆發抗日戰爭，不少難民湧到澳門，賭博生意自然穩步上揚，屢見突破。到了 1941 年的專營權屆滿後，泰興公司又再下一城，繼續取得專營權。另一方面，日軍擴大戰事，不但侵略被視為英國勢力範圍的上海租界、香港和新加坡等地，更揮軍襲擊美國遠在夏威夷的珍珠港，掀起了太平洋戰爭；而被視作葡萄牙殖民地的澳門，卻因宗主國採取了中立地位，得享和平。這樣的一種歷史背景，令當地的賭博業更為獨一無二，獨領風騷，生意更為火熱。

可以這樣說，自日軍在 1941 年底擴大侵略面，至 1945 年宣佈無條件投降的這段時間內，遭到日軍鐵蹄蹂躪的無數人民雖然生靈塗炭、顛沛流離，但聚集在澳門的民眾則仍可夜夜笙歌，大小賭館更是門庭若市，傅德蔭家族的財富，自然在那個特殊環境下急速膨脹，成為省港澳其中一個富甲一方的家族，在社會上的影響力亦同時上揚。

所謂「禍兮福所倚」。傅德蔭身家財富不斷上升，很自然地吸引了不法之徒的垂涎，或是競爭對手的潛在攻擊。抗日勝利後，當傅德蔭埋首發展業務之時，卻突然遭到匪徒綁架，所幸在家人交付贖金後獲得釋放；後來，他的幼子傅蔭權亦遭綁架，亦因家族支付贖金獲得解決。到底連番綁架事件的

來龍去脈如何？反映了甚麼問題？

　　資料顯示，1946 年 2 月 9 日，傅德蔭如常在下午 3 時左右，到位於美副將大馬路的觀音堂（即原來的普濟禪寺）歇息拜神，與該廟堂的慧恩法師論佛，這樣的做法據說「十年如一日，習以為常」（鄭棣培，2018：146）。可是，那天他卻突遭有組織而且手法乾淨利落的匪徒綁架，消息迅即轟動港澳社會（*South China Morning Post*, 13 February 1946:《工商日報》，1946 年 2 月 17 日）。

　　一如所有綁架案般，家族不久便收到要求贖金的訊息，犯人更割下傅德蔭一隻耳朵作為證明，家人對此自然不敢怠慢，立即找來在澳門具有深厚影響力的何賢代為斡旋，與綁匪展開多輪談判，對方要求的贖金高達 200 萬港元，在討價還價後以 90 萬港元成交，而交付贖金的地點則在香港。到了1946 年 4 月，當交付贖金後，傅德蔭終於獲釋（*South China Morning Post*, 10 April 1946: 鄭棣培，2018）。

　　之後，重獲自由的傅德蔭向警方提供不少有助破案的資料，其中又以認出匪徒寓所環境及部分匪徒樣貌最為關鍵，加上警方本身已掌握的資料，在連番追查後於 1951 年拘捕部分匪徒，但具黑社會背景的主犯梁錦和李秉樞則仍在逃，直至 1953 年中才抓到了梁錦（*South China Morning Post*, 19 September 1953），於翌年再展聆訊，得知原來澳門警察分區區長莫拉士（Sebastian V.P. de Morais）亦是同黨，參與整個綁架事件（*South China Morning Post*, 3 July 1954）。同年 9 月，香港警方在九龍城捉拿了主犯李秉樞，解往澳門一併受審（*South China Morning Post*, 25 September 1954），三名綁匪最終各被判入獄 10 至 18 年，其中莫拉士日後更被解上葡萄牙軍事法庭審訊，指其在戰爭期間殺害平民，判入獄 28 年（*South China Morning Post*, 28 January 1959）。

　　由 1946 年 2 月傅德蔭被綁架，到大約兩個月後獲釋，然後是 1951 年審訊，接著是主犯在逃，連串消息無疑吸引不少社會人士眼球。但更加令人意想不到的是，到了 1953 年 5 月 5 日，年僅 15 歲的傅德蔭幼子傅蔭權，與書友馮奇德在上學途中突遭綁架，消息不但引起家人憂慮，亦轟動社會（*South China Morning Post*, 7 May 1953: 鄭棣培，2018）。身為父親的傅德蔭，除了報警求助，本身亦馬不停蹄四出了解情況，希望及早救回兒子。

　　不久，綁匪與家人聯絡，要求巨額贖金，並一如傅德蔭遭綁架時般，

寄來相信是傅蔭權一對耳朵的證物。傅德蔭與綁匪談判，尤其在贖金一項討價還價，爭取時間讓警方深入調查。到了 5 月 19 日，在掌握一定資料後，警方在氹仔飛能便度街（Rua Fernao Mendes Pinto）18 號一間荒廢房屋內，救出被禁錮多天，與死神可謂擦身而過的傅蔭權和馮奇德（South China Morning Post, 20 May 1953），之後順藤摸瓜，速速拘捕了綁匪。

法庭聆訊資料揭示，這次綁匪並沒如早前般的高度組織，亦沒黑白背景，相信只屬「一夥烏合之眾」有樣學樣而已，並非「做慣大買賣之人」（鄭棣培，2018：156），而傅德蔭與之討價還價的談判，一直只是拖時間，未有繳交贖金。最後三名綁匪被判罪成，主犯李啟超（又名李文），另外兩名同犯馬逢及甘仲生（名字皆為譯音），各被判入獄 28 年、20 年及 5 年。後來李及馬提出上訴，前者改判 18 年 8 個月，後者改判 13 年 4 個月，令案件劃上句號（South China Morning Post, 20 and 21 November 1954；《工商日報》，1954 年 11 月 21 日）。

除了遭遇兩宗綁架案，傅德蔭還被國民政府指控他在抗日時期的通敵、漢奸罪，要求葡國政府將他引渡返華受審，但因澳葡政府最後作出協助與澄清，最後才「污名得雪」（鄭棣培，2018：160-178）。另一方面，到了 1956 年 5 月，報紙報道傅德蔭兒子傅蔭釗曾被中國政府扣押，要求其購買約 300 萬澳門元的國債，惟因傅蔭釗於 5 月 14 日返到香港，看來事件最終私下解決（South China Morning Post, 12 and 15 May 1956）。

還有，一位名叫何秀（Ho Sou, 譯音）的人，他據說乃傅德蔭外甥，於 1960 年返回西樵山家鄉處理墓地問題時，遭當地政府扣留，要求交付贖金才能釋放，惟事件最後亦和平解決（South China Morning Post, 3 and 6 February 1960）。以上這些染有政治色彩的事件，若然高調處理，容易小事化大，造成軒然大波，但從事件能夠迅速得到解決，既沒引致太多公眾關注，爆發更大問題，坊間資料又極缺的情況推斷，事件明顯私下處理，不想節外生枝。

傅德蔭及傅蔭權綁架案於 1954 年底全部審結大約半年後，較傅德蔭年長亦更早染指澳門賭博生意的高可寧，於 1955 年 4 月去世，享年 77 歲（South China Morning Post, 14 April 1955）。7 撇開社會名聲不談，高可寧看來深懂「人怕出名豬怕肥」的道理，亦深刻地意識到賭博生意是非繁多的問題，所以一直

高可寧死亡證

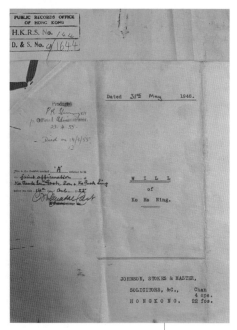

高可寧遺囑

只居二線，不直接走上前台，哪怕是 1937 年與傅德蔭一同競投澳門賭權時，亦一如既往地居於幕後，只由兒子掛名，而他及家人看來沒有遭遇綁架的威脅。

高可寧去世時，傅德蔭剛進入甲子之齡，確診患上糖尿和高血壓病，無論體力或心力均大不如前。正因如此，他除了進一步把生意投資多元化外，亦加速傳承，其中尤以安排長子傅蔭釗全面接班一項最為明顯（鄭棣培，2018）。進入 1960 年時，傅德蔭的身體狀況每況愈下，該年 11 月時更趨惡化。同月 14 日，傅德蔭的病情轉為嚴重，家人立即將他由澳門轉送香港，進入養和醫院急救，惟藥石寡效，兩天後去世，享年 65 歲（*South China Morning Post*, 15-19 November 1960）。[8]

在傅德蔭充滿傳奇的一生中，從 1937 年取得澳門賭博專營權至 1960 年去世，他緊抓澳門賭業大權，穩座「賭王」之位前後近 24 年（*South China Morning Post*, 15-19 November 1960）。傅德蔭去世後，家人為他舉辦大型喪禮，極盡哀榮，並按傅德蔭遺願，將他葬於香港仔華人永遠墳場裡一個一早由他選定，並且重金購入，相信具有不錯風水效果的吉穴之中。

傅德蔭死亡證

失落澳門賭業生意與深耕香港投資

傅德蔭一妻（簡靈芝）三妾（胡玉卿、盧文襌、何美仙），育有九子八女（其中一子早夭），可謂妻妾子女成群。諸子依次為蔭釗、蔭筬、蔭銓、蔭錡、蔭鋼、蔭鏠、蔭興、蔭權；諸女兒有翠霞、翠蘭、翠琴、翠芳、翠芬、翠華、翠蕭和翠環（Probate Jurisdiction: Fu Tak Yung alias..., 1963）。可以這樣說，如此家大業大的大家族，必然人多口雜，矛盾不少，傅德蔭去世後，很容易如盧九家族般出現四分五裂，甚至告上法庭爭家產的事件。

然而，同樣不以訂立遺囑作為分家產方法的傅德蔭，在他去世並失掉了賭業專營權後，不但沒有出現生意滑落及爭家產的問題，家族反而維持一統，繼續保持企業發展。這種情況，說到底與傅德蔭生前做好了分家及傳承

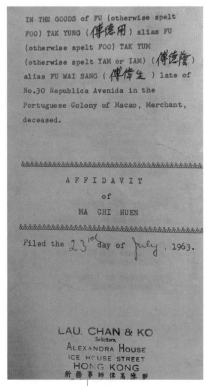

傅德蔭遺產執行文件

107

安排有關，而他晚年患病，健康欠佳，則可說更有助他深入思考，如何消除各種可能會誘發家族內部矛盾的問題。對於傅德蔭及早分家的安排，傅厚澤口述，鄭棣培執筆的《傅德蔭傳》有如下簡略介紹：

> **一九五六年十二月八日，傅（德蔭）在德成街八號大宅召開家庭會議，一錘定音，將廣興股份分成九份，由七名在世兒子及長孫繼承。長子蔭釗出任廣興置業及德記船務董事長，其餘各人分任董事，傅家接捧（棒）安排，至此順利完成。**（鄭棣培，2018：252-254）

　　即是說，年過 60 歲的傅德蔭在他仍然思想清晰、精神飽滿之時，作出了可以「一錘定音」的安排，其中四個特點值得注意：一、家產基本上諸子均分，各子一人一份；二、長子負起領導角色；三、長孫亦有一份，相信是那時他已出生長大之故；四、最後一份可能作為家族的「公嘗」——即公家財產，用於祭祖、親友紅白二事等等家族的總體開支。

　　由於長子年齡較長，早年已追隨父親打江山，擁有資歷和權威，由他在父親退下火線後成為家長，統領家族繼續開拓，實屬理所當然。加上其他諸子不少都有突出學歷，不是醫生、律師，便是建築師、工程師等，都走向專業之路，不是全都想投身到家族企業之中，令家族內部矛盾大大減少。更為重要的問題是，領導人地位得到清晰確立，而且又能勝任，作風穩健低調，亦有助整個傳承接班過程的平穩進行。

　　事實上，早在 1940 年代末，傅德蔭已讓元配簡靈芝所生的長子傅蔭釗走上接班之路，[10] 主要是打理日常事務，並逐步涉獵香港的金融和地產投資，壯大家族的財富規模。當傅德蔭健康出現問題，而專營權又快將在 1961 年屆滿時，對澳門賭博專營權虎視眈眈的人愈來愈多，不少年輕商業精英尤其躍躍欲試，一心要攫取賭王寶座，其中又以何鴻燊、霍英東和葉漢組成的團隊，帶來了最為巨大而實質的挑戰。雖然家族曾經想過延續賭業生意，但因傅德蔭在 1960 年去世，家人最後研判是不作強求，另一方面則是把發展目光轉投香港的金融與地產之上。回頭看，當年這樣順勢而行的生意「轉型」，

1961 年 10 月 7 日《工商晚報》有關澳門博彩專營權公開競投的報道

無疑甚有目光，家族發展因此進入另一階段。

結果，表現不夠進取的泰興公司敗下陣來，由銳意發展的何鴻燊、霍英東和葉漢等人所組成財團取得澳門賭業專營權（*South China Morning Post*, 16 December 1961 and 31 March 1962；《工商日報》，1961 年 10 月 7 日及 1962 年 1 月 1 日），何鴻燊更如 1930 年代中的傅德蔭般，不久便躍起成為澳門的新賭王，叱咤港澳、指點江山（參考下一章有關何鴻燊家族的文章）。

從某個角度上說，失去澳門賭業專營權的傅氏家族，並沒表現得憤憤不平，硬要捲土重來，爭奪賭場利益，而是從時代大局及家族現實情況與條件出發，思考更有利本身發展與發揮的舞台與背景，因此進行了生意和投資轉型。在這個關鍵時期作出的策略調整，一來令家族可以日漸擺脫做偏門生意的形象；二來則促使家族必須強化自身競爭力，不能以為可長期依賴賭博生意的高利潤，支撐其他投資與生意；三來是傅蔭釗在父親去世後成為家族新領導，必須拿出真功夫，證明自身才幹，因此更加戰戰兢兢，結果則實現了順利接班與全面轉型，令家族發展進入新階段。

進入 1960 年代，當澳門賭壇出現巨大轉變之時，傅蔭釗則一心一意地把精力集中到香港的地產生意之上，同時亦染指證券、債券、押匯等金融

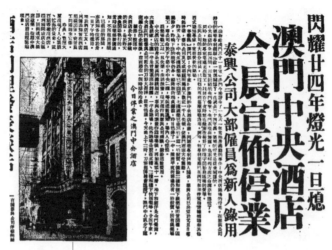

1962 年 1 月 1 日《大公報》有關泰興公司停業報道

投資，當然亦有部分工業生產方面的投資，業務甚為多元化（鄭棣培，2018）。具體地說，自 1950 年代起，家族已將從賭博生意中賺取的財富，轉投至地產及酒店，後者當然亦涉獵航運、旅遊和娛樂等，這些生意在某層面上與賭博生意有一定連結。若果說傅德蔭生前一手促成了港島多個關鍵物業地皮的收購，傅蔭釗則投入大量心血，令這些地皮的力量更好更大地發揮了效果，為家族帶來更龐大收入。

然而，這個過程並非毫無阻礙，最好的例子是中環遮打道原東方行物業地皮的發展。自 1954 年以高價投得該物業地皮後，家族一如其他投資者般，申請將原物業拆卸重建，本來打算興建一座以家族姓氏命名的高級商業大廈，可是卻接連遭到周邊物業持有人的反對。先是大東電報局（電訊盈科前身）和太古洋行的挑戰，前者指地盤的建築工程會影響其電報儀器運作，後者指原業主曾佔去屬於他們所有的部分地皮，[11] 兩者促使家族最後作出讓步，透過私下協商的方法解決問題，以為這樣便可順利發展（鄭棣培，2018）。

誰知到建築工程進入打地基階段時，卻又發現了岩層鬆軟或不夠堅固的問題，令工程一拖便是八年，到 1965 年重啟發展時，要採取「鑽探法，將椿柱打穿軟泥層，深入地底 220 呎，因此單是地基工程，便已耗時 15 個月，

而且費用高達 700 萬（港）元，遠超 11 年前投地時所作預算」，而此物業於 1973 年落成後則改作酒店用途（鄭棣培，2018：230）。可以這樣說，這樣曲折和曠日持久的工程發展項目，若非領導者有耐性地沉著應對，而家族又有雄厚實力，必然很早便被放棄，甚至可能虧損與失敗告終。

在這個甚為曲折的發展過程中，傅蔭釗沉著應戰，作出了同步「變陣」的部署，簡單而言是將原來闢作商業寫字樓的計劃轉為酒店用途，並與父親生前好友何善衡、何添和楊志雲等合作，組成富麗華酒店（Furama Hotel），[12] 由社會地位崇高的何善衡擔任集團主席，作為大股東的傅氏家族領軍人傅蔭釗，反而擔任副主席兼董事總經理。酒店投入服務初期，雖因當時經濟低迷，表現未如人意，但自 1970 年代下旬香港經濟復甦後，盈利便拾級而上，家族財富自然又水漲船高，沒有因為失去澳門賭業專營權而回落。

第二波接班的乘風破浪

1973 年同時亦標誌著家族傳承接班第二波，因為傅蔭釗覺得自己年近半百，長子傅厚澤又已學有所成，於是在那年要求他加入富麗華酒店，為接班工作鋪路。從資料看，生於 1947 年的傅厚澤，在港完成中學教育後負笈英國，畢業後加入 IBM 工作，1972 年返港，開始「效力家族企業」，然後加入富麗華，主要是「負責分析酒店經營的方法，檢討公司的稅務措施，經常與各部門主管緊密接觸，逐漸深入了解公司的操作」（何文翔，1994：14）。

相對於父親一代，傅厚澤的接班無疑更為專業化與規範化，原因自然與生意性質已有很大不同有關。在打理家族控股公司——廣興集團——之餘，傅厚澤亦要把主要精力投入到作為旗艦企業的富麗華酒店之中。由於當時富麗華董事局有何善衡、楊志雲、利國偉和何佐芝等風雲人物，年輕的傅厚澤自然不能掉以輕心，而是必須悉力以赴，做出成績，這促使他更加努力做事，亦要更為謙卑做人。這樣的一個接班過程，讓他可以學習更多做人做事的知識與本事，奠定他本身的江湖地位。

據傅厚澤所說，他在十多年接班過程中的重大突破，是主力推動將美麗華酒店上市，該計劃最終獲包括何善衡、何添和利國偉等董事局成員全力支持，並於 1985 年實行，不但令集團發展更上層樓，傅厚澤本人亦樹立了

很好的領導地位。酒店上市兩年後的 1987 年，何善衡退休，傅蔭釗接替為主席，傅厚澤則接棒父職，成為董事總經理（後改為行政總裁），標誌著傅家第三代邁出傳承接班新階段（何文翔，1994）。

與創業一代的傅德蔭強調進取打拚、不怕冒險不同，守業世代的傅蔭釗和傅厚澤父子明顯強調「穩紮穩打」，背後所揭示的情懷或責任，是希望穩守江山，不要敗壞祖業。對於自己能在接班過程中幹出一定成績，傅厚澤在接受記者訪問時曾經這樣回應：

> 對於家族企業多年來不斷發展，我個人不敢居功，家族功臣是祖父，他打下了江山，為家族企業奠下了穩固的基礎，其後父親繼承基業也作出了很大的貢獻。（何文翔，1994：13-14）

作為成功的家族企業領軍人，能夠洞悉時局，對投資脈絡有精準拿捏，無疑極為重要。逐步走上領導前台的傅厚澤，在這方面便表現出一定過人之處，其中備受市場關注的重大投資舉動，便是 1997 年初，趁當時股市火熱，又有財團願意出高價收購富麗華酒店時，建議父親應該趁好市沽貨，將富麗華酒店以 69 億港元的「見頂價」出售，締造了「世紀交易」（《星島日報》，2004 年 12 月 6 日）。由於完成交易後，香港股市在亞洲金融風暴衝擊下持續大跌，傅氏父子有先見之明，投資目光銳利之說不脛而走。至於家族能夠見好就收，然後利用手上資金在市場低迷時吸納其他更具吸引力的資產，又令家族財富繼續攀升。

眾所周知，1998 至 2003 年間，香港股市、樓市和整體經濟遭遇了前所未見的巨大挑戰，傅氏家族雖然亦面對不少困難，但其於高位套現富麗華酒店的舉動，則讓其有充裕資金，可以在 2003 年市場回穩後擇肥而噬，尋找更優質的投資機會，若干曾經引人注視的大型投資項目包括：

- 2003 年：趁地產市場最為低迷的時期，斥巨資以 6.5 億港元的「銀主盤」方式，收購尖沙咀香港君怡酒店（《星島日報》，2004 年 12 月 6 日）；
- 2006 年：斥資近 3 億港元，購入港島南區壽臣山道 1 號六間獨立屋

（《經濟日報》，2006 年 11 月 23 日）；

　　• 2007 年：以近 20 億港元高價，出售早年以約 3 億港元購入位於山頂加列山道 7 至 9 號的全海景超級豪宅（《經濟日報》，2007 年 9 月 11 日）；

　　• 2010 年：以 6 億港元價格，放售家族持有一定比率業權的土瓜灣木廠街 7 號地皮（《星島日報》，2010 年 7 月 6 日）；

　　• 2015 年：與恒基地產合作，再次向城規會提出發展家族位於南生圍相連甩洲的土地，總面積達 178.7 公頃，預計興建 140 幢洋房的低密度住宅項目（《智富雜誌》，2015 年 7 月 25 日；鄭棣培，2018）。

　　另一方面，因應香港經濟環境日趨國際化，而家族不少成員又已移居海外，自香港回歸前後，家族採取了另一階段的投資多元化策略，分散風險，將不少比例的資產投放到歐、美、日等發達國家的地產與金融之上。其中一些已浮面的海外投資如：一、1991 年，家族斥資 6.2 億港元收購美國兩家酒店，作長遠投資（*South China Morning Post*, 22 April 1991）。二、1996 年，家族斥資 3.6 億港元購入英國倫敦 9.5 萬平方呎甲級寫字樓，同樣用作長期收租投資（*South China Morning Post*, 10 January 1996）。三、2018 年，家族斥資 7.3 億港元在澳洲墨爾本收購乙級寫字樓大廈，亦是用作長遠投資（*Financial Review*, 3 July 2018）。

　　可以這樣說，當香港、中國內地、亞洲與全球政經環境不斷發生轉變之時，家族投資在傅厚澤領導下亦持續不斷地作出調整、配合，應對時局轉變。到了 2005 年 12 月底，自 20 世紀末已退居幕後的傅蔭釗去世，享年 82 歲，喪禮據說按傅蔭釗生前堅持低調的原則進行（《壹週刊》，2006 年 1 月 12 日：A102）。

　　前家族領軍人去世，標誌著家族發展進入另一階段。資料顯示，進入新千禧世紀後，傅厚澤的子女傅棣章、傅棣怡和 Jennifer Jane Fu 開始嶄露頭角，其中傅棣章指自己 2002 年「首次踏足基金管理」（傅棣章，2018），而且應跟隨父親涉獵物業地產投資（《信報》，2017 年 8 月 24 日），揭示第三波傳承亦已展開。另一方面，家族更於 2007 年創立了傅德蔭基金，「秉承祖父遺志，造福社會，惠澤人群」（傅德蔭基金有限公司，2018；鄭棣培，2018：

262），以更好方式回饋社會，亦蔭佑後人。至於第三波傳承能否如之前兩波般成功，則要留待時間證明了。

在今天社會，相信不少人對傅德蔭家族所知不多，他們既不像何鴻燊家族般「花邊新聞」多多，亦沒經常出現在社交場合或新聞傳媒的鎂光燈前，當然亦沒如現任賭王呂志和般常常成為傳媒追訪對象。相對於曾經引起中葡社會高度注視，又曾捲入辛亥革命和中華民國成立後諸多內部爭奪的盧九家族，傅氏家族亦較乏傳媒亮點。儘管如此，這個家族能夠急流勇退，見好就收，且能至今保持巨大實力，歷久不衰，實在可說是更具智慧的發展個案，值得注視。

毫無疑問，不少人均認同「馬上得天下，不能馬上治之」，所以那些經營賭業者，都會把從賭博中積累的原始資本，盡快轉到其他生意層面上。粗俗一點說，則是及早由偏財轉為正財，並認為正財更穩妥，更能世代相傳，背後的思考，自然與偏財風險高、不能持久的思想或意識有關。傅德蔭子孫的應對，恰好是一個很好的示範，且達到了他們心目中的目標，因此應視為重要的參考個案，不能輕輕略過、等閒視之。

結語

綜觀傅德蔭家族的個案，不難發現其發跡過程，染有更多白手興家的色彩。由於來自教育程度不高的社會低下層家庭，傅德蔭投身社會時只能從低做起，亦因為謀生不易，結識了三山五嶽江湖人物。由於他具有過人才幹，且敢於冒險，能將本來不利事業發展的條件，轉化為有利進攻的優勢，因此在賭業上拚出成績，這點實乃可遇不可求的發展異數，背後又與那個年代中華大地時局變化巨大、社會不安有關。澳門社會的特殊性，無疑又成為傅德蔭事業取得突破的關鍵所在，令他在1930年代獲得澳門賭業的專營權，有了發揮所長的獨特舞台。

從賭壇中積累巨大財富後，仍保留傳統思想的傅德蔭，相信對賭博生意引來的是是非非深感困擾，所以作出了眾多轉投別業與多元投資的籌劃與安排，當然亦不支持子孫後代走上他的老路，投身賭博業，寧可讓他們在其他正財的路上作出努力。所以當他一死，賭博專營權又沒法續牌時，家族

後人乃順勢而行，全力撤出，投入到其他被社會視為正財的生意與投資之中，後代亦能保持巨大財富於不失，此點不可不謂傅德蔭的獨特眼光，佩服其深謀遠慮，子孫後代因此收益不淺。

註

1　高可寧，廣東省番禺沙溪官涌人，生於 1879 年，據說五歲喪父，由母親撫養長大，14 歲即踏足社會謀生養家，日後輾轉到了澳門，並因染指當地賭博業及鴉片業致富。

2　霍芝庭，又作之亭，祖籍南海石頭鄉，生於 1880 年（庚辰年十一月十四日），據說其父親乃鐵匠，他本人 14 歲到港謀生（吳湘衡，1965），《霍芝庭先生訃告》（1939：沒頁碼）指他「髫齡就傅，聰敏冠儕輩，及長，究心實業，不沾沾仕宦，於經濟盈虛尤三致意」，隱晦地指出他年輕時便踏足社會，在風高浪急的商海中打拚。

3　一說高福銘乃高可寧四子（趙利峰，2011），即是高可寧仍然沒有直接掛名。另一說指投得專營權者乃「何大生與周勝兩人聯手」的公司，「其實何、周二人只是代理人，幕後老闆，正是傅德蔭及高可寧次子高福銘所創立的泰興公司」（鄭棣培，2018：90）。

4　1918 年，傅德蔭的長女出世，在病榻中的傅彥芳為她改了一個乳名「有弟」，反映父子二人對子孫繁衍的盼望，後改有弟之名為貞生（鄭棣培，2018）。

5　傅德蔭何時結交年紀較他大 16 歲的高可寧，獲得信任和賞識已不可考，由於高可寧早在傅德蔭出道前已全力投入賭博與鴉片生意，亦與黑白兩道人物有往來，相信他們的朋友圈有不少重疊，而他們日後可成為生意「拍檔」；相信亦與兩人性格相近，互相欣賞有關。

6　霍芝庭元配鄧氏，妾侍資料不詳，育有五子（寶材、寶開、寶生、寶蔭、寶潤）八女（萬舉、萬顧、萬柳、萬記、萬齊、萬巧、萬嫻、萬鈴），於 1939 年（民國二十八年十月十一日去世），享壽未滿 59 歲（《霍芝庭先生訃告》，1939：沒頁碼）。

7　從訃聞看，高可寧共有九子（福耀、福申、福銘、福成、福全、福永、福業、福球、福楹），女兒數目不詳（《工商日報》，1955 年 4 月 17 日）。至於遺囑文件則揭示，高可寧妻妾成群，有一妻（楊詠生）三妾（江氏、袁氏、溫氏）（Probate Jurisdiction Will Files: Ko Ho Ning. 1948-1955）。遺囑認證文件顯示他死於惡性腫瘤，遺下的資產總值為 178 萬港元，當中沒提及早已分配各子的資產（Probate Jurisdiction: Ko Ho Ning, 1965）。

8　傅德蔭去世後的遺產總值為 157 萬港元，但他已分予各子女的廣興投資有限公司（即日後的廣興集團），在法庭上的登記資產總值則為 315 萬港元，可見其身家十分豐厚（Probate Jurisdiction: Fu Tak Yung alias...., 1963）。

9　傅蔭銓留學美國，但卻於 1954 年 2 月在當地遇上交通意外去世，令傅德蔭甚為傷感（鄭

棣培，2018：248）。

10　　生於 1923 年的傅蔭釗，據說青年時期在廣州嶺南學校唸書，「日軍侵華時期，當時只有十多歲的傅蔭釗，在澳門與比他年長幾歲的國民黨將軍之女張婉侶結婚」（《壹週刊》，2006年 1 月 12 日：A102）。若從這段婚姻看，傅氏家族與國民黨的關係非淺，但家族一直沒高調提及這種政治連結。

11　　據傅厚澤所述，家族後來乾脆收購了問題地皮以及原屬太古糖廠的地皮，令整個地段總面積達 23,000 多平方呎，當時的總作價為 1,200 萬港元（《壹週刊》，2001 年 9 月 27 日）。

12　　富麗華英文 Furama 一字，是傅家姓氏英文拼音 Fu 及楊志雲與何善衡等掌控的美麗華（酒店）英文 Mirama 中的 rama 結合而成，揭示了大家的合作（《壹週刊》，2001 年 9 月 27 日）。

傅德蔭家族圖

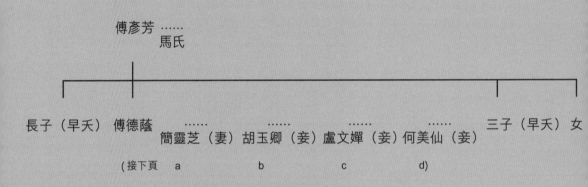

傅彥芳 ⋯⋯
馬氏

長子（早夭）　傅德蔭　⋯⋯　　⋯⋯　　⋯⋯　　⋯⋯　　三子（早夭）女
　　　　　　　簡靈芝（妻）胡玉卿（妾）盧文嬋（妾）何美仙（妾）

　　　　　　（接下頁　a　　　　b　　　　c　　　　d）

* 此家族樹只列出較能確定子女關係的部分，其他諸如傅潔恩、傅潔
珊、傅厚民、傅厚達、傅厚縉等，則因他們到底屬於哪一房未能確定
之故，沒有包括在家族樹內。

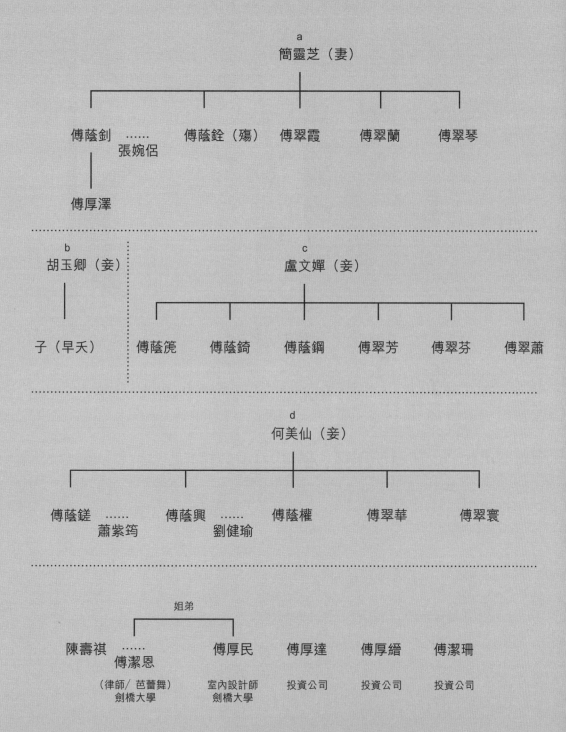

a
簡靈芝（妻）

傅蔭釗 …… 傅蔭銓（殤）　傅翠霞　　傅翠蘭　　傅翠琴
　　張婉侶

傅厚澤

b
胡玉卿（妾）

c
盧文嬋（妾）

子（早夭）　傅蔭篾　　傅蔭錡　　傅蔭鋼　　傅翠芳　　傅翠芬　　傅翠蕭

d
何美仙（妾）

傅蔭鏘 …… 傅蔭興 …… 傅蔭權　　傅翠華　　傅翠寰
　　蕭紫筠　　劉健瑜

姐弟

陳壽祺 …… 傅厚民　　傅厚達　　傅厚縉　　傅潔珊
　　傅潔恩

（律師/芭蕾舞）　室內設計師　投資公司　投資公司　投資公司
劍橋大學　　　劍橋大學

第

三代賭王

何鴻燊家族的銳氣四射與風光不減

　　2020 年 5 月 26 日，澳門一代賭王何鴻燊去世，享年 98 歲（《明報》，2020 年 5 月 27 日），消息轟動中外社會，因為何鴻燊一生傳奇，舉止獨特而且是非不少，乃著名風雲人物。惟同樣引人好奇的，是家族並沒立即為他舉行葬禮，而是要等待近一年後，到 2021 年 5 月底才入土為安，下葬於港島昭遠墳場，與父母親人相伴，算是為其傳奇人生劃上句號。至於何鴻燊在去世一年後才下葬的安排，不是因為那時香港深受新冠疫情影響之故，而是另有風水考慮，因此尤其讓人想起大約一個世紀前，另一位同樣名揚一時的商界風雲人物——盛宣懷，亦是因為相同理由，到去世一年後才舉行喪禮（鄭宏泰、高皓，2019）。

章

　　對於何鴻燊的傳奇人生，以及其人丁眾多的家族故事，儘管大小傳媒常有報道，學術與半學術的研究和分析亦為數眾多，但總是難以令人滿意，不是流於太過表面、欠缺分析，便是出現資料不全、觀點偏頗等問題。本文從家族綜合發展與內外關係交纏的角度，一來勾勒家族和企業的發展歷程，尤其說明發財致富的關鍵所在及澳門社會的獨特環境；二來梳理不同層面家族內外關係的互動，闡述網絡資本的重要性，從而說明成就何鴻燊傳奇的原因所在。至於近年最吸引傳媒視線的傳承接班問題，以及妻妾子女眾多所帶來的問題與挑戰，亦會一併討論。

家族盛衰與中興的現實與迷思

更確實地說，無論是民族、家族或企業，總會經歷盛衰起落的曲折，中興則是在衰落之後提振發展，重拾輝煌的一種格局，克服困難與挑戰，為發展注入新動力，帶來另一番騰飛與上揚。然則，為何原本繁盛之勢會掉進衰退？又如何能夠東山再起？兩者之間看似沒有相連，但內部卻有著各種或緊或鬆的關係互為因果，長期以來引來各方關注，不少人尤其渴望了解當中的竅門與因由。

若果只把研究目光聚焦在家族之上，並把導致盛衰起落的因素集中於內部，即排除那些個人與家族無法抗衡的外部因素——因為諸如戰爭、自然災難和巨型政治運動等衝擊，實在並非任何個體所能獨力應付和抗拒——不難梳理出如下一些重點：其一是生意投資得失的經濟因素，其二是家族人力資源多寡及質素高低因素，其三是政治連結與社會網絡因素，其四是信譽名聲與道德資本因素。

先說生意投資得失的經濟因素。正如馬克思主義者所指，經濟乃支持上層建築的基石，家族的盛衰很多時與生意投資的得失直接相關（Marx, 1981）。當生意投資進展順利，財源滾滾時，經濟基礎自然雄壯，家族自然興旺起來；反之則會如無源之泉，很快枯竭，走向衰落。所以一個家族若要興盛下去，必須在生意經營和投資等方面竭盡全力博取表現，這樣才能獲得力量，支持家族不斷前進。

中國民間社會有所謂「人多好辦事」的說法，西方亦有「many hands make light work」的諺語，背後的共同看法是人力資源的多寡，決定了發展動力的強弱大小。另一方面，人力資源的質素——體格、智商、學歷、專業、經驗和奮鬥精神等，則決定了人力資源的檔次，檔次越高，力量越大。即是說，人力資源的量和質，決定一個家族的發展力量與興衰，量多質優則家族興，量少質弱則家族衰。

對於政治連結與社會網絡左右家族發展的問題，學術界近年研究漸多，反映這方面的問題不斷獲得重視和關注。雖則如此，由於這些東西並非肉眼能見、觸手能及，加上並沒太多文字記錄，要了解其對家族起落興衰的影響著實不易。一個簡單中肯的判斷是，若政治連結與社會網絡穩固、

有力，家族的發展便能如有神助，得到保障，反之則會諸多不順，受到牽制，事倍功半，前進道路曲折坎坷。

比政治連結和社會網絡更加抽象，亦更難觸摸，但同樣對家族發展進程具有不容低估影響力的，則是個人及家族的信譽、名聲與道德資本。即如物理現象，越不易察覺的東西，所發揮的效用越深遠，亦越無可替代，信譽、名聲與道德資本的性質便是如此。由是之故，任何渴望富過多代，歷久不衰的家族，都不能低估這股肉眼難察的力量，既要用心栽培，更需悉心維護，不令其受損蒙污。發財立品，總是古往今來無數家族所共同追求和走過的道路。

概括而言，家族能夠興起、旺盛，往往是生意投資順遂、家族人才濟濟、政治連結與社會網絡無遠弗屆、名聲信譽及道德資本充沛所共同締造、凝聚出來的，當這些因素 —— 無論個別或多個交互重疊 —— 出現問題，舉例說某些生意投資失利，連累大局，而政治連結與社會網絡，甚至名聲與道德資本等均幫不上忙時，自然會令家族走向衰落。至於如何能克服衰落格局，須從以上層面入手，既要在生意投資上取得突破，亦要在人力資源上得到配合，進而理順各種關係，才可為發展注入動力，家族乃能中興，更好地發展下去。

在眾多富至二、三代時不幸滑落，然而卻能中興，甚至締造繁盛景象的例子中，何鴻燊的故事無疑最備受關注，亦甚具參考價值。可惜，有關對這個家族乃至於何鴻燊的介紹，卻讓人有魚目混珠、對錯難辨之感，難以從中汲取有用教訓。舉例說，坊間描述何鴻燊的致富，便有不少「白手興家，沒有依靠家族福蔭」，乃「由貧而富」之類的詞彙和筆墨（冷夏，1994；楊中美，2001），當然還有不少翻炒別人文章與加鹽加醋，近乎杜撰的描述（祝春亭、辛，2005；竇應泰，2010）。這些文章雖不至於完全錯誤，但卻甚為誇張，與事實距離甚遠，因此難以讓人對何鴻燊早期打拚事業時，如何在現實環境下掙扎求存，或是在家族後台支持下左右逢源等等，有更全面和具體的認識。

不可不知的事實是，何鴻燊出生於香港的巨富家族，算是家族發跡後的第三代。但他的父親何世光因一時貪念，渴望比上一代更富有，擺脫父

《何鴻燊傳》封面

蔭，彰顯自己的本事，結果墜進了別人的「天仙局」（圈套），不但掉進「輸身家」的險境，更要落荒而逃，避走他鄉，影響了何鴻燊的人生路，幸而何鴻燊日後力挽狂瀾，令家族東山再起。而他能夠中興家族的關鍵，除了個人膽識與才智外，家族的人脈關係實在亦不容忽視。

　　進一步說，家族企業的發展，沒可能沒風沒浪、沒有波折。我們常說家族生命頑強，很有韌力，然則怎樣能體現家族的頑強生命力？跌倒了，能再站起來，並堅持走下去，更強更好地發展，自然是最好的體現和印證。可是，社會上卻甚少這種「跌倒了，能再站起來」的具體例子，學術界在這方面的探索更是並不多見，讓人對這方面的情況缺乏了解，所知不多。[1]何鴻燊的個案，恰恰能夠填補這方面不足。到底這個家族有何特殊發展軌跡？到其父輩時為何會從高峰滑落呢？最後又如何刺激何鴻燊的發憤圖強？如何令身家財富不斷膨脹下去？妻妾子女眾多又給生意發展和傳承帶來何種特殊問題？下文且讓我們逐點作出介紹和分析。

買辦家族的致富歷程與網絡

單從外貌，不難看出何鴻燊來自歐亞混血兒群體，這個群體乃香港開埠後，因華洋種族接觸交往頻仍而自然地誕生下來的。儘管那時的英國殖民統治者採取了種族主義政策，視自己為優等種族與統治者，貶視被統治者為次等民族，並在華洋不同種族之間豎立樊籬，但畢竟沒法隔絕男女接觸交往，歐亞混血兒群因此誕生。

弔詭的是，在香港的特殊環境下，最先崛起且迅速致富的，竟然是那些歐亞混血兒家族，關鍵是他們誕生後，由於受到華洋社會排擠，成長與教育過程自然強調現實和生存，不奢望寒窗苦讀以考取功名，反而進入強調實用的西式學校接受教育，令他們掌握中西兩種語言和現代社會的基本知識，日後成為溝通華洋中外的中介者，乃擔任買辦的最適合人選。至於他們必須比一般人更加努力求存，亦激發了他們的打拚意志，何鴻燊的祖父何福、祖伯父何東和祖叔父何甘棠等人，便是在那個環境下迅速崛起的最具代表性人物，屬於歐亞混血群體的第一代買辦。

進一步說，何鴻燊的曾祖父乃歐洲人，名叫何仕文（C.H.M. Bosman），他在香港開埠不久後遠渡而來經商，與華人女子施氏交往，誕下了被形容為「無根一代」的何東、何福等混血子女（Smith, 1983）。但何仕文與施氏沒婚姻關係，日後一走了之，留下混血子女由華人母親獨力照顧，相依為命，令他們無論行為舉止、語言思想等都與一般華人無異，長大後更因被母親送到剛創立不久的西式學校（皇仁書院）求學，掌握中英雙語及現代知識，日後自食其力，在因緣際會下走上了買辦之路（鄭宏泰、黃紹倫，2007；Ho, 2010）。

所謂買辦，是指受聘於洋行，代為負責一切對華事務，包括管理華人員工、與中國政府接觸交往，甚至搜集商業情報、交收貨款及銀元匯兌等等的人士，他們角色上具有「既僕又主」的特質，極為吃重，其收入不只是薪酬、佣金，更有不同層面關連生意往來的隱性收入，千絲萬縷。更具體點說，由於買辦乃不同種族、群體及生意的中介者，在那個語言不通、資訊不暢、各種阻隔重重的年代，他們往往能夠在明在暗，或是間接直接中獲得收入，令買辦成為炙手可熱的工作。何東何福等混血兒，能夠在香港開埠不久躋身買辦行列，尤其成為英資龍頭洋行 —— 渣甸洋行（Jardine, Matheson and Co，日後重組，核心業務改以怡和洋行的名字經營，下文一律以後者稱之）——的買辦，令他們在 1880 年代迅速致富，關鍵條件則與他們既懂得中英雙語，又掌握中西文化與發展狀況有關。

自何東、何福擔任怡和洋行買辦致富後，他們再利用自身的不同關係——家族、混血群體、姻親關係及皇仁書院舊生網絡等，[2] 將買辦工作和生意覆蓋面層層疊疊地擴散出去，安排他們子侄、姻親及其他混血兒到不同崗位或不同洋行中擔任買辦，同時又自行經營不同生意，開闢財源，形成一個環環緊扣、互相依靠，而且一榮俱榮的買辦及營商網絡。

這個買辦家族的核心，當然是何鴻燊祖父、祖伯父、祖叔父三人，他們先後以「兄退弟上」的方式，輪替出任怡和洋行總買辦一職，緊緊握著該英資大行的核心業務（Zheng and Wong, 2010）；而外圍則由其他家族成員、姻親與混血兒群體等構成，分掌不同部門或是不同洋行的買辦：如外祖伯公羅長肇及姑丈張沛階乃怡和洋行助理買辦、[3] 父親何世光及叔叔何世奇為新沙遜洋行買辦、其堂兄何鴻邦乃滙豐銀行買辦、伯父何世榮與何世儉為滙豐銀行買辦，叔叔何世耀及何世華為有利銀行買辦；至於姻親如姨丈公黃金福出任香港九龍貨倉買辦、表舅公謝詩屏任大西洋銀行買辦、表舅父謝家寶則出任日本郵船公司買辦等，整個家族構成一個生意神經無孔不入、人脈網絡四通八達的圈子，緊緊地控制了香港商業與經濟的命脈。

事實上，這個家族的成員，不只擔任多家實力雄厚洋行的買辦，還因應不同業務需要，獨資或合夥創立多家公司，從事貿易、鴉片（雖然當年鴉片乃合法專利行業，但社會仍視之為偏門生意）、食糖、航運、銀行及物業地產等生意。左右逢源下，家族財富不斷膨脹，祖伯父何東更成為了香港首富，祖父及祖叔父等自然亦身家豐厚，成為當時香港一個財雄勢大的家族。

更加不容忽略的是，祖父何福在 1913 至 1924 年間獲港英政府垂青，被委任為定例局（即今天的立法會）議員，乃當時極少數華人能染指港英政治者，地位極為顯赫，自何福進入議事堂開始，即見證了權力和金錢（政治與經濟）的結合，為家族帶來更大影響力。至於何福的侄婿（何東女婿）羅文錦，日後不但擔任立法局議員，更出任行政局議員，政治權力更大，進一步說明何鴻燊家族的財雄勢大，在當時的香港，實在無出其右。

「天仙局」中「輸身家」的急速衰落

可惜的是，當何鴻燊只有五歲，尚未進入學校接受正規教育時，祖父何福於 1926 年因病去世，享年 63 歲。他去世後，名下財產由一眾兒子均分（見何鴻燊家族樹），何鴻燊父親何世光自然亦分得一份。[4] 由於何福子女眾多，分家後各房的財產自然「相形見絀」，儘管如此，一來分得的財產數目其實不少，二來子女們各有生意，三來更有買辦工作，所以仍是身家豐厚，乃社會中的「上等人」，佔據有利地位。可惜，這局面維持不了多久，便因何世光一時貪念投資失利，之後更掉進困局，影響了何鴻燊的人生。

何福一脈分家後的上世紀 20 年代末、30 年代初，受國際經濟大環境惡劣的影響，無數香港中小企業陷於經營困難之中，作為香港龍頭企業的怡和洋行亦難獨善其身，呈現了外強中乾之勢，因此牽動了家族與該洋行之間的矛盾。其中一個說法是，怡和洋行眾大班（老闆）眼見公司業務發展停滯，但擔任買辦的何氏家族諸人，卻從不同生意與投資中獲利豐厚，自然既眼紅又不是味兒，甚至滋生了猜忌，懷疑何氏眾人欺上瞞下，暗中「吃掉」公司的利益。[5] 據說，就是因為洋行眾大班對何氏的不滿與不信任，主導了一場「怡和股票騙局」，令何鴻燊父親在這場被稱為「天仙局」的騙案中「傾家盪產，家道一夜之間衰落」（冷夏，1994：19）。

綜合各資料，這場「騙局」發生在 1920 年代中至 1930 年初，當時何鴻燊的叔伯們（何世耀和何世亮）均為怡和買辦。[6] 某日，何世亮進入洋行大班的辦公室找老闆商討公事，但辦公室內空無一人。何世亮「意外地」看到怡和洋行大班的私人信件，內容與怡和洋行股票內幕有關，從日後發展估計，他看到的內容，應是怡和洋行內部決定大量注資，購入公司股票。這樣意味公司的股價，將會出現大幅上揚（冷夏，1994）。

何世亮如獲至寶，覺得此乃發財的大好機會，於是便與感情較深厚的諸兄長——即身為滙豐銀行買辦的何世榮（自幼過繼何東）、任職新沙遜洋行買辦的何世光、何世奇，以及在怡和洋行任買辦的何世耀——商量，決定傾囊買入怡和洋行股票，甚至不惜舉債，以待股價上漲後獲取暴利（鄭宏泰、黃紹倫，2014）。然而，當他們傾盡家財，大量吸納怡和洋行股票後，卻發現股價不但沒有如預期上升，反而江河日下，之後更發覺那封信原來是

怡和洋行精心策劃的假文件，故意讓何世亮看到，引誘何氏兄弟買入怡和洋行股票，轉移洋行經營不善帶來的損失，而怡和洋行股票急跌，則令何氏兄弟在這場投資中負債纍纍。

結果，由於不堪債務，何世耀一病不起、含恨而終；何世亮則自尋短見，在家族位於大潭水塘的大宅內吞槍自盡（*Hong Kong Telegraph*, 22 December 1933）。至於何世光雖拋售名下物業，但仍資不抵債，最後選擇遠走高飛。據說他帶同部分子女潛逃越南西貢，只留下太太及何鴻燊等年幼子女在港（冷夏，1994；林中美，2001）。相對幸運的是何世榮，他因並非怡和買辦，加上參與角色不重，又有何東默許承擔債務，因而避過一劫（鄭宏泰、黃紹倫，2009）。

必須指出的是，何鴻燊祖及父輩與怡和洋行多年賓主關係，大家共存共榮，為何怡和大班會設下「天仙局」陷害他們呢？這種舉動不難讓人看到，雙方應是矛盾甚深，甚至已經失去互信。當然，假如何世亮光明磊落，抗拒誘惑，何世光等又及時制止何世亮的貪念，也不會正中怡和大班的下懷。但無可否認的是，當雙方各懷鬼胎，信任不再時，關係自然破裂，而此事亦標誌著洋行大班與買辦之間依仗信任的關係正式落幕。

無論如何，何鴻燊父親及叔伯等因為一時貪念掉進困局，導致家道中落，甚至賠上性命，自然給家族帶來了巨大衝擊，何鴻燊一房亦肯定會受事件拖累，生活出現重大轉變，但事件對他們的影響到底有多大？卻可謂人言人殊。有人指他們的生活直墜谷底，如冷夏（1994：26）有這樣的描述：何鴻燊母親「帶孩子們流落街頭，在別人家屋簷下棲身，然後再到外面幫人打工，賺點錢以後再租個安身之所。」至於何鴻燊便由「豐衣足食，出出入入有人服侍，養尊處優」，淪落為「貧苦人間的孩子，憂柴憂米，憂穿憂用」。

但亦有說法指，他們一房雖然生活水平已與過去有了天壤雲泥之別，但仍能過得非常豐裕。如何鴻燊胞妹何婉琪憶述指，他們一家仍居於豪宅區的半山干德道千多平方呎的大宅之中：「我哋環境最差嘅時候，屋企仲用緊17個工人，媽媽使咩去打工」（《十姑娘回憶錄之與魔鬼抗衡》，2007：172-173）。她的說法與前者的描述可謂差天共地。儘管人言人殊，但家道中落，家境大不如前應該還是十分肯定的。

問題是：為甚麼對何鴻燊等人生活變化的說法會有如此大的差異？究其原因，或許可以解讀為各自的看法都有其背後目的。可能有人覺得將故事人物情節安排得更落魄，當窮小子一朝翻身發達會更勵志——當然也更具戲劇張力，滿足讀者的期望及興趣；也可能有人不願自貶身價或出於自尊，「打腫臉皮充闊子」；也可能有人想強調自身成功是靠一己努力而獲得，家族資產的幫助不大；又或是想暗示何鴻燊滔天巨富可不是他一人之力，家族成員亦功不可沒，故亦應分得部分光榮甚至財富云云。

　　面對兩極的描述，較合理的推測應是「爛船還有三分釘」，始終何鴻燊的祖伯父何東仍是當時香港首富，就算他再嗇涼薄，也不至於看著血脈胞弟的子女們三餐不繼，流落街頭。更能說明何鴻燊一家生活基本沒有太大變化——起碼沒有動搖根本的證據，自然是他仍能在皇仁書院就讀，完成中學課程後於1939年考入香港大學繼續學業。所謂貧窮孩子早當家，若何鴻燊一家真的一窮二白，根本沒可能有寬裕讓他優哉游哉地唸書，相反肯定會被迫輟學，提早投身社會，謀生養家了。

　　無論實情如何，父親何世光一走了之的時候，何鴻燊大約只有13歲，仍然生活無憂，衣食無缺，只是由大富變成中富而已。但怡和事件始終何世光有份引起，家族中甚至有人因此命喪，加上欠債「走路」這不光明舉動，7累及他們一家大小，人前人後難免常遭白眼甚至當面侮辱。何鴻燊便經常說起他家境落魄時的一個故事：他少年時有蛀牙，找當牙醫的親戚補牙，但卻遭到奚落，親戚說：「沒有錢，走吧！補甚麼牙呢？乾脆把牙齒全部拔掉算了」（冷夏，1994：29-30）。這些冷言冷眼對正處於敏感青春期的何鴻燊而言，一定傷害甚深，才會使他到老仍耿耿於懷。

　　不過，經歷家庭巨變的何鴻燊，沒有一蹶不振，反而激起了拚搏心與不服輸的精神，立志努力讀書，子為母張，中興家族。結果以優異成績完成中學課程，並考入無數學子夢寐以求的香港大學理學院，成了天子門生。相信他那時的人生計劃，或者只是渴望走上專業之路，未必會投身商界。可是，在1941年，他還差一年便大學畢業時，卻被迫輟學，因為當年日軍侵略香港，港督楊慕琦投降，香港大學亦停辦了。原本仍在努力應付考試的何鴻燊再遇突變，相信亦曾感前路茫茫不知所措，但他很快收拾心情評估情

勢,最後決定離港隻身赴澳。或許那一刻他也估計不到,這個決定竟深深改變了他個人甚至整個家族的命運,成為他中興家族的轉捩點。

日軍侵港與轉投澳門的突圍

淪陷後,香港社會環境日益惡劣,年輕的何鴻燊停學後顯然找不到著力點發揮所能。與香港一水之隔的澳門,幅員及人口雖較香港更小(黃啟臣,1999),卻因葡萄牙政府早在 1940 年 9 月與日本簽訂了《日葡澳門協定》,澳門處於中立位置,避過了日軍的炮火摧殘,故能維持和平,經濟亦能繼續發展,因此成為無數民眾的避難所。何鴻燊與祖伯父何東亦是眾多避難者的一員,在日軍尚未進侵香港之前似已「收到風聲」,先人一步到了澳門。

何東身為香港首富,有財有勢,能獲得日軍即將侵港的資訊應不難理解,加上他其中一名胞弟(何啟滿)孩提時已被華裔日籍商人收養,一直在日本生活;另一名胞弟(何甘棠)的姻親謝家寶乃日本郵船公司買辦(Cheng, 1997; 鄭宏泰、黃紹倫,2007),何東明顯有日本的人脈。而且,何東當時已年近 80 歲,因害怕受戰火波及,令生命財產受威脅,故選擇寧可信其有,以「買保險」心態避走澳門,亦是人之常情。[8]

但身單力薄的何鴻燊為何能夠「未卜先知」呢?其中一個說法是,他獲日本友人告密,另一說法是何甘棠兒子何世文為日本人工作,所以知道日軍將要對香港發動戰爭(黃霑,1981)。何鴻燊日後在接受記者訪問時則這樣說:

> 我二伯公何東消息十分靈通,日軍炸香港前四日,他已獲日本朋友通知,叫他坐船去澳門休息,我是航空救護員,不出走便給日本人抓去赤柱集中營,所以便卸下「蛤乸衣」(救護員制服),坐漁船去澳門。當時,全澳門只有兩個姓何的來自香港,便是我和何東。(何文翔,1992:59)

無論如何,據何鴻燊所言,當時整個家族只有何鴻燊與何東到了澳門(Gittins, 1969; Yeo, 1994)。

而不少資料均顯示，何氏家族與澳門的交往既深又遠，其中何東在澳門的投資和物業更是為數不少，如崗頂前地的何東大宅及中央酒店等，便是最好說明。不過，由於何東那時已近 80 歲，他去澳門目的明顯是避禍，故選擇韜光養晦，動作不多，只求力保不失即可。相對而言，何鴻燊祖父一房在澳門或許有一些人脈關係，但應該沒有甚麼重大投資。而據何鴻燊所言，他赴濠時身上只帶了 10 塊錢（黃霑，1981），算得上是一無所有，沒有任何發達的本錢。但他那時才 20 歲，年輕力壯且志大氣銳，自然渴望能有一番作為，憑藉自己之力中興父親一房。或許就是這種面對困局絕境卻不怕輸的氣勢，令他打出一片新天地。

當時澳門各方人物雲集，雖然四周烽火連天，但因本身得享和平之故，不但商業貿易活躍，博彩娛樂亦盛極一時。所謂「富貴險中求」，戰時營商環境雖然惡劣，但懂靈活變通，又敢於冒險者，自會找到空間與機遇，從而取得突破，何鴻燊的冒起亦是如此。而令他得以突圍的關鍵，相信是取得了日軍上校的信任，並與日本人合作，做近乎獨市的生意，賺了人生的第一桶金。這個初出茅廬的小伙子，除個子高大強壯外，並沒有甚麼優勢成績，到底他是如何獲得日軍上校信任的呢？何鴻燊曾詳細憶述：

我是戰爭時期澳門最重要的日本人的老師。當時在澳門有一個日本特別分部（Special Branch），它甚至比日本總領事館更重要。特別分部的頭兒是一個叫 Sawa 上校的人，一天他去見總督，跟總督說他想學英語——但是他需要一個非常可靠的人，不會刺殺他。總督思量了一下說：「你覺得何東爵士的侄孫如何？你和何東爵士是那麼好的朋友——你願意相信他的人嗎？」Sawa 上校當即接受了。

從那以後，他每天早晨六點派他的車來我家接我去中山——那輛汽車沒有車牌，只有一顆日本的星標。在中山，我們兩人會一起爬上一座小山的山頂。然後他就開始用日語唱歌，並教我和他一起唱——接著作為交換，我教他學英語。我教了他一年，在

此期間，特別分部的所有日本兵都向他下跪，也向我下跪 —— 因為我是他的老師。（麥潔玲，1999：107）

　　這裡帶出的訊息是：一、何東和澳門總督及日軍駐澳門上校 Sawa 均有私交；二、Sawa 要找可以信賴的人教授英文，澳督以何東的名聲及關係為重點，推薦何鴻燊；三、何鴻燊最終成為那份工作的人選，得以接近 Sawa 身邊。當然，何鴻燊並沒直接承認自己是獲祖伯父的推薦，才能登堂入室，取得 Sawa 信任。惟明眼人均會知道，在那個特工處處，暗殺成風的年代，若然沒有身在澳門的何東美言，甚至給予某些保證，年輕力壯的何鴻燊要出任 Sawa 的英文老師，肯定並不容易。

　　坦白說，當時身在澳門而英文造詣不俗的其實大有人在。如曾任何東私人秘書的韋達，9 他是皇仁書院的高材生，在香港大學取得文學學士和碩士頭銜，曾翻譯《易經》和《成唯識論》等書。避居澳門期間，有學者氣質的韋達以教授英文為生，加上他當時已年過 40，性格穩重，不易受人煽動，理論上對 Sawa 的威脅會較少，是教授 Sawa 英文的不二之選。相反何鴻燊大學尚未畢業，又只是一名理科生，嚴格而言實在未符合教授英文的資格。不過，無論真正考慮點何在，何鴻燊獲選為 Sawa 英文教師乃不爭事實。而一心想在紛亂時局中乘時而起的何鴻燊，顯然不會滿足於教書的工作與收入，而是緊握機遇，運用與 Sawa 的關係，實踐自己的目標。

　　果然，利用教授英文之便利，何鴻燊與 Sawa 日漸相熟，取得這位日軍高層的信任，逐步建立了緊密鞏固的關係。正正是這種令人不敢忽略的特殊關係，成為何鴻燊經營生意、發展事業的重要基礎。何鴻燊表示，在澳門期間，他不久即獲邀加入聯昌公司。聯昌公司是當時澳門最大的貿易公司，主要從事米糧、棉紗和桐油等貿易。而這間公司的三分之一股份屬於澳門經濟局長羅保持有，三分一屬於澳門最富裕的家族，以梁基浩為代表，餘下三分一屬於日本軍方。何鴻燊這樣說：

我當上了（聯昌）公司的秘書，因為我通曉化學知識，而且他們知道我可以信任 —— 我是何東爵士的侄孫。（麥潔玲，1999：107）

這次，何鴻燊說得十分清楚了，何東侄孫的身份，乃獲得各方股東——澳門政府、日軍和澳門本地實力家族——信任的重要一環，所以他才會雀屏當選，成為聯昌公司的秘書，掌握整家公司的營運大權。可見何東的名聲、關係或推薦，對於何鴻燊初出茅廬時的助力，實在不是金錢能比，而是讓他可以向社會上層攀爬，結識政軍商顯赫人物，爭取其信任，從而建立起自己的社會人脈和網絡資本。而這些看不見的無形資本可謂價比黃金，其所能發揮的力量是不容低估的。

　　儘管有關何東與何鴻燊兩人避居澳門近四年時間內有何接觸互動的資料十分缺乏，何鴻燊本人日後憶述的片言隻語，或者可以作為一些註腳。舉例說，在接受著名文化人黃霑訪問時，他這樣說：

> 我二伯公見我過澳門，後生仔出嚟撈（年輕人踏足社會謀生），就教我⋯⋯你想成功，要記住兩樣嘢（要緊記兩點）！第一，係勤力！第二，銀紙响手（鈔票在手），要鏈到實（要緊抓著）！千祈唔好跌手（千萬別鬆脫）。（黃霑，1981：65）

　　即是說，何東曾與何鴻燊在澳門見面，並傳授了他「成功」要訣，何鴻燊顯然亦十分受用。另一方面，在接受資深記者何文翔訪問時，他則這樣說：

> 何東在澳門時，常找我飲茶，他為人謙厚，手抱的（指小孩）也叫阿哥，問尊姓大名幾次，下次見面，連姓名都叫出來，真厲害，這是處世的好辦法！（何文翔，1992：68）

　　何東和何鴻燊在日軍侵港時期轉到澳門一事，或者只屬巧合，沒有太多相互牽引關連之處，但在澳門展開事業之初，何鴻燊顯然與何東時有接觸互動，並應一直利用——或者說借助了何東的名聲、信譽及人脈關係。試問，若果不是祖伯父及家族的顯赫地位，何鴻燊怎可以在一出道之時，便能得到澳門總督推薦給 Sawa，[10] 之後又怎能與羅保和澳門當地大家族發展更

緊密關係？當然，何鴻燊本人的突出才華亦極為重要，因為若然他沒真材實料，不能為老闆或合作者創造利益，達成目標，合作關係與互信是不可能不斷得到提升與強化的。

第一個一百萬

戰爭時期生靈塗炭，營商不易，但若懂得靈活變通、敢於拚搏，加上一些運氣，卻總是發大達、賺快錢的大好時機，名聞世界的羅富齊家族（Rothschild family）便是最好說明（Ferguson, 1998）。在香港，被譽為「新賭王」的銀河娛樂集團主席呂志和，日軍侵港時他只有 13 歲，便被迫踏上了創業之路，並因能洞悉社會情況作出變通，令生意財源滾滾，到日軍投降時已賺得近 200 萬元軍票（約 50 萬港元），其財富在當時而言，「幾乎可以買下成條街」（畢亞軍，2015：53-56；見下一章）。另一例子是經營鏞記酒家而名揚香港的甘穗煇，他在日佔時期因懂得靈活變通而取得突出成績，賺了不少錢，後以極低廉價錢購入威靈頓街的地皮，成為了鏞記的立足點，故可在重光後迅速崛起（鄭宏泰、高皓，2019）。

眾所周知，成為戰時「孤島」的澳門，雖然得享和平，但日軍的影響力無處不在，亦無法排除，特工及情報人員更是隨處可見，基本上形成了澳葡政府、日軍和本地華人之間三方面利益相互糾纏、明爭暗鬥的格局，前文提及的聯昌公司由三方面股東所組成，正是各種勢力利益糾纏一起的明顯反映。何鴻燊能夠參與其中，應是獲得何東的支持或默許。

當然，「打鐵還靠自身硬」，若然何鴻燊沒有才幹，不但不可能獲得何東支持，亦不可能獲得其他人的賞識，可見在那個風雲色變的時刻，何鴻燊本人既表現出初生之犢不怕虎的勇氣，又有在大時代發大財的魄力與鬥志，所以能夠迅速上位，誠如阿基米德所言：「給我一個支點，我可挑動整個地球」。對於有才幹、有能力的人而言，哪怕只是一言一語的鼓勵，或是一個提醒與一把扶持，即能令其受用無窮了。

進一步的資料顯示，擔任聯昌公司秘書的何鴻燊，在不同方面均憑著本身過人膽識、卓越才幹與領導能力，在那個四周炮火隆隆、政局波譎雲詭的時刻，身先士卒，在進行交易時哪怕碰到生命懸於一線的困難險阻，均能

做出精準超卓的決定，化險為夷，令生意不斷取得佳績，為股東帶來極豐厚的回報，不但獲背後的老闆讚許，同輩佩服，更奠下個人江湖地位，令不少人對他刮目相看（黃霑，1981；冷夏，1994）。

在澳門期間，何鴻燊由於工作關係，與澳葡政府及葡籍人士交往頻繁，於是決定學習葡文葡語，提升個人力資源的質素，想不到卻意外成就了自己的一段姻緣。原來，他在葡語學校上下課期間，邂逅了居住在學校附近的 Clementina Leitao。她生於 1924 年，較何鴻燊年輕三歲，是一名土生葡人女子，乃葡萄牙大律師 C.M. Leitao 博士的掌上明珠。

何鴻燊顯然對被稱為「澳門大美人」的 Clementina 一見傾心，展開激烈追求，最終贏得美人芳心，於 1943 年共諧連理。Clementina 後來改了中文名字黎婉華，婚後誕下一子（何猷光）三女（何超英、何超賢、何超雄），數目可謂不少。何鴻燊想學葡文，原本只為提升自己職場上的競爭優勢，想不到卻奪得美人歸，更重要的，是透過與 Clementina 結緣，打進了上層土生葡人的圈子，大大拓展了他的人脈網絡，並登記成為澳門居民，可謂一箭三鵰。

按傳統說法，黎婉華的「腳頭」相當好，很有「幫夫運」。因為她過門不久，何鴻燊便由聯昌公司秘書提升為合夥人，即是由「打工仔」變成了老闆，不再只依靠一份工資，而是可以分享公司盈利。由於那時國際戰局更為嚴峻，糧食及各種生活物資價格大幅飆升，令聯昌公司更是豬籠入水，財源滾滾。到 1944 年底，何鴻燊只有 23 歲左右，據本人憶說，他那時已賺得了人生的「第一個 100 萬元」（黃霑，1981：38），成為名副其實的「百萬富翁」。要知道，當時的 100 萬元與今天的 100 萬元，價值上可謂差天共地，實在是一筆天文數字的財富，[11] 並令他成為戰爭時期發達致富的另一突出例子（《十姑娘回憶錄之與魔鬼抗衡》，2007：172-173）。在接受記者訪問時，何鴻燊曾說過一段那時期澳門生活的狀況，可作為他富起來後生活變化的一個註腳：

> 戰爭期間，澳門是一個天堂……當時如果有錢，你可以享受最好的香煙，美國的、英國的都有，一直到戰爭結束都這樣。如果你有錢，在整個戰爭期間，你都可以使用汽車或摩托車——汽油是可以弄到的。而且你可以享受到美味佳餚——如果你有

錢的話。每天晚上，我幾乎都舉行盛大的晚會。燕窩呀、烤乳豬呀⋯⋯（麥潔玲，1999：107）

第一個一千萬元

1945 年 8 月 15 日，日軍宣佈無條件投降，中華大地重光，澳門則失去了獨享和平的「特殊地位」，生意環境驟變。雖則如此，已非吳下阿蒙且已腰纏萬貫的何鴻燊，仍保持那股志大氣銳的拚勁，追求更上一層樓，乘著新的政治環境產生的發展機會，尤其利用已經建立起來的人脈關係與手上資本，繼續擴張，令身家財富不斷攀升，事業節節上揚。

各種資料顯示，和平後，何鴻燊一方面與何善衡合夥，組成「大美洋行」，主要從事轉售戰後物資生意，包括經營疋頭絨口（紡織品）、燃料、五金及化學原料等出入口貿易。與此同時，他又成立一家船務公司，購入一艘載客量可達 300 人的現代化輪船，經營香港與澳門之間的客運，在當時社會環境而言，屬於重大投資，特別吸引社會目光。

由於本身來自香港，坐擁巨富的何鴻燊，生意投資自然不會只局限於澳門，而是理所當然地著意發展潛力更巨大的香港，尤其利用手上已經掌握的第一桶金，作出更進取的投資。至於戰後的香港經濟，由於大量難民湧入和資本家雲集，房地產市場尤其熾熱，生意目光銳利的何鴻燊，自然亦投身其中，與友人合夥成立了利安建築公司，興建樓宇，進軍地產業（何文翔，1992：60）。

按何鴻燊本人的說法，他會像孫悟空「翻筋斗」般，讓個人財富「翻它幾番」，當中的學問及詳情，雖說只有他能了解，但他在接受記者訪問時亦洩漏了當中的一些竅門：

> 作為一個資本家，充分利用資本要靠銀行支持，做地產不靠銀行便沒法做，我做地產時很有信用，跟銀行借錢照例早還，從不遲還，我與善伯（何善衡）很熟，錢銀過手時，人家的錢要盡快還給人，千萬不要拖泥帶水，現在我還記得他這番話，故此銀行

信任我，差不多給我按七、八成。（何文翔，1992：60-61）

即是說，自成立利安建築公司進軍地產業後，他免不了要利用銀行信貸的資本，讓他可以借力打力，開拓更大生意門路，進佔利潤更大的市場。而他重視個人信譽，借錢只有早還，不會遲還「拖數」的作風，自然有助他建立名聲與信譽，為爭取更多及更好的銀行資金支持創造良好條件，所以能在房地產發展方面取得不錯成績，令身家財富持續增加。他對於個人如何利用銀行資本以開拓生意有如下感受：

財產如果利用得好，就可以不斷「翻筋斗」，拿著 100 萬，可以當 500 萬用，例如我買一幅地，先跟人講好分期付款，並要求對方准予按揭，答應的話就可以用很少錢買地，再拿去做建築按揭，如果工務局圖則出得快，賣樓說明書出得快，就可以立即賣樓，回籠的錢又可以再買第二塊地，這樣就可以不斷「翻筋斗」啦！（何文翔，1992：61）

正是憑著這種「以錢借錢」、讓資金迅速回籠的投資竅門，何鴻燊不斷開拓市場，生意規模自然越做越大，個人財富亦不斷膨脹。大約到了 1958 年，那時他只有 37 歲，據他本人的說法「已經有 1,000 萬身家」了（何文翔，1992：60）。按此推斷，在戰後以還的十四、五年間，他的身家每年平均錄得約 60 多萬元的增長，財富膨脹速度令人咋舌。

可以這樣說，戰後的四、五十年代，香港和澳門無疑又進入另一極為特殊的發展時期，不但移民和資金大量湧入，政治格局亦顯得甚為微妙：和平不久，國共兩黨內戰又起，國民黨兵敗如山倒，中華人民共和國成立，但不旋踵又爆發韓戰，然後是聯合國對中國的貿易禁運，掀起了更為熾烈的冷戰對抗。就在那個背景或氣氛下，無數港澳居民人心惶惶、無所適從，生活甚有朝不保夕的狀況。對此，何鴻燊似乎看得淡然通透，覺得時局不安、風險甚高，反而是生意能有大利的最好指標，所以採取了甚為進取的策略，利用銀行借貸的資金，支持開拓房地產和建築生意，令港澳兩地的生意不斷取

得突破，個人財富繼續急速增加，成為港澳一位炙手可熱的重要人物。

登上賭王寶座

令何鴻燊名揚四海的，不只是出道後身家財富連續錄得爆炸性增長，而是躍升為新時代新賭王一事。雖然不少社會視賭博為洪水猛獸，立法禁止，但人類本性有著好賭基因，禁而不止，某些社會乃採取寓禁於徵的方法，開放賭禁，既讓人宣洩賭博慾念，又為政府創造穩定稅收，澳門則是最突出的例子（Zheng and Wan, 2014）。從資料看，澳門早於 19 世紀下半葉已實行賭博專利政策，名揚一時的盧九，便是靠經營賭業起家。太平洋戰爭爆發後，由傅德蔭和高可寧組成的泰興公司奪得了澳門的賭博專利權，掀開了澳門博彩業的新一頁。

戰爭結束後，博彩業仍發展穩定，到了 1950 年代末，則出現三大重要變化：其一是由泰興公司持有的澳門博彩業專利權快近 25 年，[12] 至 1961 年 12 月屆滿，須重新競投；其二是一直作為「話事人」的傅德蔭於 1960 年去世，泰興公司失去了號令四方的領軍人物；其三是當時正值澳門總督換屆，而時任總督馬濟時（Jaime Silvério Marques）顯然不滿意泰興公司的表現，故任內一直在籌劃新一屆賭牌競標之事，令澳門博彩專利權出現了真正的競投（冷夏，1994；楊中美，2001）。

其實，被坊間稱為「賭聖」的葉漢一直想競投澳門賭牌，[13] 但不得其門而入。他深入檢討後，明白到自身一來財力不足，二來在澳門的人脈關係薄弱，三來沒有葡籍身份，不符合持牌基本條件，所以透過葉德利的關係，[14] 找上了何鴻燊。何鴻燊當然很有興趣，但覺得財力不足，於是找上了皇仁書院同窗霍英東，大家合夥參與競投，與傅、高兩家的泰興公司一較高下（冷夏，1994；楊中美，2001）。

由於班子不弱，加上投標價格比泰興公司略高，[15] 他們在 1961 年 10 月的賭牌競標中，成功奪取了澳門賭博業的專利權，並於 1962 年 5 月 26 日正式註冊（何偉傑，2011），組成「澳門旅遊娛樂有限公司」（簡稱「澳娛」，STDM），[16] 而何鴻燊則以財團代表的身份，於 1962 年 3 月 30 日與新任澳門總督羅必信（António Lopes dos Santos）正式簽訂賭業專營權的合約。這不只掀開了澳門博彩

業的新一頁，同時亦標誌著何鴻燊的人生與事業踏出新里程。「澳娛」由葉德利擔任董事長，葉漢和霍英東任常務董事，何鴻燊則以股東代表及持牌人身份任董事總經理。此外，葉漢還擔任賭場總經理，總攬賭場大小事務。

自 1962 年取得澳門博彩業專營權這項偏門生意後，何鴻燊、葉漢、霍英東、葉德利等人不但大量注資澳門，興建賭場、酒店及碼頭等設施，同時亦引入各種西方世界新興賭博款式，如角子老虎機、輪盤等。由於業務需要，何鴻燊自此之後自然要花大部分時間留在澳門，打理業務。雖然業務開展之初曾碰到不少困難挑戰，如生意營運協調欠暢順及黑勢力威脅綁架其家人等等，[17] 但最終均一一解決（黃霑，1981；冷夏，1994）。

眾所周知，澳門早年的旅客和賭客，絕大多數來自香港，以水路進入澳門。自戰後已開始經營港澳渡輪服務的何鴻燊，自然不會放過這隻會生金蛋的鵝，故於 1964 年大舉增加投資，引入新式水翼船，提升服務質素，縮短往來兩地的交通運輸時間，提升澳門與香港之間的聯繫。兩地交通運輸的改善，自然吸引更多旅客到澳門，進而刺激博彩業，可見何鴻燊由交通運輸入手加大投資，實在收到一舉多得之效。

不過，何鴻燊的賭王之路亦非一帆風順，因為「澳娛」取得博彩業專利經營權後，領導大權其實落入年紀較長、對賭博極為熟悉且在賭壇上甚有地位的葉漢手中，何鴻燊只能屈居其下。但由於葉漢是老派江湖人的作風，所以無論是業務推廣、賭枱管理及服務支援等，均被形容為追不上時代變遷，與何鴻燊的管治風格更是格格不入。加上二人都具有不甘居於人下的性格，故雙方的矛盾日漸積聚（冷夏，1994；楊中美，2001），最終出現了「一山不能藏二虎」的鬥爭格局。

合夥經營賭博生意之初，由於何鴻燊對此行業認識不多，心甘情願居於次席，事事聽葉漢指揮。但隨著時間推移，當他迅速掌握了博彩業各種竅門和細節後，自然希望增加主導權，尤其是他覺得葉漢那一套管理方法已不合時宜，兩人看法相左，矛盾和爭拗驟起。初時，大家仍然覺得那些只屬可以磨合的小問題，惟隨著時日過去，分歧不但沒有收窄，反而日漸擴大，因而便有了在明在暗之間的較勁，爭逐話事權。

由於何鴻燊在發展澳門生意的同時，亦兼顧香港投資，港澳渡輪服務

更因乃獨市生意而發展迅速，利潤十分豐厚；在港英政府手中獲得港澳碼頭地皮，更是發展上的里程碑，壯大了公司實力。到了 1970 年代初，因應香港股票市場突然開放的重大機會，何鴻燊與重要股東霍英東等商量後，決定將公司重組為信德企業，然後於 1972 年上市集資，藉吸納公眾資本推進業務，令公司得到更大發展（鄭宏泰、黃紹倫，2006），個人財富自然亦水漲船高。

有了更豐厚財富的何鴻燊，更不能容忍居於葉漢之下。誠然，在賭枱上的功夫，葉漢確實比何鴻燊高明，但論人事與權力鬥爭，何鴻燊則有過之而無不及，更不用說主要合夥人 —— 葉德利（何鴻燊妹夫）和霍英東（何鴻燊皇仁書院舊同窗）—— 都是由何鴻燊找回來的，而與澳葡政府及土生葡人的關係又是他的強項，所以當兩人的矛盾到了沒法妥協的地步後，便到了亮底牌見真章的時間了。

兩人對「澳娛」的爭奪戰在 1974 年進入白熱化階段，不過那年底何鴻燊的父親何世光去世，何鴻燊須先辦理好父親後事，將父親安葬於家族昭遠墳場，與過世多年的母親同槨之後，[18] 才專心一致，全面進攻。至 1975 年，葉漢察覺到控股權與管理骨幹等均已投向了何鴻燊懷抱，自己優勢不再，便順水推舟，以自己已年過 70 歲，應該退居二線為由，體面地「退位讓賢」，將「澳娛」的領導大權交到何鴻燊手上，由他主力管理新葡京，至此，何鴻燊才真正地登上了賭王寶座。[19]

在何鴻燊帶領下，「澳娛」出現了新的發展格局（黃霑，1981；冷夏，1994；楊中美，2001）。不過，葉、何兩人之間的明爭暗鬥，其實仍未完全終結，如葉漢曾夥同其他商人參與澳門賭牌競標、創辦賽馬車會和公海賭輪等（二胡，1980；韋玲，1980）。直至 1997 年 5 月 7 日，92 歲的葉漢去世，何鴻燊親往弔唁，兩位新舊賭王的恩怨才終於告一段落。

何鴻燊由 1934 年左右父親「走路」越南，家道中落，到 1941 年底由香港轉投澳門，在澳門「戰時孤島」的格局下開展事業，賺得第一桶金，然後「以錢搵錢」，發展包括貿易、運輸及地產建築等生意，令個人財富不斷飆升，再之後則染指被指偏門的賭博生意，成功獲得專利權，從此「豬籠入水」，財源滾滾，至於 1975 年登上賭王寶座，則標誌著人生事業的高峰（黃霑，1981；冷夏，1994；楊中美，2001）。

何鴻燊在那 40 年間走過的道路，無疑極為曲折傳奇，成就亦極為非凡突出，儘管即如前文提及，家族（尤其何東）的名聲、地位、人脈關係及道德資本等曾為何鴻燊的迅速崛起提供了支援，但父親「走路」與家道中落的挫折，從某個角度看也可能是激發何鴻燊發憤上進的極重要因素。所以有分析者指出，何鴻燊父親的不幸，可能是「塞翁失馬，焉知非福」的真實反映，結果磨煉了何鴻燊，讓他可以發光發熱。

> 　　要不是他父親後來買賣股票失敗，招致破產，他可能子承父業，或者變成了一個紈袴子弟，一事無成，這一生的發展就得從頭改寫了。正因為突如其來的變故，使他飽受刺激，才產生了後來一股全力向上爬的狠勁。（樂文送，1978：176）

　　從這個角度看，當家族處於逆境困窘之時，若能化悲傷困苦為力量，激發子女鬥心，磨礪意志，積極正面地打拚，難保不能轉弱為強。何鴻燊在

何世光夫婦之墓

父親「走路」後努力讀書，然後在澳門那個特殊環境 —— 甚至與刀光火炮擦身而過下 —— 闖出名堂，做事特別進取拚搏，因此能為家族帶來中興，吐氣揚眉，實在便是很好的說明。

傳承安排與家族內部變化

有關中國家族企業的傳承問題，長期以來備受關注，由貧而富、家大業大後的何鴻燊亦是如此。從資料上看，早在 1970 年代末 —— 即「改革開放」剛邁開腳步，而何鴻燊年紀又快將進入一個甲子之時 —— 何鴻燊便開始被記者追問傳承接班如何安排的問題，他那時回應指希望年過 55 歲便可退休（*South China Morning Post*, 13 February 1989），至於有關如何安排接班，他的答案則如不少巨富家長般，很是冠冕堂皇，尤其表現出開明無私的一面：

> 我是中國人，我有傳宗接代的思想！不過，做生意就未必，我絕對不相信父傳子這種方式，已經不合潮流，香港已經有兩宗父傳子的生意因此而玩完（完蛋）！我雖然重視兒子，但分身家時，兒子分兩份，女兒也有一份。不算偏心啦！（何文翔，1992：66）

即是說，他對子女一視同仁，分家產時亦不會把女兒們拒諸門外，而生意管理上更不相信父傳子的一套。這種答案自然令不少人肅然起敬，視之為進步思想。另一方面，何鴻燊在另一些場合上接受別人訪問時，亦曾表示過「不相信把事業一代傳一代這回事」，反而認為「有 4,000 多人在為我們工作和依靠我們，我們有責任選一個最有才幹的人來管理事業」（樂文送，1978：187）。這樣的回應同樣深得不少人欣賞，覺得這樣做才能更好地促進家族企業發展，乃社會前進力量。以下則是相關評論的例子：

> 現在（約 1978 年，當時他年約 57 歲）他已想到退休，也許四年後（即過了 60 歲）就退休，但退休是不容易的，他幾天不工作就會覺得不舒服。何氏熱愛工作，這點不容否認，不過，退休這一天是不可避免的。他體內到底有中國人的血液，他那西化的腦

袋裡始終保留一點傳統的思想（例如他反對女人干預男人的業務，原註）。那麼，前面有關事業繼承的那段話就有些費解了。我們時常在報章上看到「霍英東和他的兒子」的消息，但很少見人提起何鴻燊和他的兒子，何氏並非沒有子女，假如他真的能夠擺脫香港一般大生意人的傳統（不管為了甚麼原因，原註），將事業交給最有才幹的人，那算是別開生面了。（樂文送，1978：187）

事後看來，當時坊間的觀察與評論明顯言之過早了，他們或者沒深入了解何鴻燊諸子女的年齡及內部關係，只是單憑未見其子女進入公司，參與管理，而他本人又說出了「不相信父子相傳方式」的話，便一廂情願地以為他真的不會父子相傳。事實上，若果我們把目光轉到鎂光燈以外的事物，尤其是家族與親人關係上，則不難了解何鴻燊那時實際行動與公開說話之間其實並不一致。

不可不知的現實是，任何傳承安排均不能單從表面視之，更不能只從

外表像一棵樹的新葡京大樓

143

傳授一方出發思考，因為傳承是一個多方互動的過程，會牽動整個家族不同成員的關係與情感。至於事業和財富不斷攀升的何鴻燊，顯然同時面對著日見壯大的家族，以及日趨糾纏複雜的親人關係。

何鴻燊元配夫人黎婉華與他育有一子三女，在「一個嬌兩個妙」的現代社會中應屬子女眾多了。但對自幼生於大家族、價值觀念十分傳統的何鴻燊而言，只有一名子嗣顯然極不足夠。尤其他從事的賭博業始終不算正當生意，常被指控令人沉迷，使人傾家喪命，為社會家庭帶來嚴重問題，故賭博業向來聲名狼藉，成為道德污點，甚至惹來不少人的咒罵。更不用說大量現金流的營運方式往往招引黑白兩道垂涎，江湖風高浪急，稍一不慎亦可能令自己及家人墜入險境，[20] 故何鴻燊自然想多些兒子，以免斷嗣。

據何鴻燊接受黃霑訪問時透露，黎婉華嫁給何鴻燊十年後（即 1953 年左右），「忽然染上奇病」，哪怕何鴻燊請來中外名醫亦沒法根治，令她身體日漸消瘦，「由 115 磅，瘦到 70 磅」，而且「需要特別護理」（黃霑，1981：45）。黎婉華所患的怪病不但令她絕跡人前，無法陪伴何鴻燊出席社交場合，看來更影響了他們的婚姻生活，當然亦包括了傳宗接代的問題，而黎婉華的命運從此變得坎坷。

在 1957 年，何鴻燊向黎婉華提出納妾要求，因為港澳仍沿用《大清律例》，有能力的男人可以納妾，而何鴻燊的祖父、祖伯父、祖叔父等都是一妻多妾的。他這樣說：

> 我唔係唔愛佢！我到而家一樣咁愛佢！不過，我愛佢都唔能夠成世做和尚㗎！而且有時好多應酬，都一定 Mr and Mrs，我成日孤家寡人咁出去，唔係幾好嘅！（黃霑，1981：45）

黎婉華當然表示反對，但人病在床上，丈夫又越來越強勢，最後只能在各種甜言蜜語與承諾下無奈接受，而那位被何鴻燊看中的女子，則是藍瓊纓（何文翔，1992；冷夏，1994）。

據說，藍瓊纓生於 1943 年（當時與何鴻燊年齡相差 22 歲），在 1957 年被何鴻燊納為妾侍時，年齡應只有 14 歲左右，[21] 她過門後居於香港渣甸山大

宅，與黎婉華分開居住。到了 1962 年，黎婉華為何鴻燊再誕一女，是為何超雄。[22] 同年，藍瓊纓亦誕下一女，是為何超瓊。之後，黎婉華再沒生育，藍瓊纓則先後再誕下何超鳳、何超蕸、何超儀及何猷龍（《每日頭條》，2017年 12 月 31 日），即藍瓊纓合共育有一子四女。人口雖然多了，家族關係複雜了，但男丁仍只增加了何猷龍一人，他 1976 年才出生，這顯然仍未能完全滿足何鴻燊渴望多些兒子的內心要求——哪怕他對黎婉華和藍瓊纓均讚口不絕，時時刻刻「愛不離口」（黃霑，1981）。

進入 1980 年代，何鴻燊家族與香港一樣出現不少重大變化。先說香港，中國政府因為決定要在 1997 年 7 月 1 日恢復行使香港主權，與英國政府展開談判，[23] 香港出現了所謂「信心危機」，投資環境波譎雲詭，不少專業人士或企業相繼外移，何鴻燊亦一度對相關發展表現得沒有信心和擔憂（South China Morning Post, 29 April 1984），並作出了「狡兔三窟」的安排，除把部分生意投資轉到歐美等地外（Ko, 1988; South China Morning Post, 27 September 1989），讓家人獲得外國居留權亦屬其中的重要綢繆。

由於何鴻燊的賭博生意在澳門，他很自然地將部分投資轉到葡萄牙，除了在里斯本購買大宅，亦把不少資金轉到該國，並派出時任信德企業部門經理、開始接管業務的長子何猷光到當地，負責進一步業務開拓。可是，在 1981 年，何猷光與妻子在里斯本外遊時碰上交通意外喪生，[24] 享年同為 33歲，遺下一對只有三及五歲的年幼女兒（South China Morning Post, 25 June 1981）。事件不但對何鴻燊帶來打擊，影響他的傳承接班計劃，更對一直體弱多病的黎婉華帶來巨大傷害，她自何鴻燊納妾後一直情緒低落，所以寄望兒子日後能夠「子為母張」，何猷光的突然去世，無疑令她寄望幻滅，傷心不已。

同樣受到巨大打擊的，應該還有與何猷光感情深厚的胞姐何超英。她生於 1946 年，比何猷光年長二歲，青年時留學英國和瑞士，回港後於 1975 年嫁給香港「殯儀業大王」蕭明之子蕭百成，被視為「強強結合」，風光一時。可惜，婚姻維持不久，便因丈夫傳出婚外情宣佈離異（行者，1986），而胞弟又在那時因車禍去世，在雙重打擊下，何超英如母親般情緒極度低落，甚至有指她患上情緒病。俟後，她帶著只有不到三歲的女兒（蕭玟錚）離開香港，十多年來旅居葡萄牙等歐洲各地。在很多人心目中，這種生活或者甚為

浪漫，但亦可說是到處流浪，居無定所（《每日頭條》，2017 年 10 月 13 日）。黎婉華在喪子之痛的同時，又目睹長女失婚、情緒失控，人生掉進低谷，身體更是日差一日。

另一方面，藍瓊纓的人生亦出現重大變化，至於這種變化一來來自子女年紀漸長，二來則與香港前途問題鬧得甚為負面有關，所以她在何鴻燊授意或安排下，在 1980 年代中帶同她所生的子女移民加拿大，在多倫多高角街（Highpoint Road）購入豪華大宅作居所，而年幼的子女則入讀該國學校（Wong, 1990）。

由於移民成了「太空人」，[25] 何鴻燊與藍瓊纓很多時要分隔兩地，因而又埋下另一次家族關係的重大變化。或者可以這樣說，在 1980 年代中移民加拿大時，何鴻燊已近 65 歲，無論是黎婉華或是藍瓊纓，均估計不到何鴻燊

致所有關心我們的朋友們：

大家好，我是梁安琪。今天，我鄭重地和大家介紹一下何鴻燊先生和我的孩子，不是傳言中的何猷佳，他叫何猷邦。

因為身體的原因，家族從未對外公佈過他的任何信息。由於何先生的不幸離世，按照傳統習俗何猷邦的姓名會鐫刻在他父親的基碑上。我理解我先生作為公眾人物，他的一切都會被外界關注。但先生和我為猷邦所做出的選擇，也希望得到足夠的尊重與隱私保護。

作為一個母親，我很焦慮外界的不實傳言會帶給猷邦負面的情緒影響。在這樣的家庭想做一個普通人很難，但是作為一個母親仍然希望可以在我們的保護下，讓他感受到外面世界的安全和善良。

猷邦在何氏家族及親友間並不是一個秘密，從小到大如其他孩子一樣，深受家人呵護照顧。一直以來我們家都會一起去旅行，舉辦生日會，讓他的生活更快樂。我先生也非常疼愛他，盡量為他做好一切妥善的安排。

猷邦的人生，注定了他必須被保護，不能夠被打擾。我們知道現實社會生活，需要故事，但亦需要善意、理解，和互相的愛護。

這是我們第一次也是最後一次就此事向公眾說明，萬望大家理解。感謝。

27-06-2020

梁安琪於 2020 年 6 月 27 日發出有關何猷邦的公開信

仍有再覓妾侍女伴的念頭，但何鴻燊寶刀未老，且風流個性不改，不只再鬧第三春，而是梅開二度，有了第四春，相信大出她們意料之外。

原來在1980年代中旬，何鴻燊看上了黎婉華身邊的私家看護陳婉珍，那時，生於1954年的陳婉珍已年過30歲。初時，何鴻燊與陳婉珍的戀情仍是私下不曝光的，[26]但日後還是紙包不了火。他在1980年代末公開了大家的關係，確認陳婉珍三姨太的位置。[27]陳婉珍為何鴻燊生下一子（何猷啟）兩女（何超雲、何超蓮），令家族的人丁進一步膨脹。惟令何鴻燊茲茲在念的兒子數目，還是只由一名增加至兩名而已。

所謂「好事成雙」，哪怕已年近70，何鴻燊仍精力充沛，當然亦充滿男性的魅力、巨富的財力和社會中的「威」力。在1980年代末，他與生於1961年的梁安琪展開了另一段戀情，並於1989年公開宣佈給予四姨太的名份。梁安琪後來為何鴻燊誕下三子（何猷亨、何猷君、何猷邦）二女（何超盈、何超欣）。[28]這次，兒子的數目增加了不少（見何鴻燊家族樹），相信還了他一直以來的心願。惟這樣一個一妻三妾、六子十一女，[29]年齡差異又巨大的大家庭，家人關係與糾結必然會變得更複雜難解（《每日頭條》，2017年12月31日；2018年9月20日；《香港01》2020年6月27日）。

一個甚為清晰的圖像是：當一般人預期何鴻燊快要退休，進入傳承接班的重要階段時，長子卻突然不幸去世；而他的婚姻與家族結構卻出現戲劇性變化，先後納了三位姨太，子女數目增加至十多名，但兒子們大多較年幼，女兒們則較為年長，加上姨太們較年輕，有些更對經營生意興趣極濃等等，各項因素直接或間接牽動了傳承接班的安排，令何鴻燊需要花費更大心力。至於港澳回歸，中國崛起，全球化之勢又日趨迅猛等，均左右了他有關生意發展與傳承接班的全盤大計。

港澳回歸與傳承變陣

正如前文提及，港澳進入回歸過渡期之時，何鴻燊家族的結構與關係，亦出現重大變化，家族掌控的各項生意亦有重大發展，甚至不斷擴張，哪怕何鴻燊身體仍然壯健，江湖地位及社會名聲尤其顯赫，但應酬極多，事務繁重，自然分身不暇，促使他不得不認真落實傳承接班計劃。而由

藍瓊纓所生的女兒何超瓊，看來則在 1980 年代中獲何鴻燊肯定，挑選成為接班人，開始為企業領導與管理交接作更實質準備。[30]

先說企業生意上的重大發展。儘管是非較多，澳門賭博業的生意無疑收入穩定、利潤豐厚。進入 1980 年代，「澳娛」仍緊抓著專利經營權，無人能夠挑戰其分毫，所以何鴻燊頭上仍然戴著「賭王」桂冠。當然，由於生意屬專利，又沒有具實力的挑戰者，生意上的創新或開拓則不多，發展在某程度上出現故步自封的情況，直至澳門回歸之後博彩業開放，才有了脫胎換骨的重大變化（Zheng and Wan, 2014）。

家族另一旗艦生意為信德企業。自 1972 年上市後，該公司除了 1973 至 1975 年香港經濟一段嚴重衰退期外，其他時間均表現突出，1970 年代末，公司取得港澳碼頭的地皮，斥巨資興建了公司的招牌商業大廈—— 信德中心。經過連番工程，到了 1985 及 1986 年，分為東西兩座，樓高 40 多層的信德中心終於落成啟用，成為香港島上甚為耀目的地標式建築。由於中心所在位置有港澳碼頭和港鐵站，亦處於隧道出口，交通四通八達，落成後價格大升，為公司帶來極可觀收入，更在 1987 年成為表現最佳的上市公司（Winn, 1987），將公司的發展推上另一重要台階。

信德企業節節上揚之時，何鴻燊早年已經染指的澳門電力公司，在 1980 年代亦有重要變化。不可不知的是，創立於 1910 年的澳門電力公司（Macao Electric Lighting Co. Ltd. 簡稱 Melco），主要業務雖為澳門提供電力，但公司總部卻設在香港，主要投資者亦來自在香港及澳門均有投資和生意的家族，何鴻燊自然乃其中之一，該公司的股票早在 1920 年代已可在香港交易所買賣。到了 1972 年，公司改組，電力業務的部分轉回澳門，其他業務如餐飲旅遊及房地產等，則繼續留在香港，並維持上市地位，何鴻燊成為大股東。到了 1980 年代中，公司易名「新濠國際發展」（Melco International Development），並與信德企業合作，共同在港島半山發展地產，興建豪宅，在地產市道持續造好的情況下，業績大有表現（South China Morning Post, 26 September 1989）。

同樣在 1980 年代，似乎越老越進取的何鴻燊，還染指工業生產，參與了人稱「公司醫生」的丁謂創立於加拿大的善美電子（Semi-Tech Microelectronics）—— 一家原本從事半導體與晶片製造的公司，於 1986 年重組

為善美環球（Semi-Tech Global），並在加拿大上市。翌年，公司在香港上市，何鴻燊入股，並成為公司主席。之後，善美環球施展財技，收購了美國著名衣車品牌勝家衣車製造公司（Singer Sewing Machine Co），轟動中外金融界，何鴻燊身家自然亦水漲船高（《蘋果日報》，2012 年 11 月 25 日）。

就在那個左右開弓的情況下，工作量超重的何鴻燊，開始安排女兒何超瓊接班。生於 1962 年的何超瓊，自美國三潘市聖塔克拉拉大學（Santa Clara University）畢業後，先在一家投資銀行工作一段時間，然後加入善美電子成為董事，同時又負責打理母親藍瓊纓擁有的、位於愛丁堡大廈的 Florinda Jewellery 業務，吸收工作經驗，接著在 1987 年左右獲父親安排進入信德企業工作，跨上傳承接班的另一台階（South China Morning Post, 5 February 1989）。

按何超瓊自謙的說法，由於身為「億萬巨富的女兒」（daughter of billionaire），哪怕她在工作崗位上其實尚未幹出甚麼成績，亦未能更好地服務社會，可她卻經常備受傳媒關注，獲得很多記者邀約訪問，令她受寵若驚（South China Morning Post, 5 February 1989）。不過，她應該挺樂意成為傳媒的寵兒，因為她頗為熱衷參加一些諸如籌款、舞會或電影放映典禮等衣香鬢影的社交活動，被傳媒及記者訪問時亦樂於回應，可見她亦有意建立起自己的公眾形象（South China Morning Post, 22 September 1989）。

進入 1990 年代，港澳進入後過渡期，各種明流暗湧交疊出現，政治、經濟及社會狀況呈現一定發展上的差異。澳門方面，中葡兩國關係良好，葡方沒有在最後階段耍手段，所以政治穩定，但經濟及社會狀況則較差，其中治安尤甚，罪案及黑幫仇殺頻頻，大大影響了旅遊及賭博業，經濟甚為低迷，失業率高企。影響所及，仍然維持著博彩專利經營權的「澳娛」，業務亦不太好，收入減少（Zheng and Wan, 2014）。

相對而言，香港的經濟甚為熾熱，社會亦甚為穩定，但政治上則因末代港督彭定康主政時做出連串小動作，爭拗頻頻，牽動了不少人的政治神經，有時亦影響了投資氣氛。在那種環境下，信德企業像不少華資企業般，維持著一貫的「留港建港」宗旨，加大投資，促進香港經濟發展，其中最吸引市場目光的舉動，則是斥巨資購入位於港島西半山薄扶林道石塘咀的大片地皮，與新鴻基地產及新世界發展等，共同興建港島西著名樓盤寶翠

園，成為該區的地標式私人屋苑，為公司帶來巨大利潤。

新濠國際發展在 1990 年代亦有不少重大發展，其中最為突出的，是 1993 年信德企業透過進一步注入資本，將其納為附屬公司（South China Morning Post, 22 September 1993），令兩家企業發揮更好的協同效應。有了這個更強的資本後台，新濠國際發展收購了香港仔飲食企業有限公司及其附屬公司，藉此持有香港仔兩家重要餐館——珍寶海鮮舫及太白海鮮舫——的權益。不過，到了 1996 年，公司又進行業務與投資重組，最後採取資產換取控股權的方法，與信德企業達成了控股互不隸屬的決定（South China Morning Post, 10 February 1996）。從此，新濠國際發展不再是信德企業的附屬公司，走上了獨立經營之路，但大股東仍是何鴻燊家族。

在信德及新濠的投資動作頻頻之時，由何鴻燊出任主席，管理大權則在丁謂手中的善美環球，更是東征西討，不斷擴大商業王國的版圖。1991 年，善美環球將旗下勝家衣車的製造部分業務分拆，在紐約交易所上市，令公司資產值大升。與此同時，善美環球還利用本身及勝家衣車的相互持股方式，收購德國百福衣車（Pfaff Industries）及日本山水電業（Sansui Electric），轟動國際投資市場，令善美環球股東的身家暴漲，何鴻燊及丁謂亦進入了香港巨富排行榜的十大之列。1999 年，善美環球易名雅佳控股（Akai Holdings Ltd），惟那時公司其實已因擴張過急、借貸過度，「亞洲金融風暴」又突然爆發而瀕於危險境地（《蘋果日報》，2012 年 11 月 25 日）。

1990 年代亦是何超瓊的人生重要階段，因為她在 1990 年中宣佈了一件轟動香港的消息，就是她與「愛國船王」許愛周的蘊孫許晉亨訂婚（South China Morning Post, 3 June 1990），於 1991 年 1 月結婚擺酒，嫁作許家媳婦。當時的喜酒在凱悅大酒店連擺三天，粵港澳台及海外親友、名人均成為座上客，數量達 2,000 多人，極盡豪華（《星島日報》，1991 年 1 月 9 日）。一如所料，婚後的何超瓊並沒如一般女性般留在家中，或是很快生兒育女，而是在暫停工作一段短時間後，於 1994 年重投事業（South China Morning Post, 4 September 1994），繼續沿著接掌父親企業重擔的道路前進，當然亦有不少突出表現。

毫無疑問，八、九十年代的港澳與何鴻燊家族，均出現巨大發展與變化，危機、挑戰和機會繁衍相生、交疊出現，能否應接得宜，往往成為勝敗

關鍵所在。與港澳社會進入回歸過渡期相似的是，由何鴻燊家族控股的企業，其實亦進入了領導權交接期，因為那時的何鴻燊早已「登六跨七」（即過 60 歲進入 70 歲），一般情況而言已是到了不能不傳承接班的地步了。可是，無論是健康、生意、婚姻或家庭生活，何鴻燊卻是越見精彩，不但各項生意和個人財富，家族規模亦持續壯大。誠然，由他一手安排的何超瓊雖已邁出了接班的步伐，但統領大權仍在何鴻燊手中，至於無論他本人，或是家族成員的一舉一動，則往往吸引傳媒目光，引來社會高度重視。

富而高壽的獨領風騷

二戰結束以後，人類社會不但呈現了相對持久的和平，還因科技突飛猛進 —— 尤其醫療衛生水平提升 —— 令嬰兒夭折率大幅下跌，平均壽命大幅提升，富豪家族因為享有更好的物質生活、更佳的養生保健及醫療支援等條件配合下，自然較一般人享壽更長。至於由他們掌控的企業，在他們較長時期的領導下，由於有較好的經驗累積、人脈關係與社會資本的支持，很多都能獲得更好發展，創造了家族傳奇。

富豪們的長壽的確為傳承接班帶來好處，如有更充裕的時間培訓接班人、遇到突變亦能出面穩定大局。不過，凡事有利亦有弊，創業者長時間把持企業，亦會帶來不少的挑戰及問題，何鴻燊的情況亦是如此。如他當初選定的接班人何猷光突然去世，令原來的傳承安排生變，幸而他當時仍身體壯健，可以穩定大局再作綢繆。但他年老時仍精力充沛，故不甘寂寞，再納妾侍，結果不但妾侍們與他年紀相差甚遠，誕下的子女年齡上亦與兄姐們相距極遠，加上是同父異母，自然大大改變了家族結構與關係，令繼承問題變得更糾纏複雜，亦容易滋生各種環環相扣的矛盾，埋下更多不穩定，甚至爭拗的種子。

進入新千禧世紀之後，港澳經濟環境和家族關係雙雙出現變化，何鴻燊所面對的，是一種危機、挑戰與機遇相隨的局面，令他時刻沒法停下腳步。20 世紀末，香港和澳門先後重回祖國懷抱，「亞洲金融風暴」衝擊著兩地的商業與經濟，生意投資遍佈港澳的何鴻燊，自然需要作出各種應變與籌劃。另一方面，一些子女已長大成人，促使他必須認真思考傳承接班問題的

調整，家族的內部關係逐漸發生重大變化。

　　先聚焦傳承問題。2000年，被社會視為何鴻燊主要繼承人的何超瓊，與許晉亨的婚姻觸礁，大家宣佈和平分手，離婚收場，但再見亦是朋友，許、何兩家的友好關係不變（《十姑娘回憶錄之與魔鬼抗衡》，2007）。受到事件打擊，何超瓊曾一度與楊受成兒子楊其龍相戀，鬧得轟轟烈烈，甚至談婚論嫁，但看來因為何鴻燊反對加上其他各種因素，最後無疾而終，她自此之後便埋首事業，打理家族旗下企業（*South China Morning Post*, 8 December 2000；《星島日報》，2000年12月14日）。

　　與此同時，藍瓊纓幼子何猷龍已長大成人，他在加拿大多倫多大學商學院畢業後，與胞姐何超瓊一樣在投資銀行工作了一段時間，了解國際金融巨企的運作。之後，他曾染指當時方興未艾的科網生意，尤其曾入股 iAsia Technology，並出任董事。科網泡沫不久爆破，何猷龍雖有損失，卻學到了不少經驗。2000年底，年屆24歲的何猷龍，宣佈迎娶維他奶創辦人羅桂祥家族（羅友禮女兒）羅秀茵為妻，此一婚姻同樣是「強強結合」，令何鴻燊「老懷安慰」，那時他已年近80歲了（《星島日報》，2000年11月17日）。另一引人注意的，是許晉亨曾幫忙婚禮，並與父母親一同到賀，顯示許、何兩家的關係，並沒因許晉亨與何超瓊婚姻破裂受到影響（《東方日報》，2000年11月17日）。

　　既已在外邊企業中實習了一段不短時間（有打工，亦有創業），加上已成家立室，何猷龍進入家族企業，開展另一階段的傳承接班，實在是很自然的事情。於是，在2001年，何猷龍獲何鴻燊委任為新濠國際發展的董事總經理，先行打理一間不是很大的企業，學習當中的運籌帷幄。

　　與不少俗稱「富二代」不同，何猷龍頗為低調謙遜，重視實幹，亦沒染上很多富家子女喜好玩明星，或是經常流連娛樂場的習氣，反而頗能花心思鑽研生意與經營，在接手新濠國際發展後做出一些成績，令閱人無數且已年過80的何鴻燊甚為欣賞，因此亦更願意交託更多工作。從此，何鴻燊的傳承接班安排，開始有了更為實在的多元安排考慮：既有何超瓊的一線發展，亦有何猷龍的一線發展。

　　當然，其他子女及妾侍們經常在何鴻燊耳邊爭取機會，亦成為他的考慮之列。說實在，華人企業家總有這種特質，不同家人（亦包括一些可信的

永利集團一景

人）都會向他們提出不同投資建議，爭取支持，而家長在力所能及，加上評估過後又覺得具有一定商業潛能的，一般都不會斷然拒絕，而是樂意給予一些投資或鼓勵，讓他們去闖闖試試。

暫且放下傳承問題，談談進入千禧世紀的港澳社會與經濟重大發展，如何引發何鴻燊的進一步部署。對於澳門而言，最重要的挑戰與機會，無疑是博彩業專營權的巨大轉變。澳門特區政府成立後，國家在澳門駐軍，對過去備受黑幫勢力困擾的澳門來說，可謂極具震攝力，治安不靖問題迎刃而解，令特區政府可集中精力振興經濟，而重大突破點則是提出開放博彩業，引入競爭。表面看，此一重大政策調整對於何鴻燊的生意有極為不利的影響，所以他曾表示反對，惟博彩業最終開放，賭牌由一個增加至三個。這三個賭牌又分為正、副牌，而正、副牌其實擁有幾乎相同的經營權利，即是說賭牌等於由一個增至六個，其開放的幅度實在不少（黃平，2008）。

由何鴻燊牽頭的澳門博彩娛樂有限公司（簡稱「澳博」，SJM）——「澳娛」的子公司——取得其中一個正牌，另外兩個則分別由呂志和家族掌控的銀

河娛樂（簡稱「銀娛」）及美國賭博大亨史提芬・永利（Stephen Alan Wynn）的「澳門永利」（Wynn Resorts Macao）獲得（《澳門日報》，2002 年 2 月 9 日）。同年 12 月，「銀娛」向政府申請發出一個副牌給「澳門威尼斯人」（Venetian Macao），獲得批准。此舉令目光銳利的何鴻燊立即採取行動，與永利度假休閒一同申請兩個副牌，於是有了「美高梅金殿」（MGM Grand Paradise，由 MGM 集團與「澳娛」合營）及澳門新濠博彩（Melco PBL Jogos Macau，新濠國際發展的子公司）。美高梅金殿由何超瓊主政，澳門新濠則由出道不久的何猷龍管理（McCartney, 2006）。即是說，本來以為是鼎足而三的澳門賭業，一轉手間又變成了何鴻燊「頂上半邊天」的局面，他的商業觸覺與人脈關係網絡之強大，可見一斑。換個角度說，若不是何鴻燊仍在生，在那個重大變幻而且競爭激烈的年代，難保不如 1960 年代的傅氏家族般，當傅德蔭去世後，家族難再取得賭博業專營權，從此退出澳門博彩業的舞台。

對於這種重大變化，不少人預期賭博生意必然會在「僧多粥少」的影響下走向衰退不振的境地。可是，現實的發展狀況卻如某些經濟理論所預期的，競爭者各展所長吸引消費，引來創新及活力，令生意更加成行成市。當然，中國內地進一步放寬國人出境旅遊，尤其是 2003 年推出了俗稱「自由行」的個人遊政策，亦注入極重要的發展力量，令澳門博彩業熾熱一時，何鴻燊家族的財富尤其進一步飆升。於是，澳門經濟迅速走出回歸前的衰退低谷，不出數年間，更超越一直穩居世界賭壇一哥地位的美國拉斯維加斯，而澳門的就業、民生、基礎建設等等同時獲得了持續改善，人均本地生產總值甚至把香港也比了下去（Zheng and Wan, 2014）。

回到香港的生意上。相對於澳門，香港在進入千禧世紀後，反而因「亞洲金融風暴」的衝擊，經濟急速回落，何鴻燊家族的生意與投資亦受影響，當中包括何鴻燊有份參與、出任主席的雅佳控股——儘管主理業務者乃行政總裁兼大股東丁謂。資料顯示，由於丁謂在 20 世紀末的連串急進收購投資，令資產值暴升，導致那些與資產掛鈎的借貸，在「亞洲金融風暴」後市場氣氛逆轉下，因利率急升、信貸緊縮，出現債務違約問題。

事後看來，丁謂應是在這種環境下，作出了日後被告上法庭的「自製虛假交易」（即俗稱的「做假數」），藉以給旗下公司注入流動性，但所謂「十

個茶煲七個蓋」，最後在千禧世紀「爆煲」，並出現了火燒連環船的情況，結果引來警方調查，揭發連串「做假數」事件。雖然丁謂曾一度失去蹤影，不知去向，但最終出現在澳門，並且同意回港接受調查，最後被判偽造賬目罪成，入獄六年。[31] 儘管何鴻燊沒有直接參與，但畢竟他有投資其中，又是集團主席，所以既會蒙受一定金錢損失，亦會招來批評，名聲被玷污。惟薑是老的辣，他採取各種方法迅速撇除關係，因而尚能獨善其身，沒有受太大衝擊（《蘋果日報》，2012 年 11 月 25 日）。

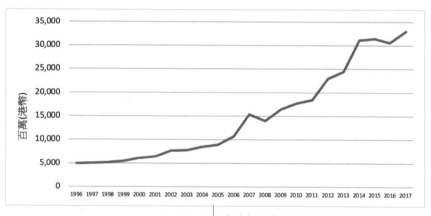

信德集團有限公司資產淨值：1996-2017 年

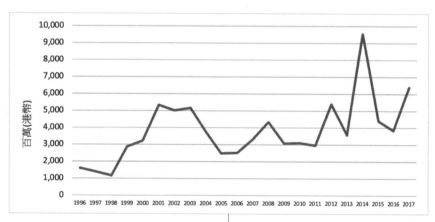

信德集團有限公司營業額：1996-2017 年

作為家族的旗艦企業，信德企業在進入千禧世紀後，難以迴避「亞洲金融風暴」對香港經濟帶來的衝擊，公司主要業務──物業地產、船務運輸、酒店餐飲、旅遊娛樂──盈利大幅回落。接著的 2003 年，香港更突如其來地遭遇了「沙士」瘟疫的打擊，令經濟及社會情緒掉進谷底，信德的生意亦一落千丈。幸好，捱過一段困難時期至 2003 年下旬，自中央政府推出「內地居民赴港澳個人遊」（俗稱「自由行」）政策後，經濟隨即復甦，不但澳門博彩業急速上揚，香港的各行各業也有了巨大活力，信德企業的各項業務自然亦大幅反彈，例如那時剛落成的九龍昇悅居樓盤，便賣個滿堂紅，為公司帶來豐厚利潤，何鴻燊在不同場合出席活動時的談笑風生，則可說是公司再次走上康莊大道的最有力說明。

信德企業乃香港其中一家深具影響力的上市公司，我們不妨以香港回歸以來的業績發展作一概括說明。首先，在資產淨值方面，公司其實一直錄得突出發展，由 1996 年的大約 50 億元，持續上升至 2017 年的近 350 億元，20 年間的表現甚為亮麗，當中除 2008 年，以及 2014 至 2016 年間曾略見回落外，其他年份均錄得不錯增長。

當然，若細看集團的營業額，則不難看到 20 年間的起落波動，亦反映了這個時期香港經濟和社會的風高浪急。舉例說，1996 至 1997 年，營業表現

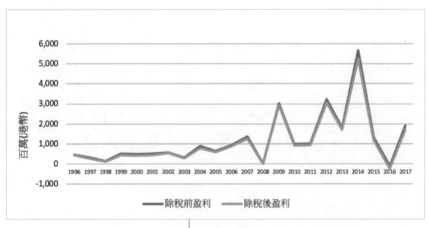

信德集團有限公司除稅前後盈利：1996-2017 年

受「亞洲金融風暴」所影響；2001 至 2006 年間，則受香港本身經濟長期衰退左右；至於 2006 年以後的輾轉上升，則是經濟復甦帶動；2009 年後的巨大波動，看來則與何鴻燊健康出現問題，家族內部又有矛盾所牽引，後者自然最備受投資者注視。

從信德集團除稅前後的盈利表現，我們可以甚為清楚地看到，在 1996 至 2007 年間，盈利緩慢增長，表現並不突出，2008 年更一度滑落；接著的十多年間，盈利額雖較過往高，但波動巨大，情況甚為獨特，值得日後再作深入了解。可以這樣說，自回歸以來，信德集團的資產淨值雖不斷上升，但營業額及盈利則甚為波動，波幅自何鴻燊健康轉差，不能自由行動後尤其屬害，情況令人關注，同時亦揭示公司存在不少不穩定因素，備受投資者注視。至於日後的發展，自然仍會受何鴻燊及家族內部的矛盾和競爭所牽引。

元配去世與諸妾競爭

就在港澳生意大收旺場、家族財富又再攀升之時，與何鴻燊走過一個甲子人生的元配夫人黎婉華終於不敵病魔，於 2004 年 2 月 21 日去世，享年 82 歲。對此，何鴻燊表現得十分悲傷，動用數以百萬元為黎婉華風光大葬，極盡榮哀。在澳門天主教堂舉行的喪禮上，港澳及葡萄牙不少達官貴人均有出席致哀，何鴻燊的三名妾侍則沒出席，只派其所生子女作代表。其中，何鴻燊以「最親愛的妻子」（my dearest wife）稱呼黎婉華，有報紙因此指那個稱呼是對黎婉華傳統元配名份的肯定（《忽然一周》，2004 年 2 月 27 日）。惟這種說法似是過於想當然了，因為那種稱呼在英語語境中其實十分平常。

喪禮完畢後，黎婉華被安葬於澳門本島聖味基墳場（又稱舊西洋墳場）一個風水甚佳的位置，與澳門顯赫人物如盧九、何賢、崔德祺及宋玉生等為鄰（《星島日報》，2004 年 2 月 29 日）。由於何鴻燊並非天主教徒（參考下文討論），他去世後葬於港島昭遠墳場，因此他的最後歸宿，並沒有和黎婉華在一起。

黎婉華去世，表示（正室）地位出缺，此點據說促使藍瓊纓向何鴻燊爭取成為繼室，確立她作為妻子的地位，而隨後亦得償所願，獲得了何鴻燊的

肯定，地位更穩固，進一步強化了藍瓊纓所生子女的嫡系繼承權。惟這樣又影響了原來的「實力均衡」（balance of power），自然引來陳婉珍及梁安琪兩方的回應和反擊，令那些本來尚沒浮面的矛盾和分歧迅速湧現。

由於陳婉珍和梁安琪所生的子女年紀較幼，那時仍在求學，尚未出身，她們看來採取了「母為子爭」的策略，由母親爭取更多家產及生意經營權，維護其所生子女的「權益」，在這方面看來，梁安琪尤其表現得果斷進取。資料顯示，梁安琪自 2004 年起，高調參與港澳的政治及社會事務。舉例說，該年她獲委任為澳門第二、三屆行政長官選舉委員會委員；翌年，她更參與競逐澳門立法會議員席位，而且一擊即中，取得議席，晉身澳門權力殿堂，之後三屆均獲連任（《澳門特別行政區立法會議員資料》，沒年份），令很多人嘖嘖稱奇。另一方面，她自 2005 年起獲選為香港保良局總理，大力捐輸（《保良局董事》，2009）。

商業經濟方面，早在 1990 年代，她已直接參與生意經營，涉獵飲食、娛樂、證券和物業等方面，到了 2007 年，她更作出了一宗吸引傳媒目光的重大投資，斥巨資收購香港電視廣播有限公司旗下的「無線收費電視」二成股權，成為主要策略股東，進軍傳媒業（《信報》，2007 年 8 月 31 日）。除此之外，她更如不少香港巨富家族的太太們般，在不同時期斥巨資購入優質物業，作為長遠投資。例如港島淺水灣道 4 號大宅、中環娛樂行大廈、銅鑼灣興發街 88 號物業、聶歌信山道 103 號物業；九龍尖沙咀加連威老道太興商業大廈、君臨天下多個單位；新界倚龍山莊、元朗牛潭尾新潭路地皮、屯門青霞里第 516 號地段地皮等等（《忽然一周》，2004 年 2 月 27 日）。當然，每項投資不一定由她個人全資擁有，但卻折射出一個不爭事實，她有巨大資金來源，不斷加大資本投入，令名下身家財富持續攀升。

相對於梁安琪，陳婉珍無疑較為低調，起碼她並沒染指政治，諸如擔任政府公職或參與立法會選舉之類，但她亦在 2005 年起出任護苗基金大使，翌年獲選為東華三院總理，同時又參與香港防癌會的慈善工作（《蘋果日報》，2005 年 5 月 12 日；2006 年 4 月 4 日；香港防癌會，沒年份），作出不少捐獻，所以每當有她出現的場合，必然成為傳媒鎂光燈的焦點。

在生意投資方面，陳婉珍同樣早在 1990 年代已開始了自己的生意經營，

主要是餐廳、古董買賣與投資。到了 2004 年，她更成立了安威管理有限公司，集中管理她名下包括商舖、住宅、車位等物業投資（安威管理有限公司，沒年份）。而她手上持有的較為人知的物業，則有石澳安利花園、山頂布力徑 5G 洋房及壽山道東 II 號單位等（《忽然一周》，2004 年 2 月 27 日）。儘管有關她的生意投資及慈善公益活動資料沒梁安琪般多，但相信她較不願公開而已，實際資產應比已披露的多。

毋庸置疑，由於各房的子女數目——尤其兒子的數目——頗有差異，年齡相距巨大，所處的人生階段和需要亦各有不同。當 2004 年黎婉華去世時，藍瓊纓一房既有名份的提升，子女又多已邁出接班腳步，在核心生意上穩佔重要地位，有絕對優勢，很自然令陳婉珍和梁安琪二房覺得不公及不安。但她們的子女畢竟年紀較幼，所以便有了「母為子爭」的舉動，既要求何鴻燊注資本人名下生意，亦爭取家族核心生意的控股權，當然亦渴望有更多物業地產投資，所強調的理由，必然是那種「母弱子幼」的說詞：若然何鴻燊有甚麼三長兩短，他的親生血脈——尤其梁安琪有較多兒子——便會處於弱勢，既做成不公，亦影響他們的發展，迫使何鴻燊為他們兩房著想，這相信便是自 2004 年起陳婉珍及梁安琪動作頻頻的其中一些原因。

中風不死與爭產浮現

黎婉華去世五年後的 2009 年 7 月 29 日，年過 87 歲的何鴻燊，突然中風入院，消息初時並沒外洩，後來還是紙包不了火，引起傳媒注意，廣為報道，轟動社會（《蘋果日報》，2009 年 8 月 13 日；《東周刊》，2009 年 8 月 22 日）。初時，各方關注的是何鴻燊的病情，甚至出現各種他已去世的傳聞，但隨著病情穩定下來之後，各種爭奪家產及企業控股權的舉動，令中外傳媒金睛火眼，時刻集中在這個顯赫家族的一舉一動之上。

回頭看，有關何鴻燊那次在家中跌倒引致中風一事，家族、相關醫生及坊間說法頗有差異，亦各有立場。簡單而言，何鴻燊在 2009 年 7 月 29 日凌晨時分，在梁安琪家中跌倒，撞及頭部，惟當時覺得只屬輕傷，到翌日一早才找家族醫生，經醫生檢查後，亦覺並沒大礙，所以沒有立即安排他入醫院，接受進一步治理。當日下午，何鴻燊出現頭暈及嘔吐症狀，家人才將他

送入醫院接受進一步治療，相關消息一直沒向外透露，不少家族成員相信亦不知情（《蘋果日報》，2009 年 8 月 13 日；《東周刊》，2009 年 8 月 22 日）。

　　接著的發展是，醫生證實何鴻燊腦中風，並立即進行手術，引流瘀血，但看來手術不是很成功，於是在數日後又進行另一次手術，清除腦中血塊。可是，再過數天後他又再度中風，醫方雖進行搶救，保住了何鴻燊的生命，但他卻陷於昏迷狀態，進一步診治還發現，他的半邊身體對外間刺激沒有反應，失去知覺。對此，家人親友自然感到擔憂，不少人亦抽空前往探望（《蘋果日報》，2009 年 8 月 13 日）。

　　之後，醫生再為何鴻燊進行多次手術，消除腦中瘀血，解除生命威脅，但他半邊身體失去知覺則成既定事實，一時沒法醫治，需要進行長時間的物理治療。為了讓何鴻燊有更好條件康復，在醫生建議下，何鴻燊留醫長達 7 個月，至 2010 年 3 月初才宣告出院回家，[32] 在淺水灣 1 號大宅休養調理（《蘋果日報》，2010 年 3 月 4 日）。

　　由於何鴻燊已沒可能如昔日般，自由馳騁港澳政商之間，家族內部關係發生進一步變化，實乃無可避免。到了 2011 年 1 月 24 日，港澳大小報章突然爭相報道一項重大消息，指何鴻燊不再是「澳博」大股東，只是象徵式持有 100 股而已，而藍瓊纓、陳婉珍及她們的子女，則成為何鴻燊本來持有的 32% 控股權的主要受益者。對此，何鴻燊隨即透過代表律師向傳媒作出澄清，指他本人對相關安排「並不知情」，認為那是「搶劫」，並表示會對相關人等採取法律行動，在同月 27 日入稟香港法庭，成為城中熱話（*South China Morning Post*, 25-28 January 2011；《蘋果日報》，2011 年 1 月 28 日）。

　　由於爭拗已進入法律程序，各方討論與報道顯得很小心，以免妨礙司法公正，但無阻事件成為普羅民眾茶餘飯後的熱話。至於何鴻燊一家，相信在這段時間內陷入激烈的討價還價之中。幸好，這時何鴻燊身體尚可，頭腦清醒，能主持大局，所以沒令問題惡化。到了 3 月 10 日，何鴻燊簽署並公開一份與家人的「聯合聲明」，表示過去兩個月被廣泛報道的「何家事件」，最終獲得「圓滿解決」，早前入稟法庭的行動會取消，「家族各成員經過各方友好的協調和坦率的對話後，以互諒互讓的態度，達成共識」，並已簽訂了「和解協議」，大家同意齊心協力，發展何鴻燊打拼下來的澳門博彩業生

意，「並將之發揚光大」（《明報》，2011 年 3 月 11 日；*South China Morning Post*, 11 March 2011）。至此，一場原本山雨欲來的爭產風暴，在何鴻燊仍然在生並主持大局的情況下，似乎得以和解收場。

不可不知的是，在那場分家析產的事件上，元配黎婉華一房本來應該具有超然地位，獲得更多財產與股權，但現實上卻分得最少，絕大部分財產與生意，都落入了三名妾侍及其子女手中（《忽然一周》，2004 年 2 月 27 日）。黎婉華的子女們（俗稱長房）既沒分得家族企業的控股權，其他種類的資產亦少，據何超英女兒蕭玟錚所言，長房只分得當時市值 16 億元的淺水灣 1 號大宅（《壹周刊》，2015 年 2 月 12 日）。究其原因，應與長房沒有男性子孫有關：何猷光去世只留下兩女，何超英及何超賢則各有一女，何超雄沒有結婚，所以何鴻燊只以嫁妝形式給她們分配一些財產。

一場本來如箭在弦的爭產戰戲劇性落幕，三房在確定自己的股權與財產後，自然開始各施所長，爭取好成績以證明的自己實力，各自的生意和投資都獲得了不錯表現（詳見下文分析）。相對而言，長房自沒有母親代為「遮風擋雨」之後，不但財富投資等日弱，發展狀況亦進一步呈現滑落勢頭，尤其讓人有斯人獨憔悴的感覺。

在母親黎婉華晚年回到香港的長女何超英，自母親去世後健康日差。由於沒有如父母親般獲得醫生全方位照顧，終不敵病魔，2014 年 12 月 4 日在養和醫院去世，享年 68 歲（《每日頭條》，2014 年 12 月 9 日）。對此，那時已被網友戲稱為「植物人」的何鴻燊，[33] 相信亦甚為傷感，那是他另一次「白頭人送黑頭人」。更令人不解的是，何超英去世三年後，她位於昭遠墳場的墓地竟仍只以帆布覆蓋，連墓碑亦未修築，猶如草草下葬，與其他墓穴或家族成員的情況形成強烈對比。這無疑又是分家後長房得不到「公平」對待的註腳，令人難免有一種心寒的感受（《每日頭條》，2017 年 12 月 31 日）。

何鴻燊的婚姻與家族結構極為複雜，妻妾子女眾多，當他不能主導大局時，必然會出現各種各樣的矛盾和爭拗，弄得不好，自然會令家族四分五裂。何鴻燊在年近 90 歲時患上腦中風，曾經命懸一線，雖最終再一次與死神擦身而過，但已無法再如過去般行動自如，游走於港澳之間，而是只能與病床輪椅相伴。不過由於他健康尚可，頭腦清醒，因此仍能穩定大局，當家

族內部矛盾湧現時，可以迅速解決，成功化解了一場很可能會嚴重影響家族發展的巨大危機，令不少人大感意外。

分家析產與各房各展所長

我們常說，歷史是勝利者書寫的，家族何嘗不是。2011 年那場本來如箭在弦的家族爭奪戰得到解決後，長房因為沒有血脈子嗣，反遭排擠，二、三、四房的姨太與其所生的子女們則成為贏家，在獲得他們認為應得的利益，釐清了各自的權利和責任後，便各自上路，全心全力投入他們的生意之中，以行動證明自己的實力和才幹。

先說藍瓊纓一房。作為二房長女的何超瓊，自 1980 年代已參與信德企業的管理，在父親年紀漸長後，獲交託更大管理權，當然她亦曾經歷過貪玩與反叛階段，如在 2000 年與許晉亨婚姻觸礁後，與被父親公開批評為「質地唔好」的英皇集團楊受成之子楊其龍相戀。但最後她選擇全心全力投入事業，做出不錯的成績，澳門博彩業開放後增設的副牌，她亦參與其中，並成為美高梅金殿的主要股東，主導業務發展。到父親中風後，她自然承擔更多領導實務，在 2011 年那場家族矛盾中扮演重要角色。到事件解決後，她的領導地位進一步得到確定，雖然營業表現甚為波動，但公司資產淨值則穩步上揚。到了 2017 年，何鴻燊宣佈退任信德集團的主席職位，由何超瓊接任，至此真正地完成了接班。

何鴻燊不只在 2017 年卸任信德集團主席，還把「澳博」主席一職同時卸下，交由何超鳳擔任。儘管何超鳳的知名度沒有何超瓊高，但姐妹二人的人生經歷其實頗為相似。她在香港成長，美國南加州大學（University of Southern California）畢業，在多倫多大學取得商業管理碩士學位，1980 年代返港後曾參與家族不同生意的管理，到 1990 年代進入信德企業，之後因家族生意日多，參與了船務、旅遊、娛樂及物業投資等。同樣在 1990 年代，何超鳳下嫁大馬主何壽南之子何志堅，同樣是「強強結合」，婚後育有兩女何鋮珩和何倩珩。可惜，到了 2016 年，婚姻觸礁，離異收場，而她亦與胞姐何超瓊一樣，全心全力投入事業之中。自何鴻燊中風後，她與何超瓊分工更明顯，由她集中精力主持「澳博」，何超瓊則主力打理信德集團。所以當何鴻燊在 2017 年

卸下「澳博」主席一職後，便由何超鳳頂替（*Yogonet Gaming News*, 13 April 2018）。

在生兒子中最年長的何猷龍，明顯極受何鴻燊關注，他於 2001 年加入新濠國際發展，被任命為董事總經理，一手統領實務。翌年，新濠國際發展的子公司澳門新濠博彩取得賭博專營權副牌，有人稱他為「小賭王」，但其實他對賭博認識甚少。到了 2006 年，察覺到何猷龍能夠獨當一面，何鴻燊更辭去主席一職，由何猷龍接替，進一步說明何鴻燊想讓兒子有更大的話事權。同年，何猷龍的妻子羅秀茵誕下一女，取名何開梓。在經營新濠頗為多元的生意上，何猷龍明顯表現了勇於創新、不拘一格的作風，他的踏實及事事親力親為，亦令企業獲得了不錯發展。

可以這樣說，自 2017 年何鴻燊宣佈退休，藍瓊纓一房基本上已接掌父親旗艦企業的主導權，成為家族新一代的接班人，這相信與他們年齡較長，較早進入企業有關。回過頭看，何鴻燊曾在受訪時表示，想在年過 55 歲時退休，代表他本來應該早於 1980 便會退下來，當時他心目中的接班人應該是長嫡子猷光。但計劃趕不上變化，長子於 1981 年意外去世，促使他無奈變陣，繼續領導企業，同時提拔二房三名子女，輾轉間花了大約 40 年，才真正完成整個傳承接班過程，其時間之漫長，可見一斑。亦幸好他夠長壽，才能化解這個結構及關係極為複雜的家族的惡性紛爭，不致於鬧出轟動社會的世紀爭產戰。

相對於藍瓊纓一房，陳婉珍及梁安琪的子女較為年幼，由於年齡差距巨大，他們基本上沒法與何鴻燊交接，因此只能由其母親持有股份或資產，推動他們自行創業，或走向其他事業道路——反正若加入信德、「澳博」或新濠等，亦很難爭得過早已坐擁大權的兄姐，亦易滋生矛盾衝突。從資料上看，陳婉珍和梁安琪顯然以「代理人」的身份，為子女們爭取了巨額家產（《忽然一周》，2004 年 2 月 27 日），到子女逐步長大時，可作為啟動資本，支持他們尋夢開拓，其中尤以何猷君的例子最為突出。

生於 1995 年 1 月的梁安琪兒子何猷君，自小表現出過人資質，在數學方面尤其有天份。他 18 歲考入美國麻省理工學院，學士畢業後留校繼續深造，獲金融碩士學位。返港後，他在母親投資 8,000 萬元支持下，踏上創業之路，開辦手遊公司「創夢天地」——一家騰訊旗下的遊戲公司，並

於 2018 年 12 月 6 日成功在香港交易所掛牌上市，34 那時他才 23 歲，因此刷下「最年輕上市公司老闆」的香港紀錄。為此，在慶祝何鴻燊 97 歲大壽的日子上，何猷君特別以公司招股書為禮物，向父親證明自己的本事（《大風號》，2018 年 12 月 6 日）。

畢竟，像何猷君般年輕有為、表現突出者只屬鳳毛麟角，不可多得，陳婉珍及梁安琪所生其他子女由於年紀尚輕，表現有待日後證明。惟可以肯定的是，自初步分家後，由於釐清了資產分配，大家的權責變得清晰，他們各展所長以證明各自本事的動力顯然增強了，各房子女各有生意，又可大大減少彼此間的矛盾。可以預期，何氏家族的生意，必然進一步走向多元化，而陳婉珍及梁安琪的生意與資產，日後亦會逐步向其子女轉移，完成「代理人」的角色。

分家析產後何超瓊、何超鳳和何猷龍各自打理一家企業的情況，很自然讓人想到前兩者日後的財產傳承問題。由於何超瓊和何超鳳均離婚收場，何超瓊更沒有子女，兩人的財產日後如何承傳呢？事實上，何鴻燊的女兒中，多人沒有結婚，例如何超雄、何超蕸，她們的財產日後會如何傳承下去呢？傳給何家男性子孫嗎？現時何鴻燊尚未有男孫，何猷光只有兩女，何猷龍只有一個女兒，所以家族會採取男女一樣的傳承嗎？還是捐作慈善呢？這是一個很有趣而且十分重要的研究課題，值得日後再作深入探討。

表面看來，何鴻燊名下財產和生意已經分家妥當，各房獲得各自應有的部分，何超鳳更在 2019 年 1 月和霍英東家族後人就「澳博」控股權問題組成聯盟，緊抓大權，排除了三、四房的覬覦（《明報》，2019 年 1 月 25 日）。到了農曆新年時（2 月 7 日），何鴻燊再因健康問題入院，報章大肆報道（《星島日報》，2019 年 2 月 8 日），指他曾入住 ICU（深切治療病房），引來社會關注。此點尤其突出無論市場或社會，畢竟仍有疑慮，當何鴻燊有朝一日百年歸老，失去了那股穩定力量後，家族內部會否再次湧現爭鬥？而這個鬥爭的局面，不只是何鴻燊一脈，他與胞妹何婉琪的股權財務爭拗，亦未隨何婉琪的去世而劃上句號，揭示在巨大利益的「萬有引力」吸引下，家族和諧與同心一德仍然讓人覺得只是鏡花水月，變數與風險不少。

這樣的局面維持了一段時間，不少問題迅速浮現，讓何鴻燊仍能在有

生之年，思想清晰並且有決策能力之時作出應對，算是化解了一場深深困擾家族的危機，沒有爆出更大更惡劣的爭拗，減少了巨大的內部殺傷力，屬於不幸中之大幸。到了 2020 年 5 月 26 日，何鴻燊去世（《明報》，2020 年 5 月 27 日）。一如所料，由於家族內部爭拗早已浮面，並基本得到處理解決，哪怕小爭議仍難以避免，但已不影響大局了，例如何超瓊已成為女賭王，居於企業的領導地位，何猷龍亦被稱為小賭王，地位穩固，揭示家族仍能維持在澳門及香港不同生意的主導權（《每日頭條》，2020 年 6 月 15 日）。當然，有關後代接班後是能夠闖出新天，或是有如一個世紀前的盛宣懷家族般最終四分五裂、走向衰落（鄭宏泰、高皓，2019），則要留待時間證明了。

結語

歷史上，能活過百歲的富豪巨賈實在並不多見，何鴻燊享年 98 歲，無疑乃少見個案之一。更為特殊的是，他的人生既見證了家族由盛而衰，然後

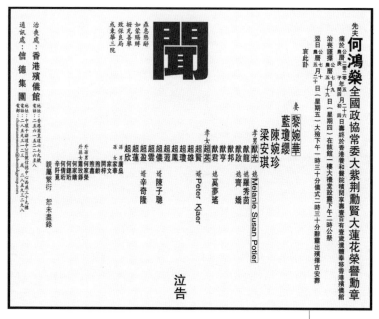

何鴻燊訃聞

走向中興，攀登另一高峰，同時又有中國傳統文化與價值觀念的充分流露與展示，甚至走向現代化。他來自英國殖民管治時代香港的混血群體，又以經營賭場致富，因此更能揭示有容乃大的中國文化內涵與特質，既有重視實效的一面，亦有講求延續血脈的另一面，同時又十分注重光宗耀祖，強調保護家族，孝順父母，蔭護子孫等觀念。

當然，這種為了一己家族利益與榮耀全力以赴的打拚，明顯有其局限，亦會產生不少問題。這甚為清晰地折射在何鴻燊百歲人生的各種遭遇上：是非不斷，多次與死神擦身而過，甚至捲入無數糾紛——與政府的、與生意夥伴的、與朋友的、與親人的，當中親人反目、骨肉如同陌路等，則是其中一些例子。這不難讓人覺得，家族就如民族與社會，折射了我們文化既有其精華卓著的光輝，同時亦有秕糠弊病。此時此刻，實在應檢視自省，擇優棄劣，從而讓家族和民族走向更康莊大道。

1　在內地，近年較吸引傳媒視線的力圖中興例子，當然非牟其中莫屬。出獄後的牟其中，儘管快將進入耄耋之年，仍不肯向生命認輸，似青壯年時期般早出晚歸到處尋機會、找門路，一心要恢復昔日輝煌、重振聲威。可惜，他仍在摸索之中，能否真正為家族帶來中興之局，尚屬言之過早，所以仍未成為深入研究的個案。

2　不可不知的是，早年因混血兒受到華洋主流社會排擠和歧視，他們只能組成自己的群體，而且大多在自己的群體內通婚，加上他們大多入讀皇仁書院，所以形成一個糾纏重疊的網絡（Hall, 1992）。

3　何東、何福家族與羅長肇家族、張沛階家族的關係糾纏複雜，何福娶羅長肇胞姐羅絜財，何東其中兩女（何錦姿和何堯姿）嫁羅長肇其中兩子（羅文錦和羅文浩），何福兩子（何世亮和何世奇）又娶羅長肇兩女（羅雪貞和羅巧貞）；何東娶張沛階胞姐張靜蓉，而張沛階則娶何福之女何寶姿。另外，何世榮乃何福長子，但過繼給何東，所以何福一脈有時視何世榮為本脈，有時視為何東一脈。混血兒群體互相通婚十分頻密，關係糾纏，親屬關係間的稱呼令人覺得混亂（Hall, 1992; Ho, 2010）。

4　即是說，何氏家族自 1880 年代發跡致富，到了 1920 年代何福去世時分家，已經歷了接近 40 年的富貴。

5　這種看法，在其他洋行中也有出現。例如太古洋行的大班，便懷疑其買辦莫氏家族吃掉其利益，雙方曾因此在二、三十年代鬧出糾紛，最後要莫氏家族「賠償」洋行損失（張仲禮、陳曾年、姚欣榮，1991）。

6　有關這次「騙局」的來龍去脈與內情，容日後再作深入探討，這裡只粗略引述坊間說法。

7　何世光因避債遠走越南，顯然與事實距離不遠，但他看來並非沒有照顧香港的家人，亦非一沉不起，只是就算能東山再起，亦只屬不過不失，沒有昔日輝煌，例如何婉琪指其父經常有匯錢回港，但可能有時因為「手頭緊」而脫期或金額較少（《十姑娘回憶錄之與魔鬼抗衡》，2007；Ho, 2010），另一方面，日後與何鴻燊合夥經營賭業的葉漢和葉德利，據說曾在越南租用何世光的賭場營業，此點既反映大家之間的關係，亦揭示何世光可能在越南經營賭博相關生意（黃霑，1981；何文翔，1992；冷夏，1994）。

8　何東不少家族成員在同年 1 月來港為何東慶祝壽辰，結果香港淪陷時走避不及，部分（如吉廷士和何文姿）被日軍抓進了集中營，部分（如何世榮、何世儉、何佐芝、羅文錦、

楊國璋、鄭湘先等）則受到戰火波及受日軍統治，甚至有人喪命（如何東妻子張靜蓉）。若何東肯定日軍侵港的消息真確，按理應會通知至親一起避走，按此推斷他當時對消息亦是半信半疑，離港可能是買個安心。

9　　韋達，1901 年生於香港，乃韋寶珊（又名韋玉，港英時期第二位獲大英帝國賜封爵士頭銜的華人，曾任立法局議員）之侄。韋玉與兄弟韋菘曾與盧九合夥，經營澳門和廣東賭業（見第三章）。

10　　何鴻燊曾指他 1941 年由香港轉赴澳門，是堂叔何世文向他透露消息，因為何世文為日本人做事，並介紹他認識了一個日本商人齊滕，而齊滕則是聯昌公司的其中一位股東（黃霑，1981：27-28），惟此種說法甚為牽強，因為一位日本普通商人實難成為聯昌公司股東，除非他是日本軍方代表。

11　　亦有說法指他在戰爭結束時才賺得過百萬元財富（麥潔玲，1999：110）。

12　　1937 年，泰興投得博彩專營權（澳門特別行政區博彩監察協調局，沒年份）。

13　　葉漢，1904 年生於廣東新會江門，據說自幼好賭，學曉了賭博絕技，曾任職於傅德蔭的賭博公司，但後來反目，雖然曾四處尋覓開賭地方，但最終還是聚焦澳門，哪怕要與舊僱主作直接「拗手瓜」式的對碰（蕭亮、辛磊，2005）。

14　　葉德利乃印尼出生的華人，喜愛賽車，曾創立德利賽車隊，妻子為何鴻燊胞妹何婉婉（《十姑娘回憶錄之與魔鬼抗衡》，2007）。亦有資料指葉德利和葉漢應有親屬關係，兩人在上世紀四、五十年代曾在越南開賭，並曾與何鴻燊父親何世光有接觸交往，其中一個說法是曾租用何世光在當地的賭場（冷夏，1994；黃霑，1981）。

15　　何鴻燊、葉漢的「澳娛」出價 316.7 萬澳門元，險勝泰興的 315 萬澳門元（冷夏，1994：91）。

16　　據何婉琪一方所說，創立「澳娛」時，何鴻燊個人投入的資本不多，以她本人名義投入的資本則達 200 萬元，她那些錢其實來自堂兄何鴻章（何東長孫），此點成為日後何婉琪和何鴻燊的爭拗點（《十姑娘回憶錄之與魔鬼抗衡》，2007）。

17　　當年的綁架風甚烈，傅德蔭之孫傅蔭釗便曾在 1946 年給人綁架，並被割去一耳，後因家人付了贖金才獲釋。數年後，傅蔭釗的兒子又被人綁架，同遭割耳勒索，最後亦是付了贖

金才能獲釋（陶世明，1986：205），可見賭博偏門生意是非多多。

18　　何世光於 1950 年代返港，但一直極為低調。他於 1974 年 12 月 6 日去世，享年 87 歲，而何鴻燊母親冼興雲於 1951 年去世，享年 62 歲（Hall, 1992）。

19　　葉漢於 1982 年才完全退出了澳娛，並將手上持有的 10% 股份以 3 億元的作價轉給了鄭裕彤。

20　　賭博生意無疑是非極多，不但何鴻燊本人常收到競爭對手的威嚇，有意染指著賭博的黑勢力亦曾威脅要取他性命，他的家人亦同樣面對著死亡與綁架威脅。事實上，亦有相關的謀殺或綁架發生，只是何鴻燊都幸運地避過，而犯人則被警方捉拿，解上法庭，遭到嚴懲（South China Morning Post, 31 December 1988; 冷夏，1994）。

21　　有關藍瓊纓的年齡、樣貌和為人，何鴻燊本人曾提及「我呢個太太，好後生就嫁我……佢好靚㗎！又對我非常之好！」（黃霑，1981：45）。

22　　自何超雄出生後，黎婉華身體狀況更差，到了 1972 年，她在里斯本休養時又碰上了車禍，昏迷近一個月，康復後的身體狀況尤差（South China Morning Post, 13 February 1989）。

23　　日後，中國政府亦與葡萄牙政府就 1999 年恢復行使澳門主權問題展開談判，但過程則順利很多。

24　　在此交通意外前一個月，何猷光在美國亦曾遭遇交通意外受傷，惟傷勢不算太嚴重。

25　　由於很多香港人安排太太及子女移民他邦之後，自己返回香港繼續謀生，這樣便經常要在香港與移居地間「兩邊飛」，坊間將這些人謔稱為「太空人」。當然，亦有「太太不在身邊」（太空）的另一種含意。

26　　有一說指陳婉珍是黎婉華「推波助瀾」撮合的。陳婉珍對黎婉華照顧得很好，大家感情不錯，黎婉華「撮合」二人，其讓陳婉珍「上位」，主要是要「教訓」藍瓊纓，「令佢知佢唔係何生最後嗰個老婆」（令她知道她不是何先生最後那個老婆）（《忽然一周》，2004 年 2 月 27 日）。正因如此，黎婉華及其女兒們與陳婉珍及子女們關係較好。

27　　何鴻燊再度納妾時，黎婉華身體更弱，可以依賴的兒子又已去世多年，她反對的聲音自然更弱了。由於藍瓊纓的傳統身份只屬妾侍，她亦沒力量反對。基本上說，那時已再沒人

可以阻止何鴻燊的任何決定了。

28　　當初傳言，何鴻燊有一子名為何猷佳，但社會上對他是否存在卻一直不太確定，因他極少出現在公眾場合，有說指他年幼時夭折，因何超盈曾說自己沒有這個弟弟。另外，何鴻燊最年幼的女兒何超欣生於 2000 年，那時何鴻燊已近 80 歲了。對於何鴻燊在耄耋之年得女，媒體自然議論紛紛、津津樂道（《每日頭條》，2018 年 9 月 20 日）。真相到 2020 年 6 月 —— 即何鴻燊去世大約一個月後 —— 揭盅，梁安琪致函報章，親自澄清何鴻燊這名一直不太確定的兒子。梁安琪指出，那名兒子並非名叫何猷佳，而是何猷邦，並「因為身體原因，家族從未對外公佈過他的任何訊息」（《香港 01》，2020 年 6 月 27 日），揭示他應該天生患了殘障問題，需要家人給予特殊照顧，因此過去並沒如其他子女般出現在傳媒面前。何猷佳或何猷邦問題不論，單看何鴻燊數目眾多的子女，若將長女 1946 年出生與幼女在 2000 年出生相比，她們年齡相差達 54 歲，這相信是古代帝王將相才能享有的榮幸，但卻在千禧世紀出現，那無疑屬於極為特別的現象。

29　　以數目論，何鴻燊與傅德蔭一樣，共育有 17 名子女，當然男女數目不同，傅氏有九男八女，其中一子早夭，何鴻燊則有一子（何猷邦）健康有問題。

30　　黎婉華所生的長女何超英婚姻破裂後出現嚴重情緒問題，又移居海外，何超雄及何超賢則對加入家族生意沒興趣。事實上，黎婉華受健康不佳影響，亦沒法為女兒們爭取或作任何長遠安排，所以未見她們參與家族企業。陳婉珍和梁安琪的子女則尚幼，所以亦尚未進入家族企業。

31　　日後，雅佳控股被交易所除牌，並清盤告終，而丁謂罪成後提出上訴，後來脫罪（《明報》，2012 年 11 月 25 日），惟因被債權人追討債務而宣告破產。自此之後，他在社會中隱姓埋名，並沒如當年的何鴻燊般能夠東山再起。

32　　沒有生命危險後，在 2009 年 12 月慶祝澳門回歸十周年的重大活動上，何鴻燊曾一度「請假」出院，前往澳門出席慶祝活動，並拜會到訪澳門的國家主席胡錦濤，並獲胡主席親自慰問（《中國評論通訊社》，2009 年 12 月 22 日）。

33　　中風後，何鴻燊雖保著生命，但卻完全失去自我治理能力，需要別人全面照顧，有網友看到那個情景，評論謂「感覺是植物人，任人擺佈的樣子」（《每日頭條》，2017 年 12 月 31 日），這種情況，又很容易令人聯想到何鴻燊的元配夫人黎婉華，她自 1980 年代起，其實亦變成了植物人 —— 軀體不能動，思想仍活躍。此情此景，思想仍然活躍的何鴻燊，看著妾侍及子女們的不同舉動和發展，應該另有一番感受在心頭吧。

34　傳媒披露，創夢天地的策略性股東包括了騰訊全資附屬公司 Tencent Mobility Limited、日本索尼集團、京東集團，亦有王思聰的普思資本和林建岳的麗新發展（《大風號》，2018 年 12 月 6 日），人脈關係和社會資本可見一斑。

何鴻燊家族圖

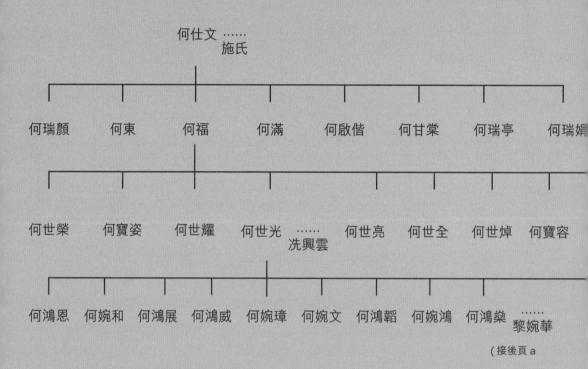

何仕文 ……
施氏

何瑞顏　　何東　　何福　　何滿　　何啟偕　　何甘棠　　何瑞亭　　何瑞娟

何世榮　　何寶姿　　何世耀　　何世光 ……　何世亮　　何世全　　何世焯　　何寶容
　　　　　　　　　　　　　　　　冼興雲

何鴻恩　何婉和　何鴻展　何鴻威　何婉璋　何婉文　何鴻韜　何婉鴻　何鴻燊 ……
　　　　　　　　　　　　　　　　　　　　　　　　　　　　　　　　黎婉華

（接後頁 a

· 此家族樹只集中何鴻燊一房，其他房從簡。

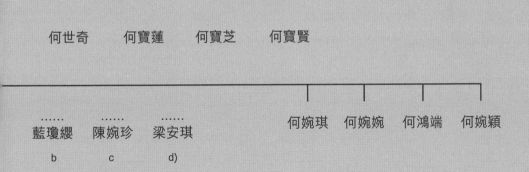

何世奇　　何寶蓮　　何寶芝　　何寶賢

藍瓊纓　　陳婉珍　　梁安琪　　　　何婉琪　何婉婉　何鴻端　何婉穎

b　　　　c　　　　d)

173

a

黎婉華

| 何超英 ⋰ 蕭百成 | 何猷光 ⋯⋯ Suki Potier | 何超賢 ⋯⋯ Peter Kjaer | 何超雄 |

蕭玟錚 ⋯⋯ C. Scowscroft　　何家文　何家華　　Ariel Kjaer ⋯⋯ W. Stanley

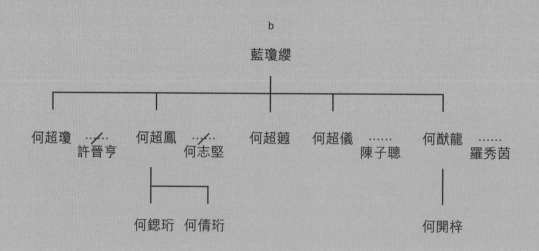

b

藍瓊纓

何超瓊 ⋰ 許晉亨　　何超鳳 ⋰ 何志堅　　何超蓮　　何超儀 ⋯⋯ 陳子聰　　何猷龍 ⋯⋯ 羅秀茵

何鎯珩　何情珩　　　　　　　　　　　　　　　　　　何開梓

· 刪號「／」代表二人後來離婚

c

陳婉珍

何超雲　　何超蓮　　何猷啟

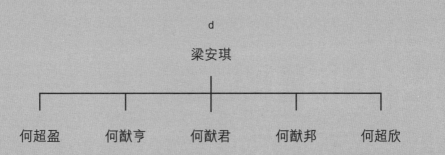

d

梁安琪

何超盈　　何猷亨　　何猷君　　何猷邦　　何超欣

第 6 章

四代賭王
呂志和家族的異軍突起與煥發新姿

　　2014 年，「彭博富豪排行榜」（Bloomberg Billionaires Index）公佈，呂志和力壓素有「超人」之稱的李嘉誠，成為亞洲首富，消息一出，轟動社會，瞬即成為焦點（《今周刊》，2014 年 1 月 30 日）。雖然其後彭博發新聞稿，指誤算了呂志和在銀河娛樂的持股量，經修正後，李嘉誠仍穩坐首富寶座，呂志和屈居次席，但已引起了中外社會對呂志和的身家財富更多關注。彭博這次「烏龍」，雖只是一個「美麗的誤會」，但對有關注財經動態的人而言卻不太意外，因為自 2002 年呂志和家族成為澳門賭場大亨後，旗下銀河娛樂借殼上市時股價只有 8 元，之後一直上升，到 2014 年高達 72 元，升幅達八倍，十分驚人，到 2020 年底的股價則為 62 元（《阿斯達克財經》，各年）。作為銀河娛樂的最大股東，呂志和的財富亦水漲船高，於 2008 年起躋身香港富豪的首 30 名（Forbes,

第 章

2 April 2009）。由 2014 起，呂志和更打進富豪榜首十名，長居榜內，甚至有能力挑戰首富地位（*Tatler, various years; Forbes*, 20 June 2020）。

在商場征戰 70 多年的呂志和，向來予人低調、穩重、做實事的印象。當六、七十年代地產業起步時，他雖曾投資建造住宅物業，成為最早一批地產發展商，但卻因為「不喜歡冒險，對地產行情的大起大落心存芥蒂」（嘉華集團，沒年份），反而一頭埋首於甚少華商參與的石礦建材業。結果憑其出色的商業技能，他雖賺得無數人幾輩子也賺不到的身家，但在香港的富豪俱樂部中，他只算是坐在「外圍區」，未能躋身貴賓席。直至他在 2002 年「放手一搏」，作出另一突破性舉動，參與競逐澳門賭牌，他行商多年的視野、能量、經驗及能力才一口氣爆發出來，並以「新人」之姿，擊敗多個資歷深厚的財團，成為三分澳門賭場天下之人，他更因此被譽為「新賭王」，吸引中外社會注視（畢亞軍，2015：76）。

澳門博彩市場變天的新機遇

正如前文多名澳門賭王（盧九、傅德蔭、何鴻燊）的故事中曾談及，彈丸大小又十分缺乏天然資源的澳門，經濟發展、政府財政收入過去長期高度依賴博彩業，不少市民的工作同樣牽涉博彩及相關行業，其「一業獨大」的情況可想而知。由於過去長期深耕該行業，令澳門逐步發展成「東方蒙地卡羅」或「亞洲拉斯維加斯」。當然她的成功，與澳門多重特殊「在中間」的位置與環境有關。過去，不少東方社會嚴禁公開賭博，澳門則採取寓禁於徵的政策，既為東方社會留下一個「出氣閥」（活塞），疏通某些民眾尋求賭博娛樂的本性，亦為本身經濟注入活力，因此令澳門成為亞洲博彩業的重鎮，博彩業長期一枝獨秀，誕生了多位名揚一時的賭王。

澳門進入回歸後過渡期間，不但政府管治差強人意，經濟疲不能興，失業率高企，治安亦甚為惡劣。1999 年 12 月 20 日特區政府成立後，在第一任行政長官何厚鏵領導下，雖然治安問題立竿見影地得到改善，但經濟的長期積弱則未見起色，人民生活自然亦難獲改善。

針對澳門因為多重「在中間」位置，發展成「雙重單一」——即是經濟高度依賴博彩單一行業，而這個龍頭行業過去又長期由單一公司專營——的結構性問題，新成立的特區政府乃構思如何「激活」經濟，扭轉長期積弊，打破過去博彩專營權由一家獨佔的問題，決意引入更多經營者，讓他們相互競爭，以「激活」澳門博彩業，從而帶動經濟。這做法成為前所未見的政策選項。

經過連番籌劃，到了 2001 年，澳門立法會通過《娛樂場幸運博彩經營法律制度》，容許原來的博彩專營權合約屆滿後，把專營牌照的數目由一個增至三個（澳門特別行政區政府博彩監察協調局，沒年份；Zheng and Wan, 2014），藉以引入市場競爭。過去沒有經營博彩業經驗的呂志和，那時竟然夥同美資的金沙集團參與競投，並且後發先至，憑實力擊敗對手，成為其中的專利經營者，三分天下——那時他其實已屬一時巨富，並非渴望借助博彩業崛起的一般商人。之後，他大舉注入資本，令澳門經濟逐步復甦起來。

之後的 2003 年，中央政府更因應港澳兩地受非典型肺炎（俗稱「沙士」疫情）衝擊，推出內地居民赴港澳個人遊（俗稱「自由行」）政策，令澳門

博彩業獲得更多發展空間，因此大為旺場，其中銀河娛樂表現亮眼，令呂志和一躍而成澳門的新賭王，與舊賭王何鴻燊齊名，分庭抗禮。哪怕呂志和那時已年過 70 歲，年齡與何鴻燊其實相差不了多少，但卻晚何鴻燊近半個世紀才踏足賭壇，此舉自然引起了海內外社會的重大注視，他亦因此成為無數傳媒爭相訪問的風雲人物，有關他如何崛起發跡的問題，成為探討了解的焦點。

不少人尤其好奇，本已是一時巨富且已進入暮年的呂志和，竟然亦有意染指澳門博彩業，引來無數人紛紛討論，甚至提出不少疑問：這位年長新賭王到底有何突出背景和經營之道？令他可以突圍而出的因素在哪裡？年過 70 為何仍能保持強烈的創業精神？當然還有諸如繼續開疆闢土、壯大家族商業王國的動力來源等等問題。下文且讓我們從他的家族背景及投身商海的歷程談起。

家族背景與童年生活

每當談起殷商巨富，不少人都愛說他們是「白手興家」，彷彿這樣才能突顯他們與眾不同的才能，又或是為他們的發跡故事增添「可觀性」，而呂志和亦曾被冠以這個形容詞。例如英國的 BBC 新聞在 2015 年 9 月 24 日的報道中，便以「香港富豪呂志和設立『呂志和獎』」為主題，另加副題「白手興家的富豪」；之後香港的政經雜誌《亞洲週刊》，在 2016 年 1 月 27 日的報道指，「嘉華集團主席呂志和博士白手興家，在風雨飄零裡，在無數政治、經濟的暗流中抓緊機遇，以跨行業、跨時代、跨地區的壯舉成就一生傳奇」。至於另一香港財經雜誌《資本雜誌》，在 2017 年 10 月 22 日的專題報道又稱「嘉華集團主席兼創辦人呂志和縱橫商界超過半個世紀……白手興家打造涵蓋地產、娛樂休閒、酒店及建築材料業務的跨國企業」。

不過，若果深入一點研究，會發現呂志和並非真正白手興家的富豪，在他出生時，家族其實已富過三代，只是由於家族作風十分低調，因此較少人知悉而已。正因如此，要了解呂志和這個家族的歷史，必須從其發跡一代，即呂志和祖父一輩說起。

必須指出的是，由於呂志和在進軍澳門博彩業之前作風低調，就算曾

呂志和（照片出處：《呂志和傳》）

經先後擔任東華三院總理及主席等公職，亦甚少如其他富豪般常常接受傳媒
訪問，遊走於鎂光燈下，所以沒有留下太多個人及家族的資料，令人對他的
人生經歷了解不多。本文的主要資料，除特別註明或直接引述者外，主要來
自畢亞軍著於 2015 年的「呂志和唯一授權自傳」──《呂志和傳》，因此不
再另作資料出處的說明。[1]

有關呂志和的家族背景和出生，按《呂志和傳》的記述，可追溯到曾
祖父飄洋海外，到美國舊金山打工創業之時。扼要地說，經歷了兩次鴉片戰
爭、太平天國之亂及中法戰爭等重大事件之後，滿清綜合國力更加衰落，戰
亂、饑荒及官僚腐敗等問題導致民不聊生，不少人為了生計和活命，被迫飄
洋過海到異地當苦工。祖籍廣東省江門縣的呂志和曾祖父呂德盈，便是在那
個背景下離鄉別井，於 1880 年代中踏上飄洋出海之路。

進一步資料顯示，呂德盈約生於 1870 年，在 15 歲那年，他冒著極大的風
險（因為當年乘坐遠洋輪船赴美，不但要面對海上風浪，在擠迫的船倉中
亦容易染上疾病），由家鄉江門前赴美國舊金山，開始「打工仔」的謀生之

旅。不過，從他並沒淪為「豬仔」這種契約勞工，相信其家境雖不算富裕，但也不屬赤貧之家。

開始時，呂德盈在加州一所農場任職工人。華人身份令他受到不少歧視及剝削，如同一工種，薪金卻不及白人一半，不過，為著改善家人生活，呂德盈都一一咬緊牙關忍耐，並將收入盡可能儲起來。或許是明白到「工字不出頭」的道理，呂德盈決定自立門戶創業，並與親戚合股，跑到墨西哥購地種菜，經營起自己的農場，² 全心全力打拚，因而闖出新天，其農場不久躍升為美國出口蔬菜其中一個甚有規模的華人供應商，身家財富逐步積累下來（畢亞軍，2015：28）。

當事業略有成就後，呂德盈也如一般華人般，回家鄉成家立室，娶妻生子。³ 婚後，他與妻子育有兩子，惟其中一子（名字不詳）不幸早夭，只剩下另一子，是為呂永康。當呂永康長大成人後，呂德盈將兒子接到美國團聚，並親身教導他經營之術。待呂永康年紀稍長，呂德盈夫婦便開始為他挑選品性賢良的媳婦，為呂家延續香火。最後在父母安排下，呂永康娶了來自江門外海望族的張桂仙，並在 1911 年誕下呂志和父親 —— 呂金銓。

當呂德盈年逾 50 時（即進入 1920 年代），由於覺得兒子已有足夠營商經驗，也能獨自守穩家業，他便把美國的生意全權交予兒子打理，自己退休回鄉，打算頤養天年，弄孫為樂。這實在亦是上一代華人落葉歸根的主流想法，同時亦揭示家族必然與美國保持緊密關係。

正因呂德盈及呂永康能克勤克儉，忍耐種種不公平及離鄉背井的孤寂，呂家的生意越做越大，家人的生活亦一日好過一日。到呂金銓出生時，呂家已是江門一戶富裕人家，有田有地有僕婢，而呂金銓亦自小過著富裕生活。到了 1929 年，剛過 18 歲的呂金銓成家立室，迎娶當地私塾校長之女李寶璇為妻，並在同年誕下長子呂志和，其後更先後育有五名女兒：元春、元杏、元香、元平及元珠，一家和樂融融。作為富裕家庭中的獨子，亦是三代單傳，呂志和當然備受全家的愛惜及關注，在得天獨厚的環境下，度過了美好又無憂無慮的童年生活。

可惜，到了 1931 年，瀋陽發生「九一八事變」，日軍強佔中國東北三省，其侵略野心昭然若揭。由於擔憂家人安全，經過一番商討，呂金銓決定舉

家遷往未受戰火干擾的香港，呂德盈則留在江門，畢竟老人家不想再離開家鄉了。由於呂德盈早年在香港油麻地新填地街購入了數個物業，故呂金銓於1934年攜同妻小到港後，不用大費周章便能安頓下來。

到港後，為免坐吃山空，呂金銓開設了一間小型的製衣工廠，即俗稱的「山寨廠」，主要服務一所名為「鎮和製衣廠」的大廠，接其外判訂單。原來，當時的大廠為了減省成本及加快生產速度，一般會將製衣工序外判予住家式工場承接，而呂金銓所開的工場，除家人外還聘有幾名員工，規模較一般家庭式手作工場大，反映他們來港後的生活遠較時人富裕，並可立即開展生意，興辦工廠，並接到穩定的訂單。

年幼的呂志和在長輩的呵護下，並不了解戰爭的兇險，繼續過著「少爺仔」的生活。為免耽誤學業，父母安排呂志和進入附近一間小學讀書，據他日後憶稱，上學下課還有婢女陪伴接送。聰敏的他喜歡學習，也勤於思考，能舉一反三，學業成績十分理想，常得到老師稱讚，相信令長輩感到欣慰。不過，就在一家人逐漸適應香港的生活時，卻傳來呂永康在美國去世的消息。呂志和雖然從未見過祖父，但血濃於水，再想到祖父為家人孤身在外打拚多年，至死不能回家團聚，一家人自然哀痛難抑。4

1937年7月7日，盧溝橋事變後，日軍對中國展開全面的侵略戰爭。由於局勢險峻，原本留守在江門繼續營運生意的呂德盈亦來到香港。不過，年邁的曾祖父與家人相聚不過短短一年，便在1938年過世。短短數年間，呂志和接連失去兩位猶如家族頂樑柱的親人，悲痛之餘，相信也想到要告別童年，盡快長大，分擔家庭責任。

戰時青年經商的初試啼聲

日軍的鐵蹄在1941年12月終於跨過深圳河，把槍口直對香港，而過去自誇有足夠軍力應對日軍侵略的英軍，原來不堪一擊，香港隨即陷入可怕的煉獄之中。當時居民不但要承受日軍的高壓統治，每天擔驚受怕，糧食供應也嚴重不足，餓死街頭的屍體時有所見，父親的製衣生意又因物資缺乏而全面停工，長久下去，一家人的生活恐怕無以為繼。相對父親較為優柔寡斷的性格，呂志和顯然更有想法及前瞻精神，那時他就讀中學一年級，本已不願接

受日本的歸化教育，故決定輟學，並針對當時社會上糧食緊張的問題，做起了小食生意來。那時他只有 13 歲左右（畢亞軍，2015：57），比當年曾祖父飄洋海外還要年輕。

由於家人沒有相關的營業經驗，呂志和只能靠自己天生的商業觸覺，加上努力揣摩觀察。一開始，他走到街上向路人兜售花生等小食，很快發現做這行生意的竅門：地點與人流。而他觀察到，向日軍領取通關證的地方，每天都有成千上百的市民排隊等候，認為這是最合適的銷售地點，故每天一早便跑到該處叫賣，生意也如他所料大發旺市，帶來豐厚收入。初試啼聲便取得成功，證明年紀輕輕的他已具備商業頭腦，也增強他對做生意的信心與興趣。

積累了一點資金後，呂志和開始擴大生意規模。他聘請了一位員工，做起簡單的加工熟食製品來。由於當時百業蕭條，要活下去最重要是填飽肚子，故售賣食物的生意隨街都是，就如張愛玲（1991）在《流言》書內〈爐餘錄〉一文所寫：「所有的學校教員、店伙、律師幫辦，全都改行做了餅師……汽車行全改了吃食店，沒有一家綢緞舖或藥房不兼賣糕餅」。

要在這樣的商業環境中突圍而出，自然要有過人的才能和努力，故呂志和每天都走到街上細心觀察別人的生意，研究甚麼食品受歡迎，再取長補短，在別人的基礎上不斷創新改良，創出「炸粽」、「沙河粉馬仔」等食品，生意越做越好。日後他談及這段日子說：「我爸爸，講得白，就是大少爺來的……做生意他又不懂，那時候靠 13 歲的我養活全家。我甚麼也不懂，想到可以做飲食……賣得好，就做到生意。我也覺得好奇怪，那時候怎會想到呢？自己又不是那一行」（《星島日報》，2020 年 7 月 21 日），而他歸納自己營商之道時說：「不懂就學，但最重要的學習，是了解和認識社會。看社會需要，人們需要甚麼，你怎麼去滿足（他們）」（畢亞軍，2015：41）。

到了 1945 年，早已是強弩之末的日本宣佈投降，香港重光，而在這三年間，呂志和單靠飲食生意，竟賺取了約 200 萬元日本軍票，按當時匯率 1 港元兌 4 元日本軍票計算（鄭宏泰、黃紹倫，2005），他賺取的財富接近 50 萬港元，以當時的物價計算，足以買到整條街的物業，呂志和點石成金的營商本領於此盡見。

可惜，青年而孝順的呂志和，將手上滾存的盈利都交予父親處理，自己只一心專注向前開拓業務，但父親卻採取了極保守的理財方式：將錢（軍票）儲起來，不作任何投資。結果，這筆足以令家人往後都衣食無憂的巨款，卻因日軍投降不承認軍票變成了廢紙，令呂志和之前的血汗和辛勞白白化為烏有。雖然這次打擊很大，但呂志和沒有因此變得一蹶不振，或怨恨父親。傷心了數星期後，他決定重投商海，將失去的錢再賺回來。

呂志和覺得做食品生意只屬「小打小鬧」，雖能賺錢，卻難以憑此發家。幾經考量，他決定進入其姨父任職的汽車零件貿易公司工作，5 學習正規的生意經營之道。一開始時，他只擔任倉庫管理員，負責盤點整理等工作，但他把握每個學習機會，不懂便問，也不怕吃虧，多做非他份內的工作，很快便揣摩到汽車零件生意的竅門。在累積了一點資金後，他便蠢蠢欲動，嘗試做些小買賣。他私底下請懂英文的姨父幫助，從國外訂零件回港銷售，很快又賺得不少利潤。不過他並沒放下汽車行的工作，買賣只是他的工餘兼職，當是牛刀小試，探探水溫。

後來公司轉了老闆，新老闆是軍人出身，不善經營，結果生意越做越差，偌大的公司只剩下呂志和等四名職員。呂志和覺得這行業仍有可為，也相信自己有能力轉虧為盈，故游說新老闆將公司賣給他。或許是他說服力強，又或許新老闆已意興闌珊，最後竟答允以八萬元的價錢將公司賣予他這個毛頭小子。但呂志和沒有足夠資金，故再鼓其如簧之舌，成功令老闆接受以分期的方式付款。接手後，他將公司易名為「彌敦汽車材料行」。這時是1948 年，呂志和才 19 歲，距離軍票事件才短短三年，他已能從低谷中東山再起，擁有一間頗具規模的公司，可見呂志和確實有營商創富的天份。

當上老闆後，呂志和憑靈活的商業頭腦，再加上戰後經濟逐步恢復，他將那間瀕臨倒閉的公司經營得非常成功。怎料到1951 年韓戰爆發，聯合國對中國實施全面禁運，由於公司不少貨品都是銷售往內地的，生意自然大受打擊。呂志和不想坐以待斃，決定放手一搏，突破貿易封鎖，偷偷繼續將大批汽車、機械及輪船零件運回內地銷售。

由於當時甚少人有此膽識，他的貨品在內地極搶手，供不應求，故很快便賺到大筆資金，不但付清買公司的欠款，甚至有了做大生意的本錢，而

1961 年，呂志和（最上排左七）為購買重型機械前往沖繩。
（照片出處：《呂志和傳》）

他亦於這個時刻成家立室，於 1952 年（23 歲時）迎娶趙錦屏為妻，結束單身生活，無論是婚姻、家庭或事業，均進入人生另一重要的階段。

在波折挑戰中崛起成為石礦大王

有了資金，呂志和便開始積極尋找其他商機。當時香港正值戰後重建，政府大興土木，基建工程不斷，他認為當中應有相當的發展潛力。由於他經營汽車零件已有一段時間，在行內有良好的名聲，也建立起一定人脈。一次，在友人介紹下，得悉美軍有意出售日本沖繩軍事基地的二手舊物資，當中包括起重機、挖土機等重型機械，[6] 他覺得那是重要商機，因此投入其中。

事情的發展是這樣的，由於他之前曾在越南接觸過這門生意，知道美軍只求盡快放手，對售價不太上心，若真的能購入這批物資，並運回香港銷售，利潤可達數十倍。經朋友介紹下，他與當地很有影響力的松村家族合資，向美軍探討收購事宜。[7] 雙方接觸後，美軍初步同意將該批重型機械售

予呂志和，但卻擔心他會將物資偷偷轉運到受「貿易禁運」影響的新中國出售，故要求他取得美國領事館的擔保。

這時，呂志和良好的人脈關係網絡又再發揮作用，一些有實力的華商如霍英東的堂弟霍伙根等，都為他出面作證，說動了美國領事館為他擔保，最終成功以低價購入那批機械。由於當時正值香港人口激增期，房屋及城市建設工程不斷，故那批建築機械剛運到港便全數被搶購一空，而他亦以此作跳板，開始經營起重型機械的生意來，模式主要都是從日本或韓國的美軍基地購入貨品，修整翻新後再賣到香港及東南亞等國家，兩年間因此積累了大筆財富。

呂志和的重型機械生意發展順利，據他憶述，當時全港工程建築公司的大型機器「差不多都是由他供應的」（畢亞軍，2015：64）。但居安思危的他，明白到市場總有飽和的一日，加上開始出現跟風者搶購美軍的二手物資，日後的利潤將會下降，故他決定要令業務多元化，找到有利可圖的新目標，才能讓公司永續發展，身家財富不斷攀升。適逢當時政府有意在觀塘進行大規模填海工程，他想到自己手上有不少建築工程的機器，有一定的競爭優勢，與其單純當貿易中介，為他人作嫁衣裳，不如再進一步擔任承包商，直接參與建設。

於是，呂志和找來曾給予助力的霍伙根，[8] 組成工程公司，大力投入觀塘的開荒工作。當時，位於東九龍的觀塘只是一片荒山野嶺，承接工程後，他們由開山填海，到修馬路、建水渠等等，都一手包辦。可惜，由於競爭者眾多，加上很多人對承建這類工程的經驗不足，計算成本支出不太準確，投標時都以「割喉式」價格搶標，承標後才驚覺根本做不到，故不少建築公司都破產倒閉收場。

呂志和所承接的建築工程，據說有近八成都虧本收場，幸好他底子厚，終於咬緊牙根完成工程，荒蕪的觀塘成為第一幅可供發展的新市鎮土地。晚年的呂志和回想當初，雖然在金錢上有所損失，但能夠參與建設香港，那份成就感足以令他感到光彩和自豪。

觀塘工程一役的失誤，雖然令呂志和交了不少「學費」，但他仍相信與建造相關的行業，在當時是值得投資的，而這次他將眼光轉至建材生意。

1955 年，26 歲的呂志和雙喜臨門，先有長子呂耀東出生，9 之後嘉華公司成立。日後，公司與呂耀東不斷成長，兒子成為呂志和最為倚重的左右手，協助打理嘉華公司，也是他的主要接班人；至於嘉華公司則是呂志和企業王國的基礎，盛載各種經歷，亦成就了一生巨大事業。

嘉華的業務初期多為銷售採礦的機械，後來亦涉足地產項目，如在 1962 年於觀塘茶果嶺道發展了八座六層高的住宅物業。不過，由於項目回報並不太理想，而且他投資向來講求「穩中求進」，對地產業等風險較高的投資有所保留，再加上他當時有意投資石礦，故對地產業只是淺嘗即止，沒有大力開拓，結果錯失了接下來的地產大升浪。

原來香港當時正大力發展建設，對石礦需求甚殷，但採礦業仍是以落後的「土法煉鋼」進行，不但產量少、品質不高，還常發生意外，危及工人安全，故政府決定推出專營權制度，以作整頓及規管。1964 年，呂志和以 1.6 億元投得九龍秀茂坪安達臣道石礦場第一開採區的專營權（《經濟一週》，2020 年 2 月 6 日），成為首間取得採礦牌照的本地公司。不過，他的礦業生意發展可謂波折重重，剛開始投入生產便遇上難關，因當時政府在觀塘興建

在礦場工作的呂志和長子呂耀東。（照片出處：《呂志和傳》）

順利邨，挖出大量石料，於是將石料免費供應業界，嘉華出產的石材自然無人問津。

接著碰上 1967 年的社會動亂，香港經濟下滑，不少人因看淡前景而收回投資，甚至急讓土地離場，移民他方，不少施工中的工程紛紛停下來，嘉華的生意亦門可羅雀，公司首三年嚴重虧本。期間，競爭對手派安公司更乘機出手，表面上與他商議合作，但所列條款甚為辛辣，基本等同要吞併他的公司，當時呂志和儘管孤立無援，也明白一旦簽約猶如飲鴆止渴，故斷然拒絕。

面對重重逆境，呂志和不願屈服。他四出奔走，找關係以穩固客源，又想盡辦法改善生產效率，提升產品質素。他的努力終於迎來曙光，當社會穩定下來後，政府認為之前的動亂反映民生出現問題，為了舒解民怨，作出了不少改革，又推出「政府廉租屋計劃」等大型建基項目，經濟迅速恢復，更持續增長，嘉華的困局得以解決。不過呂志和未有鬆懈，每日仍身先士卒賣力工作，加上他善待員工，願意與下屬分享成果，故公司上下一心，業務蒸蒸日上。

1972 年，呂志和旗下「大亞石業」於青山廿一咪半的藍地石礦場開幕，面積達 80 萬平方呎，並獲政府批出十年租約，工務局土木工程處處長更親自出席開幕儀式（《華僑日報》，1972 年 8 月 20 日）。同年，政府推出「十年建屋計劃」及計劃興建地鐵等大規模交通網絡，對建材碎石需求甚殷，公司業務更是火紅。到了 1973 年，呂志和將大亞石業上市，透過公眾集資加強公司的實力。據報章報道，其上市時法定股本為 5,000 萬港元，並以每股 1 元發行 825 萬股新股，可見公司的實力及規模（《工商晚報》，1973 年 2 月 25 日）。

由於嘉華、大亞等公司越做越大，老一輩華商「拍膊頭」、講人情的管理方式，明顯已不合時宜，故呂志和主動向西方管理模式取經，完善公司的規章制度。但公司業務急增，單靠他一人之力已不能應付，其時他的子女又尚在求學階段，未能為他分憂，故他邀請了兩位具專業資歷的好友加入大亞石業，給予助力。據他本人的說法，為表誠意，吸引他們為公司賣力，他將近 17% 的股份贈予二人。豈料他的一番善意卻遭對方出賣，這兩人見股票在市場急升，隨即將之出售，令大亞的股價從 18 元大跌至 5 元。而原已持有大

1977 年 6 月 14 日《華僑日報》有關安達臣大亞石業合併的報道

亞股份的和記黃埔亦於此時出手，大舉收購大亞股權，成為最大股東，奪取了控制權。呂志和心灰意冷，決定將手上股份全數售予和記，退出了這間由他一手一腳創立的公司（畢亞軍，2015：100-101）。

　　就在呂志和忙得焦頭爛額的 1977 年，他的祖母張氏逝世（《華僑日報》，1977 年 1 月 22 日）。當年香港重光後，呂志和的父母選擇回鄉，只有張氏留在香港照顧他，陪伴他在事業上衝刺，故祖孫感情極為深厚。張氏的離世加上遭信任的人背叛，失去大亞石業，接二連三的打擊令呂志和心力交瘁，但他沒有放棄礦石業，並咬緊牙關，全力策動反攻。1978 年，他以「嘉華石業有限公司」名義出價 1 億 6,000 萬元，投得九龍安達臣山上兩個石礦場（《工商晚報》，1978 年 9 月 30 日；《華僑日報》，1980 年 4 月 30 日），藉此重新上路。

　　到了 1979 年，年過 24 歲的長子呂耀東學成回港，旋即加入公司，助父親一臂之力，亦標誌著家族企業邁出接班步伐。呂耀東在港完成初中之後負笈美國，入讀加州柏克萊大學，主修土木工程，後來再取得結構工程學理學碩士。回港後，呂耀東成了嘉華石業的其中一名董事（《華僑日報》，1979 年 7 月 8 日），但他仍然年中無休，在礦場工地與僱員一起工作。透過扎實

嘉華石礦場新廠
昨舉行開幕儀式
每月可生產廿萬噸石屎

【本報訊】嘉華石業（集團）有限公司，昨日中午在九龍安達臣道嘉華石礦場新廠舉行該公司石礦場新廠開幕儀式，由工務司李國麟主持。

該集團主席兼董事經理呂志和於致詞時說，嘉華最近以超過四千萬元的費用裝設現代化的碎石廠、磚石廠、高壓水泥製磚廠及洗水砂廠壓製磚廠，每月生產超過二十萬噸石屎及六百萬件的各類高壓水泥磚。

該公司的水泥製磚廠被稱為世界最大的自動化製磚廠之一，平均每小時可以製造十四萬件七十三乘一百乘二百二十毫米的磚塊。

水分行
行開幕禮

【本報訊】……銀行上水分行昨日開業，由……銀行主持儀式，並設有酒會。呂衡，副董事長兼總經理……添，董事梁植偉、梁綠基將在總會會議中致……

參加亞銀會議

【本報訊】財政司夏鼎基昨日離港赴菲，出席亞洲發展銀行第十三屆周年會議，夏鼎基今日起至五月二日在非律賓國際會議中心舉行。夏鼎基……馬尼拉，出席亞洲發展銀行第十三屆周年會議。

1980 年 4 月 30 日《大公報》有關嘉華石礦場新廠開幕報道

的前線體驗加上其學識，他很快便掌握到公司的各個關鍵，成為呂志和的得力助手。到了 1980 年，在加拿大麥基爾大學修讀財務與工商管理的長女呂慧瑜也回港，加入公司董事局，成為管理層一員，協助呂志和管理資金流及賬目等，令他終於不用再孤軍作戰。

呂志和明白單靠售賣石材石礦，公司的發展有限，為了令業務多元化及在市場保持領先地位，必須持續創新，引入更多新技術。故公司在 1980 年投資 4,000 萬元興建碎石廠，利用自動化系統製作高壓水泥磚及石屎等（《華僑日報》，1980 年 4 月 30 日），又在大埔設廠，引進預拌混凝土及渠筒製作技術，並在 1983 年成立「嘉華混凝土有限公司」（《大公報》，1981 年 6 月 18 日）。

這時，他的「宿敵」派安公司再次向嘉華進攻，發起價格戰，想利用以本傷人的方式將他趕走，獨霸市場。不過，這次呂志和早有準備，透過優化管理，使成本降低之餘又不影響品質，與派安打持久戰，做到兵來將擋，有效迎擊。結果，在那場割喉式市場競爭中，派安因虧損過多，無以為繼，因此提早「議和」，遠在澳洲的主席及總裁更親臨香港，與呂志和談「和約」，令他一吐多年的悶氣，兒子呂耀東亦曾協助父親，在那次談判過程中取得更

好條件。

呂志和戰勝外資大行一事，令他贏來「石礦大王」的美譽，也奠定了嘉華在建材業的龍頭地位，之後公司的發展也更見暢順。他整頓集團旗下的公司，並先後於股票市場上市。先是嘉華石業 1987 年上市，市場反應十分熱烈，破紀錄超額認購 246.5 倍，集資超過 1.1 億港元（《大公報》，1987 年 1 月 8 日；1987 年 1 月 22 日）。不過到了 1989 年春夏之交，相信是受到北京政治事件的影響，集團以希望建立國際化形象為由，遷冊百慕達，並重組為嘉華集團（《大公報》，1989 年 7 月 12 日）。

1991 年，嘉華將旗下的「國際筒業」上市，集資 5,900 萬元，以製造及銷售混凝土渠筒（《大公報》，1991 年 9 月 14 日），標誌著呂志和的混凝土生意進入另一里程碑。到了 1997 年，公司易名嘉華建材有限公司，強化集團名牌效應。之後的 2005 年，呂志和再通過嘉華建材將銀河娛樂集團上市。至此，由他一手開拓的生意不但越做越大，業務更日見多元化。

值得一提的是，之前被奪走的安達臣大亞，因母公司和記被長實集團收購（《工商晚報》，1979 年 9 月 26 日），落入了呂志和多年好友李嘉誠之手，而與呂志和對陣經年的派安，李嘉誠亦持有其股份，大家的關係因此有了變化。呂、李二人那時決定合作，在公司中各取一字成立「嘉安石礦」，於內地惠州經營石礦場。雖然礦業的收益在二人的投資中佔比甚少，但這個猶如「王子復仇記」的故事，彷彿蘊藏一點寓意與趣味，教人莞爾。

成為酒店及娛樂場大亨

1960 年代，由於呂志和專注發展建材石礦的生意，導致他與開始騰飛的地產業失諸交臂，不過也因為專心致志，其建材生意儘管多遇波折，仍漸入佳境。當嘉華的發展管理日趨成熟，他開始找尋新的投資目標。在 1977 年，政府有意發展尖沙咀，推出多幅土地進行拍賣，他以「德厚投資公司」名義，用 6,800 萬元投得一幅位於尖沙咀海旁的地皮，打算用作興建五星級酒店（《工商晚報》，1977 年 3 月 19 日及 6 月 8 日）。

呂志和這次的投資並不被看好，因為當時該地段是新填海區，恍如爛地一塊，又偏離尖沙咀中心地段，附近沒有任何設施。而且經營酒店要長久

1979 年 3 月 31 日《大公報》有關德厚投資公司的報道

才能回本，積壓大量資金，再加上他做的一向是「地盤佬」生意，從無營運高級酒店的經驗（《工商日報》，1977 年 11 月 28 日）。不過，外人的評論沒有動搖呂志和對尖東及酒店投資的看法，而歷史最後也證明了他的眼光。

呂志和了解酒店是長期投資，不能如一般買賣般依仗運氣，要成功就需要百分百的投入，一絲不苟地做好每個細節，提升商業效率，故他一開始便親自參與工程的各個設計與籌劃。他透過德厚投資，向滙豐銀行旗下的獲多利財務公司貸款 1.3 億元，務求打造一所美輪美奐的地標式豪華酒店（《大公報》，1979 年 7 月 10 日）。他對酒店的設計、裝潢等細節要求極高，每當施工出現問題，他都會將自己對建築的經驗與專業人士分享，共同商議解決辦法。最後，擁有近 600 間豪華客房及套房的海景假日酒店（後易名海景嘉福酒店）於 1981 年落成啟用（《華僑日報》，1981 年 7 月 14 日），其氣派非凡的酒店大堂到今天仍令人驚艷。

不過，呂志和清楚自己在建材業的經驗，雖能協助興建酒店，但對如何管理頂級酒店卻並不管用，用他謙虛的說法是「外行」，於是他四出訪察挑選，最後決定與假日酒店合作，將經營管理全權交予對方。而他的信任亦得到豐碩的回報，酒店開業後客似雲來，每年的純利近 1 億元，幾年間投資

便全數回籠，更為集團帶來長遠而穩健的收入。至 1991 年，假日酒店的十年管理權屆滿，他決定收回自行管理（《華僑日報》，1990 年 12 月 3 日）。之後酒店質素並沒有下降，六度獲「香港最佳酒店獎」，更在 2016 年起連續四年摘下「世界最佳豪華商務酒店」，這是業界一個極高的榮譽，也證明其品質經得起時間考驗。

呂志和因海景假日酒店，與假日酒店的創辦人威爾信（Kemmons Wilson）結緣，十年間二人合作無間，成為好友。1985 年，威爾信有意在美國舊金山機場興建酒店，於是邀請呂志和加入。呂志和雖感到興趣，但當時他剛開始進軍香港地產業，以及內地投資（詳見下文討論），實在分身不暇，故將此項目交由身在美國的二子呂耀南接手。呂耀南修讀工程，在麻省理工取得科學碩士，畢業後原打算投身工程界，但當他得悉父親的意向後，認為這是一個具挑戰性的嘗試，故在三藩市成立 Stanford Hotels Corporation（日後納入仕德福國際酒店集團之下），與假日酒店集團合作。

呂氏父子透過新成立的公司，購入酒店 55% 的股權。由於呂耀南對酒店業缺乏實質管理經驗，故日常經營細節全交由假日集團負責，但因合作缺乏有效互動，產生了不愉快的結果。由於競爭激烈及管理不善等原因，酒店在營運兩年多後已陷入困境，差點淪落至被銀行強制拍賣的下場。呂志和不甘投資化為烏有，故將酒店股權全數收購，並與兒子一起摸索經營之道。他們將中國及東方文化元素注入酒店，又在管理方法及硬件設施上進行不少革新，最後在中西互補的情況下，成功將酒店轉虧為盈。

這次成功經驗大大鼓舞了呂志和父子，令他們決定加大對美國酒店業的投資，並在 1988 年購入第二家酒店，繼續以中西合璧的形式自行經營。至 1990 年，受波斯灣戰爭拖累，美國經濟轉差，酒店生意亦大受影響，不少酒店割價求售，由於二人相信長遠而言酒店業仍有可為，故在這段期間積極進行收購，吸納具發展潛力的酒店。至 1997 年，公司旗下全資擁有的酒店已增加至 17 間。每當他們購入一間酒店，便會著手翻新重整，為酒店增值。而作為服務業，他們明白員工質素是勝負的關鍵，故除加強培訓外，更用心善待員工，提升他們的向心力及士氣。朝著這個方向，他們將旗下的酒店逐步經營起來，「三星級的成本，四星級的價錢，五星級的品質」更是呂志和定

呂志和與二子呂耀南（右）。（照片出處：《呂志和傳》）

下的目標和要求，成為集團做出好口碑的動力（畢亞軍，2015：146）。

在興建及裝修不同酒店的過程中，呂耀南學習到建築設計、降低成本、優質管理等知識，並將之應用到物業投資上，於1987年起開始參與房地產項目開發。時至今天，他已成為美國頂級物業的知名發展商，在美國不同州份擁有大量土地及發展項目。

發展美國酒店的同時，呂志和也沒放下在內地及香港的酒店投資。1990年，他創立了仕德福國際酒店集團，並與更多國際酒店品牌如洲際、萬豪等合作，在廣州、澳門等地營運28間頂級酒店。他更於1983年牽頭成立香港酒店業主聯會，並擔任主席至今（香港酒店業主聯會，沒年份），團結業界，積極推動香港的旅遊業發展。由於他在酒店業表現卓越，故獲得了「酒店大亨」的美譽。不過，呂志和並不滿足，他的心願是建立自己的酒店品牌，能與其他國際頂尖品牌並駕齊驅。

地產生意的同樣點石成金

在分析呂志和的石礦生意之時，不能不談談他的地產生意。事實上，香港不少富豪都因地產而發跡，如長和系的李嘉誠、新鴻基地產的郭氏家

族、恒基系的李兆基、新世界系的鄭裕彤等。正如前文提及，呂志和早於
1962 年已有涉足地產發展，但卻因擔心風險太高而卻步，結果錯失了 1970 年
代的地產高速增長期。至 1980 年代，當呂志和的石礦生意發展已趨穩定，海
景假日酒店落成後又不用他經營打理，使他再開始小規模投資地產，擴展嘉
華的業務範疇。

在 1985 年，有報章報道嘉華石業聯同捷和製造廠，以 9,200 萬元購入半
山巴丙頓道一個住宅地盤，並計劃興建一幢 40 層高的樓宇（《大公報》，
1985 年 10 月 9 日），那算是呂志和首次打正「嘉華」旗號進軍地產，亦同樣
收到點石成金的效果，取得亮麗成績，獲利極豐。到了 1987 年，呂志和再
以 1.2 億港元購入土瓜灣一幅商住用地，預算發展為高級住宅及商場，數月
後即表示打算斥資 4 億元在該土地上興建三星級酒店。在接受記者訪問時，
他更表示為增強收益來源，有意進軍地產業。較特別的是，該地皮是以現金
支付，無須向銀行借貸，反映公司資金相當充裕，正積極尋找更多投資機會
（《大公報》，1987 年 6 月 29 日；1987 年 7 月 16 日；1987 年 10 月 13 日）。

正當呂志和摩拳擦掌，打算進軍地產界時，1987 年香港卻發生大股災，
恆生指數下跌超過一半，相信嘉華的業務亦受到不少影響。至 1989 年，集團
試圖透過市場集資 1.8 億港元，卻因反應欠佳而擱置。至於在土瓜灣發展酒
店的計劃，相信亦因此觸礁，因為在 1990 年的股東會後，呂志和表示有意出
售物業套現，而據市場人士估計最有可能出售的，正是這幅位於土瓜灣的地
皮（《大公報》，1990 年 3 月 7 日）。地皮購入三年仍未動工，與當年他用四
年時間便將尖沙咀的「爛地」變成五星級豪華酒店相較，顯然是因市場環境
而變得審慎。

之後，呂志和斥巨資參與其他多項地產發展，例如在 1989 年以 1.4 億港
元投得大埔鹽田仔一幅地（《大公報》，1989 年 4 月 13 日），估計是指大埔三
門仔，後建成嘉華混凝土有限公司水泥廠，用作水泥生產基地。接著他以
1.5 億港元購入新加坡的寫字樓物業，用作長遠物業投資（《大公報》，1989
年 5 月 2 日）。約一年後，他又再斥 7,000 萬港元購入新加坡住宅樓花，同樣
作為長遠投資（《大公報》，1990 年 3 月 16 日）。由此可見，在 1980 年代末，
呂志和曾十分進取地參與物業地產市場，具有那種逐步提升生意挑戰──

或者說走向投資多元——的永遠不願停下腳步的企業家性格。

　　嘉華集團官方網頁提及的物業，或者可以揭示地產生意不斷壯大的圖像。具體地說，2000 年，嘉和國際夥同信和置業（簡稱信置）及長江實業，合力競投荃灣朗逸峯現址地皮，成交價為 8.35 億元，每方呎樓面地價 1,009 元。之後，嘉華與信置再有多次合作，亦有夥同其他公司如南豐發展，一齊競投地皮，發展多個項目，例如近年較矚目的西南九龍御金・國峯及港島南深灣 9 號等，其中鄰近西九龍高鐵總站的御金・國峯更賣個滿堂紅，獲利甚豐（《東方日報》，2018 年 10 月 18 日）。

　　用「食髓知味」去形容商人進軍地產業後的情況，相信不會有很多人反對，原因是這一生意帶來的利潤，絕對是十分豐厚。具有雄厚實力的呂志和，顯然亦洞悉這個市場的潛力與機要，並且在成功摸通當中運作後，加大發展腳步。朗逸峯和御金・國峯等地盤進行得如火如荼之時，呂志和還於 2009 年 11 月以 2.603 億元購入九龍嘉林邊道 2 號地皮，當時每平方呎樓面地價逾 6,500 元，預計興建五幢三層高低密度住宅，提供 80 伙 200 至 500 平方呎中小型單位。發展過程中，集團與特區政府雖因土地改契及補價問題出現爭拗和商討，但最終達成協議，於 2017 年 5 月獲屋宇署批出建築圖則，改建為五個面積達 4,000 呎的獨立洋房，於 2020 年取得入伙紙，準備開售（《東方日報》，2019 年 12 月 2 日，《星島日報》，2020 年 11 月 5 日）。

　　當然，呂志和最近有份投資且最為轟動的，非那個被視為「西九龍地王」的重大地產項目——「大維多利亞」（Grand Victoria）——莫屬。該項目由嘉華夥同其他多家地產公司如會德豐地產、信和置業、世茂房地產及爪哇合作發展等，位於西九龍荔盈街 6 號及 8 號，被市場稱為維多利亞港「最後一個臨海項目」，當時（2017 年 11 月）中標價高達 172.9 億港元，計劃分三期進行，合共提供 1,437 伙，估計將會成為西九龍新地標式建築，住宅屬多元化類型，既有兩房及三房類別，亦有開放式至四房，更有大型商場及各式住戶設施（《香港經濟日報》，2020 年 6 月 10 日）。

　　作為具實力且業務與投資多元化的地產商，嘉華有些地產項目與人合作，有些則一力承擔，就以位於舊啟德機場（位於沐寧街 7 號，即第一區 2 號）的「嘉匯」為例，集團於 2014 年以 29.39 億港元投得，可建樓面面積約

55.13 萬平方呎，分為八座，提供 900 伙單位，項目於 2018 年落成。後來，集團再以 58.69 億港元投得附近沐泰街地皮，可建樓面面積約 57.40 萬平方呎，並建成 1,006 伙的「嘉峯匯」，於 2019 年開售（《香港經濟日報》，2016 年 9 月 28 日；《香港 01》，2019 年 11 月 28 日）。這兩個項目可於區內提供共 1,906 個住宅單位，連番舉動，令呂志和成為開發舊啟德機場的領軍人，給該區注入發展動力。

同樣以「嘉」字命名的地產項目，還有科學園白石角的「嘉熙」，該地皮於 2015 年以 30.3 億元投得，可建樓面面積約 66.34 萬平方呎，合共提供 1,122 個單位（《香港經濟日報》，2018 年 5 月 18 日）。除此之外，嘉華亦有投資規模較小的物業，如將軍澳至善街 9 號物業地皮、半山區東部肇輝臺 6 號物業地皮、灣仔莊士敦道 60 號商廈地皮、元朗第 103 地段位於錦上路地鐵站的物業地皮等等，反映集團在物業地產上的發展，就如低頭推車般不斷努力，一直打拚，取得的成績有目共睹，至於呂志和家族的身家財富，當然在這個努力的過程中不斷攀升。

投資內地的多途並進

作為既具國際視野又心懷家國的愛國企業家，呂志和早於 1980 年代已開始在中國內地投資，為改革開放作貢獻。從資料看，他最初的洽談項目是酒店業，但由於當時中國「改革開放」剛出台，運作尚未成熟，令他一時未能放心投資。至 1984 年，他才與廣東省軍區合作，在外伶仃島投資興建石礦場。據報道，這個項目投資金額約 1,800 萬港元，合約為期 15 年。以嘉華石業當時的規模而言只屬小型投資，但由於首次進軍內地，呂志和非常著緊，常在百忙中抽空到場巡視，石礦場於 1987 年中開始投入服務（《華僑日報》，1987 年 10 月 13 日）。可惜，受不同因素影響，項目失敗告終。

由於呂志和在 1980 年代捐助興建五邑大學，令他認識了後來出任廣州市長的黎子流，黎子流在任內大力推動建設，並推出不少政策吸引港商投資，呂志和亦把握機會，將他在香港的房地產建設經驗帶上廣州，成為第一批參與打造現代化廣州的外商，首個投資項目，是將位於越秀區的舊樓群改建為 12 幢商住物業「嘉和苑」。由於這是廣州舊城區的首個開發方案，完全

沒有先例參考，加上內地官僚作風及牽涉數千戶居民的搬遷事宜，令項目變得十分繁瑣複雜，連負責的呂耀東也感到吃不消。幸好經歷一番摸索後，項目終於完工，更因品質優越而成為廣州的地標。

之後，呂志和繼續在內地的投資，包括在1993年興建廣州最大規模的黃陂石礦場。可惜，到廣州新領導班子上場後，卻全盤推翻合約，只「賠償」了30萬元人民幣就強行關閉石礦場，令嘉華過億元的投資化為烏有，大大打擊他投資內地的熱誠。在後來一次訪問中，可看出他對事件仍耿耿於懷：「我們是被當成貴賓招商引資進去的，僅特製的專用運輸車就價值千萬（港）元一台……在這樣的情況之下，真的不做了，跑去上海」（《南方人物周刊》，2016年3月9日）。

嘉華之後在內地仍有投資，但主戰場由廣州轉往上海。1993年，嘉華集團在上海靜安區投得多塊地皮，發展為高級的商住樓宇，這個項目作為試金石雖利潤甚微，但卻為嘉華贏得口碑，令呂志和的信心大增，也明白到在內地投資，要慎選合作對象及投資地點。在穩中求進的策略下，集團逐漸增大投資規模，至2005年，頂級商業大廈上海嘉華中心正式落成，之後其他物業如嘉麗苑、嘉御庭等屋苑及豪宅亦在市場出售，由於物料設計等質素都十

1987年外伶仃礦場開幕禮。（照片出處：《呂志和傳》）

分出色，銷售情況十分理想，集團出品更成信心的保證。

除物業開發外，呂志和也在上海經營建材生意，在 1995 至 2000 年期間，集團先後成立了七家混凝土合營企業，並因質優量大，獲國家「一級資質」證書。其後建材生意在內地穩步發展，業務遍佈北京、南京、深圳等地，並成為最具規模的生產商之一。但最令他自豪的，是集團研發出環保的「礦渣微粉」生產技術，能將廢料重製成建材，為國家可持續發展出一分力。在 2010 年起，集團在內地的投資類型不斷增加，除物業及建材外，其他如地產、酒店、娛樂休閒等業務均有長足的發展。

不過，對呂志和而言，投資內地不單是一盤生意，也算是建設國家的機會，賺蝕不用計算得太清楚。在一次訪問中，他提及在內地投資有不少「妥協」，如嘉華與上海寶鋼集團合作經營礦渣微粉業務及地產，或與跟北京首鋼集團合作，當生意開始有回報時，嘉華都在對方要求下退出。但呂志和認為這都沒關係：「合作了大家就是朋友。這些企業都是國有企業，這也算是我們對國家做貢獻的方式」（《南方人物周刊》，2016 年 3 月 9 日）。

進軍澳門博彩業成為新賭王

石礦、酒店、地產，甚至投資內地等多途並進，大開旺場之時，自香港及澳門先後回歸後，投資目光更多集中在大中華的呂志和，仍在時刻尋覓新商機，渴望為集團注入更多動力。其中澳門回歸後，特區政府披露有意開放博彩權一事，吸引到那時已年過 70 歲的呂志和的興趣，因此又馬不停蹄地探索，彷彿在他的人生字典中沒有退休一詞，而是時刻工作、不斷打拚，具有充沛精力，一直將企業不斷推進。他這次的投資目光由香港及內地轉到澳門，雖然他對經營博彩業毫無頭緒，但他覺得關係到澳門經濟命脈的博彩業，其實尚有不少發展空間，將之發展成休閒旅遊重鎮，便是一個別具潛力的方向。

正如前文提及，因應回歸前澳門經濟及博彩業欠缺活力的問題，特區政府決定藉開放博彩專營權，以刺激經濟發展，並在多番努力後，於 2001 年通過《娛樂場幸運博彩經營法律制度》，為開放賭權邁出重要腳步。條例傳達了一個十分重要的訊息：待原來的專利經營者「澳娛」的博彩專營合約屆

滿後，博彩業將開放，專利牌照由一個增加至三個，澳門賭業市場開放已是事在必行了（澳門特別行政區政府博彩監察協調局，沒年份；黃平，2008；Zheng and Wan, 2014）。

早已看到澳門博彩業潛藏巨大機遇，又已作了不少籌備的呂志和父子，這時立即採取了更為具體的行動，主要是籌集資金，成立銀河娛樂場股份有限公司，然後與美國金沙集團聯手，參與競投。能征善戰的呂志和相信，雖然他本身沒有營運賭場的經驗，但金沙集團有，銀河娛樂可如當初營運酒店業的方式一樣，從合作中摸索，邊做邊學。至於澳門的娛樂博彩生意則可令本身家族生意更多元化，尤其可朝著旅遊多元化的方向前進。

結果，在經過澳門特區政府嚴格的競投程序後，由呂志和組成的財團，以冷門姿態擊敗來自世界各地的對手，成功勝出，成為其中一家專利持牌商，與賭王何鴻燊的「澳博」及拉斯維加斯之父史提芬·永利持有的「永利」三分天下，呂耀東亦在父親帶領下，開展投資與興建相關設施等（Zheng and Wan, 2014）。必須指出的是，過往如盧九、傅德蔭、何鴻燊等人，在最初奪得博彩專營權時，都是財才不豐、從商年資有限，然而那時的呂志和已屬

呂志和於澳門銀河第一期開幕禮。（照片出處：《呂志和傳》）

一時巨富，不但擁有豐厚的經商經驗，亦有極為深入的人脈關係，能在取得專利權後有更大發揮，令不少人大有期望。

尤其值得指出的是，與其他參與投標者不同，呂志和父子計劃的發展重點，不單是博彩業，還有一連串休閒娛樂的配套，務求將澳門發展為一個老幼咸宜的度假勝地，而且他們選定的落腳地，是當時尚相當荒蕪的路氹，而不是賭場集中的澳門半島。由於他們的構想創新，也與澳門政府不想產業過度集中於博彩業的期望不謀而合，因此獲得市場和社會高度重視。

不過，呂志和的「銀娛」與金沙集團的合作，尚未開展即出現巨大分歧，兩間公司遂向政府要求利用行政手段轉批牌照。2002 年，澳門政府同意修改「銀娛」的經營批給合同，以「轉批」方式將賭牌一拆二，令金沙集團亦能繼續經營博彩業務，這即是「副牌」的由來（《東網》，2019 年 11 月 20 日）。隨後「澳博」及永利亦「照辦煮碗」（仿效），分裂出「美高梅」及「新濠博亞」，形成現時「三主三副」共六個賭牌的局面（Zheng and Wan, 2014）。

一時間，澳門的博彩公司由三間增至六間，與原來只有一間相比，增幅更大，而除了呂氏家族的銀河娛樂外，其餘五間都是賭場老手，自然駕輕就熟地開始進行建設，希望搶喝「頭啖湯」。銀河娛樂雖是由零開始，但負責項目的呂耀東並不急躁，因為他與父親都明白，第一輪的競爭他們肯定趕不上，與其爭快，不如求好，故仍按照原來步伐，仔細規劃、施工。而在旗艦星際酒店完工前，為免全無收入，他們先與沒有牌照但品質不錯的華都酒店合作，在 2004 年開設華都娛樂場。由於只需要進行翻新工程，這所毗鄰港澳碼頭的賭場很快便開門營業，讓銀娛賺錢之餘，也學習營運博彩業務。

這裡必須指出一個重要的發展進程轉接，那便是 2002 年底的「沙士」（SARS）疫情衝擊港澳經濟，然後中央政府於 2003 年推出「自由行」政策。在大量內地居民湧到港澳旅行下，帶動了兩地經濟的迅速復甦，失業率大降，人民生活回升，澳門博彩業在這個新政策下獲得前所未見的重大發展。

確實點說，自 2003 年之後數年，銀河娛樂在與其他生意夥伴的合作中，更好地邁出了發展腳步，如在 2006 年與利澳酒店合作，開設利澳娛樂場；又與總統酒店合作，開設總統娛樂場；更與另一家名叫金都的酒店合資，推出金都娛樂場等等。即是說，呂志和父子在不利的條件下盡快「變

陣」，作更好應對，令公司不用「空轉」，再緊抓當時社會的特殊機遇，在星際酒店完工後迅速投入經營，同時又能積累經驗，開拓市場，可見他們營商頭腦的靈活與應變能力之佳，當然亦福星高照，盡得天時地利人和之效，所以如火乘風勢，很好地發展起來。

在眾多合營的娛樂場中，設於路氹的金都娛樂場最為特別，有別於其他娛樂場以博彩為中軸，它的定位是綜合家庭式娛樂及消閒設施，而且規模不小，投資總額高達 32 億港元（銀河娛樂集團新聞稿，2006 年 9 月 29 日），與呂志和構想中的綜合及多元娛樂的設計最接近。而它推出後備受市場歡迎，對銀河娛樂自然是一枝強心針。

2006 年 10 月，銀河娛樂精心打造的星際酒店及娛樂場，終於落成啟用（銀河娛樂集團新聞稿，2006 年 10 月 19 日），這幢樓高 38 層、設計前衛的酒店，旋即成為澳門的新地標。酒店的裝潢、餐飲、設備都為配合亞洲——特別是中國內地遊客而設計，加上貼心熱情的服務，一開業即極受市場歡迎，入住率維持九成以上。為了爭奪利錢最高的貴賓廳業務，公司還創新地推出會員制，以極高私隱度及頂級服務體驗，招攬高端客群。種種大膽創新的設計，令銀河娛樂在 2007 年的年收入大增 179%，錄得盈利 130 億元（畢亞軍，2015：184）。

呂志和深信居安思危，而財務保障是業務發展的關鍵，故早於 2005 年銀河娛樂尚無資金壓力時，已透過嘉華建材「借殼」上市，並易名「銀河娛樂集團有限公司」，成為香港首間上市的博彩公司。之後再透過發債集資及配售新股等財技，令家族不用將大筆資金投放於此，持股量由 71% 減至 51%（《NOW 新聞》，2014 年 1 月 18 日），公司仍有充裕資金可以發展經營。

幸好，呂志和有先見之明，因為 2008 年的金融海嘯，一度大大打擊澳門的博彩業。當其他博彩公司都要舉債甚至停工，以一刀切的方式紓緩財政壓力時，銀河娛樂因資金較充裕，故只需放慢發展步伐便足以應付，並在市場開始復甦時搶先大舉融資，令「澳門銀河 TM」綜合度假城第一期只延遲一年便順利完工，總投資額高達 165 億元，提供超過 2,200 間客房及套房。期間銀河娛樂還有餘力透過回購債券，減少利息支出，結果在這場爭霸戰中後來居上。

由於早年在氹仔以低價購入不少土地儲備，第二及三期工程也在低成本下陸續落成，令呂志和父子成為實至名歸的「澳門新賭王」，背後揭示的，是一份老驥伏櫪，志在千里的氣魄。呂志和成為不少傳媒爭相訪問報道的風雲人物，而他為博彩業注入強烈的現代氣息，有別於過去太多「賭博」味道，亦令澳門社會發生蛻變。至 2020 年，銀河娛樂的市值已超過 2,000 億港元（《阿斯達克財經》，2020 年 12 月 30 日），超越老行尊「澳博」，與金沙叮噹馬頭。除了在澳門的發展，呂志和與呂耀東父子也開始思考更多投資的可能性。如他們已計劃發展與澳門一橋相隔的珠海橫琴島，在當地開設大型豪華度假村。

兼善天下的回饋社會

商人重利，拔一毛以利天下而不為，與儒家傳統「何必曰利，亦有仁義而已矣」的精神背道而馳，故商人過去在中國的地位一直受到抑壓，被列於四民之末。但商人中亦有不少重視社會責任及商業道德者，講究「窮則獨善其身，達則兼濟天下」，而呂志和亦一直以此作目標，在事業站穩陣腳的 1960 年代，便開始投入參與公益活動。自 1970 年代起，他加入了香港歷史悠久的民間福利機構東華三院及仁濟醫院，並在 1981 年出任東華三院主席（《大公報》，1981 年 3 月 4 日），出錢出力為弱勢社群服務，又擔任不同公職，為推動香港發展出謀獻策。為表揚他對社會的貢獻，他於 1983 年獲頒英國員佐勳章（MBE），1986 年再被委任為太平紳士（《華僑日報》，1982 年 12 月 31 日及 1986 年 9 月 26 日）。至回歸後，他分別於 2005 及 2012 年獲頒授金紫荊星章（GBS）及大紫荊勳章（GBM）。

由於呂志和在出席大小公開活動時，常常戴著帽子，成為了他的一個標記，在某次和他聚首的活動上，我們曾詢問他戴帽的原因，是不是為了讓自己更好看一點？他的回答坦率，且帶出一份令人「窩心」的父女之愛。據他所說，年紀大了，頭髮漸疏，他出席不同活動 —— 例如參觀醫院、探訪學校時，有些地方的空調開得特別涼，他會受不了。女兒知道後，給他買了一頂帽子，讓他戴上，以免著涼，他戴後確實覺得好了很多，以後每有外出活動，在一些較涼的地方必然戴上，久而久之成為形象。

在呂志和參與的眾多公職中，他對內地與香港合作交流及教育事務尤其熱心。作為第一批回國建設投資的港商，他關心國家的發展，參與穗港經濟發展協會及滬港經濟發展協會的工作，也是第一批港人出任全國政協委員，積極促進內地與香港融合，期望兩地能同步邁向更好的將來。或許是少年失學的關係，呂志和更重視教育，明白教育對個人及社會的重要性，故多年來不斷捐獻，由內地貧困山區學校至國內外的大專院校都受惠不少，並因此獲邀出任內地及香港多間專上院校的校董或校委會成員，亦獲頒授名譽院士、名譽博士等頭銜，以表揚他對教育的熱心付出。

呂志和認為物質上的捐獻，只能解決個人及社會的燃眉之急，要將現今過份著重物質及科技的觀念糾正過來，要從人心著手，強調社會文明、公民責任、修養道德等價值觀，才能建設一個更美好的社會。為此，經過兩年多的思考和醞釀，他終於在 2015 年宣佈成立「呂志和獎」，並捐出 20 億港元作第一期啟動基金（嘉華集團，沒年份），作長遠的營運及持續發展之用。社會一般拿此獎項與諾貝爾獎和邵逸夫獎相提並論，可見其巨大影響力。

呂志和獎所表揚的對象包括三大範疇：「促使世界資源可持續發展」、「促進世人福祉」，以及「倡導積極正面人生觀及提升正能量以振奮人心」，得獎者可以是個人或團體，可獲得 2,000 萬港元的獎金、證書及獎座。除了獎金極豐厚外（較世界知名的諾貝爾獎高出超過一倍），呂志和獎另一特別之處，更在於其沒有一固定的「學術」領域，而是著眼於得獎人能否對世界文明有卓越貢獻，避免了獲獎條件只聚焦於學術的問題。若與同為香港華商設立、且被譽為「東方諾貝爾獎」的邵逸夫獎比較，明顯看出呂志和獎更重視偉大的心靈與高尚的品德情操（呂志和獎網站，沒年份）。順帶一提，2019 年呂志和獎的得獎人道德納教授（Jennifer A. Doudna），進一步於 2020 年獲諾貝爾化學獎，可見呂志和獎別具慧眼，早識先機（《星島日報》，2020 年 10 月 9 日；*Forbes*, various years）。

呂志和獎無疑是呂志和推動社會文明發展的聚焦點或制高點所在，發揮成效有多大，仍要時間觀察，惟他的為人經商之道，已影響了無數他的夥伴、親友及企業員工們，這些哲學商道，扼要地可歸納如下八端：

- 其一是「二八法則」。即是營商及處事時，要緊緊抓住 20% 的重點，這樣便能做 80% 的事情。最能反映這一法則的巧妙之處，其實是股票市場，上市公司單一大股東的控股比例便是 20%，可見其具有科學根據。

- 其二是穩中求進法則。呂志和常強調，「企業要敢於追『一萬』，但防止『萬一』比追求『一萬』更重要。」人生與經營總有風險，低估風險容易招來滅頂之災，呂志和追求發展和利潤，但不忘避險，所以能長期屹立不倒，不斷乘風破浪。

- 其三是良好信譽法則。他認為信譽能結交朋友、留住員工，亦能吸引客戶，這不但有助發展生意，開拓市場，尤其能防止「萬一」，成為個人、家族及企業的「最後及最強防線」。

- 其四是創新法則。做生意、辦企業沒創新，只會停滯不前，所以他常說：「我喜歡創新，並享受創新的成功」，原因是他一直強調不用老辦法與人爭奪舊利益，認為這樣沒出路，創新才有生氣，有生氣便是「生」意。

- 其五是無休止學習法則。呂志和認為，創新不是石頭爆出來，而是經驗、智慧、勤奮和不斷思考探索的產物，或者說是知識、經驗、情報及資訊累積的結果，而無休止的學習、思考和不自滿，是通往創新的必經之路。

- 其六是專業團隊法則。呂志和認為，老闆只需掌握財政及提供提導，執行一定要靠專業人士，所以他十分強調任賢與能，廣招專業人士成為集團管理骨幹，尤其引入「企業家族」的概念，即是進行企業的制度改革，釐清管理權責，讓專業人士更好發揮。

- 其七是中西合璧法則。呂志和本人自小在江門和香港成長受教育，中國文化與傳統深入骨髓，子孫們則多在美國接受西方現代教育。他深知中西文化各有優劣長短，吸納各自優點，為我所用，是他一以貫之的原則和哲學，尤其強調要以西學之「術」處事，以東方之「道」待人。

- 其八是樸實家風法則。雖然成為巨富，居於富豪排行榜前列，金錢多到花不完，但呂志和生活卻甚為節儉，無論是自身、家族或企業，都堅持「應使才使」（要用才用），不能奢侈浪費，樸實為上。

由如何有效賺錢到如何有效花錢，兩者均十分引人好奇，同時亦屬考驗個人智慧與能力的問題。呂志和憑著點石成金的才華，打拚出極為亮麗的

2015 年呂志和獎成立典禮。（照片出處：《呂志和傳》）

事業，積累成巨大財富，之後又以別具創意的方法，把錢更好地花掉，回饋社會，作福後代。這樣「左手交右手」或「一入一出」的方法，書寫了呂志和的人生傳奇，亦奠下其個人社會地位與名聲。

傳承接班的延續家族傳奇

到了 2020 年，呂志和已經是 91 歲高齡了，過去被稱為耄耋之年，相當罕見，惟呂志和仍身壯力健，奔走於政商和內外社會之間。若從他 13 歲香港淪陷時開始當小販幫補家計算起，他已經工作近 80 年了。他出席銀河娛樂 2020 年股東大會時仍思路清晰，答問流利（《香港經濟日報》，2020 年 6 月 11 日），而且他每天仍堅持工作八小時，經常與公司管理層會面商討集團發展，沒有退休的打算，正如他自己所說：「我喜歡工作⋯⋯這年紀退休能做甚麼？賞魚最多也就賞一會，難道還能跟它游泳？」（《南方人物周刊》，2018 年 1 月 3 日）。但要確保這個千億企業王國能好好傳承，富過多代，便極需找到最合適的新掌舵人，帶領這個家族及企業走下去，而他早在 1970 年代末已逐步安排子女進入企業，開始了傳承接班進程。

此外，按中國傳統，財產繼承應採取「諸子均分」的原則，以體現儒

家「均其貧富，養其考弟」的理想和精神，而法律上亦有明文規定，如清律《卑幼私擅用財卷》訂明「其分析家財田產，不問妻、妾、婢生，只以子數均分」，但現代由於男女平等觀念的提升，法律規定不論性別，子女皆享有遺產繼承權。當然，大家長以遺囑形式分配財產，誰多誰少都任憑其喜愛，不過不少研究早已指出，這是興訟爭家產的成因之一（鄭宏泰、黃紹倫，2011）。呂志和有三子二女，到底怎樣分配才能令各人都心服口服，不會心生怨懟，甚至鬧上法庭呢？相信應是這位身經百戰的企業家的終極考驗。

與不少家族企業的傳承接班相比，呂氏家族一向予人「兄弟和睦」的印象，資產已有明確安排則是很好說明。但是，一如霍英東家族鬧出爭產官司般，哪怕創業一代已做好多方準備與安排，總是難以確保萬無一失。事實上，當記者以霍英東家族的例子，詢問呂志和有關企業和巨富將如何分配的問題時，他總是表現出某些表裡不同的回應和思想差異。

按傳媒披露，他曾在 2012 年的股東會後表示，早已分配好子女的工作及資產：澳門業務歸長子呂耀東、美國業務交次子呂耀南、香港業務歸三子呂耀華，而香港的酒店業務由長女呂慧瑜負責，行政則交由擁有加拿大西安大略大學工商管理碩士學位的幼女呂慧玲負責。他甚至曾笑言：「自己錢唔係咁多（不太多），對於第二代唔使擔心」（《東方日報》，2012 年 5 月 31 日），有媒體雖以「成竹在胸」形容呂志和的分產安排，但某些猜度和不太肯定，仍是流露於字裡行間（《大公報》，2012 年 5 月 31 日）。

作為香港十大巨富，資產一度迫近首富李嘉誠的呂志和，當然不會如他本人所說「自己錢唔係咁多」。在 2020 年，美國財經雜誌《福布斯》估計他有 117 億美元（約 906 億港元）資產，當中最值錢的是銀河娛樂持有的澳門博彩業務，市值超過 2,287 億港元（銀河娛樂集團財務報告，2020），較嘉華的 1,200 億港元高出近一倍，估計當中呂志和家族共持有約六成多的股權。而美國的投資主要是 Stanford Hotels Corporation 旗下 13 間酒店，品牌包括洲際、萬豪、希爾頓、Doubletree 及喜來登等，擁有房間近一萬間，2012 年的市場估計價值約 78 億港元（《東方日報》，2012 年 5 月 31 日）。香港的酒店業務，則是由仕德福國際酒店集團擁有的三間酒店及一幢收租物業，估值以百億港元計。

若最後呂志和真的落實這樣的分家模式，則長子呂耀東所得遠高於人，幼女似乎未得分毫。當然，以上安排應該只是呂志和分家的初步藍圖，未有提及他私人持有的物業及投資等，相信詳情仍有待家族中人細密推敲及討論。不過這個安排已大致上可看出呂志和的分產邏輯，以及經過長期鋪墊的思維，絕非暮年時才突發的奇想。

　　先是呂志和分產的原則，基本上有中國傳統的意味，由嫡長子繼承長輩身份、傳承家族血脈香火。而呂耀東作為長子，又最早參與家族企業的工作，除非他犯下大錯或能力極差，否則很大機會都會由他成為家族的領頭人。自他1979年回港加入公司後，呂志和一直讓他跟在身邊，參與公司每個重大決定，經過40多年的教導，相信呂耀東已得其父的真傳及信任。故當公司投得澳門的賭牌時，呂志和已不像往日投資海景假日酒店一樣事事親躬，只會緊抓大方向，把監管及執行的重要工作交由長子一手打理。呂耀東亦不負父親重託，在他領導下，把銀河娛樂做得有聲有色，成功通過父親的考驗，因此自然可以接手父親打下的龐大企業王國。

　　至於二子呂耀南及三子呂耀華，根據諸子均分的原則，相信他們亦獲

本書筆者之一鄭宏泰（右）與呂志和合照

得份量較接近的產業。呂耀南除經營 Stanford Hotels Corporation 外，還有當地的建造及銷售物業。他首次作地產投資是在 1987 年，那年他才約 30 歲，起動及主要資金來源相信亦是來自父親。至於幼子呂耀華較低調，應該是在美國南加州大學工業及系統工程學士畢業後即加入公司，在 1985 年已經以高級職員身份出席嘉華石業的酒會，其時約 22 歲，至 1986 年，職位為市場業務主管（《華僑日報》，1985 年 8 月 2 日及 1986 年 7 月 22 日）。他接管的香港生意，除呂家的「祖業」石礦建材外，最大部分應是內地和香港的物業。

此外，兩名女兒雖然表面上所得較少，不過這始終只是口頭上的「明算賬」，呂志和有多少私人投資及「私己錢」，外人無法得知，但相信他會將自己名下的現金或物業給予女兒，令整個分配較公道。由於傳統上家產只傳男丁，會令人認為女兒只得「零頭」也應心存感恩，但在講求男女平等的世代，想法早已改變，若仍堅持傳男不傳女，難免會令部分家族成員感到不公，影響家人間的關係，甚至「為啖氣」興訟，為家族帶來傷害。呂志和長女呂慧瑜在 1980 年加入公司，與弟弟呂耀東一樣長期協助父親打江山，表現獲父親肯定。「論功行賞」下，她獲得集團部分業務，由她全權掌舵。可見除性別，呂志和亦視乎子女對家業的貢獻而有所安排。

不過，呂志和的思考中，明顯仍有重男輕女的痕跡。如公司最核心的業務嘉華及銀河娛樂便留給了兩名兒子，女兒就算功勞多大、年資多久，亦無緣接手旗艦業務，寧可以其他方式作「補償」。顯然，就算女兒們最後所獲金額與兄弟一樣，但傳統「家業不落外姓」的觀念仍根深柢固。

必須指出的是，在財產安排上，呂志和以業務及地區劃分，相信有助減低兄弟間因公事上不合而起的摩擦。這或者參考了其他家族的分家安排，例如眾所周知的東南亞首富余東旋，他一早立下遺囑，將資產平均分予 13 名兒子，結果因各人對生意看法不同，各自為政，加上長子早死，結果不出 40 年便失去了大部分家業，只剩余仁生仍在子孫之手（鄭宏泰，2018）。新鴻基郭氏家族則是一個較近期的例子，郭得勝原希望三子能同心合力搞好公司，甚至在遺囑中註明「永不分家」，但始終不敵家族「分」的壓力，不但鬧上法庭，三兄弟全面決裂，更揭露公司違法運作，導致郭炳江及數名公司高層職員入獄（鄭宏泰、高皓，2017）。

更重要的是，正如前文提及，這種鋪排其實早在 1970 年代末已開始了，從呂耀東大學畢業後返港便加入公司董事局可見端倪，另外又如美國 Stanford Hotels Corporation 成立時，公司由呂志和及呂耀南二人主力管理，之後改由長駐美國的呂耀南負責；澳門的博彩業從一開始便由呂耀東負責，而銀河娛樂的董事會上並不見其弟的身影；呂慧瑜則一直主管酒店業務，仕德福國際酒店集團的管理層名單，只有她一人獨領風騷。反映呂志和一開始已有意識將生意切割，減低子女起爭執的機會。

另一方面，當呂志和定下子女的發展大方向後，則會全力協助栽培。較明顯的例子是幼子呂耀華，由於獲安排接管內地及香港業務，呂志和應在 2010 年起便運用自己的「江湖地位」，著力幫助他建立內地的人脈，特別是政治方面，故他一長串的公職中，不少都與內地有關，如廣州政協委員、江門市政協委員等（嘉華集團，沒年份），頭銜甚至較父兄更多。整體而言，呂志和的分產既有傳統長子繼承、重男輕女的元素，但亦體現了現代男女平權、論功行賞等原則。

與不少世家大族一樣，呂志和在安排子女接班、完善分配財產之時，亦同步展開第三代的接班行動，讓他們及早了解嘉華系的企業文化和實質運作，日後可承擔更大領導角色。然而，正如前文提及，由於呂志和基本上堅持低調樸實，子孫亦緊跟此家訓，所以有關下一代接班或工作的資料極缺。略有一些足跡的，只有呂耀東長女呂嘉瑩，她乃美國塔夫斯大學兒童心理學畢業，踏足社會後加入銀河娛樂，擔任款客業務拓展經理之職，並因她在開拓「時尚品味」事務上有突出表現，於 2018 年獲得了「青年企業家大獎」（《旭茉 JESSICA》，2018 年 9 月 18 日），引來社會注視。

一如我們在其他文章中提及，家族企業的傳承接班可粗略分為四個階段，創業家長仍在生之時，哪怕已宣佈退下前線，但仍有很大影響力，嘉華集團的情況亦如此。由於創業一代仍然壯健，第二代其實尚未完全登上領導頂峰，第三代亦未完全「露面」，社會對他們尚未全面認識，可見這個家族及企業的進一步發展到底何去何從的問題，現時仍言之過早，需要時間作進一步驗證。

結語

　　若以登上賭王寶座時的年齡論，呂志和無疑是澳門歷史上年紀最大的新賭王。與其他賭王不同的是，他在此之前已發跡，雖未曾染指博彩，沒經營賭場經驗，卻能成功入行，做出極亮麗成績，無疑前所未見。可這樣說，自他入行且登上賭王寶座後，澳門博彩業猶如脫胎換骨，有了截然不同的發展格局，既說明了澳門特區政府當初決心引入競爭的策略正確，亦揭示如呂志和這樣的新賭王，引入新經營意念和新內涵所帶來的重大突破和貢獻。

　　從呂志和創業興家的故事中，我們不難發現，家族企業的發展和傳承，並非只有單一模式，民間順溜的「富不過三代」，其實亦只是一種表面說法而已，絕非鐵律。按呂志和本人的說法，曾祖輩已創業成功，只是到父輩時因戰亂而走下坡而已。哪怕家族「三代單傳」，到他一代時卻能再創輝煌，可見家族企業自有其韌力和活力，不容小覷。從他早在 1970 年代末便安排接班，及早作好分家安排，尤其藉著大做慈善，留下豐厚社會及道德資本，呂氏的家業要世代相傳，繼續發展下去，相信不會有太大難度。當然，世事如棋，最終走向是否如此，則留待時間作見證了。

註

1　由於《呂志和傳》的內容相信主要來自呂志和，某些存在疑問的地方，筆者會另作一些補充、說明和分析。

2　這裡有三點值得注意：其一是呂德盈跑到人生路不熟的墨西哥買地種菜，揭示他應該在當地有一定人脈關係；其二是他選擇做農業，需投入的資本不少。一般海外華人在資金有限下，多選擇小規模創業，如經營餐館、小百貨店或洗衣店等，因此可見他的資本應該不少；其三是以他 15 歲赴美，只打了數年工便創業，資本沒可能來自工資累積，揭示他本身家境應該不差，或其親戚有一定來頭。

3　按呂德盈生於 1870 年，而呂志和父親生於 1911 年，綜合推斷，呂德盈應在 1890 年代初回華娶妻生子，即是旅美大約五年之後。

4　可惜，《呂志和傳》中沒有提及呂永康去世後，家族在美國的生意及財產情況，亦沒說明祖父在那裡是否另有家室，因為在那個年代，不少海外華商總是內外「兩頭家」。呂永康的人生和在美的生意事業發展等，均有一大片空白，惟呂志和日後擁有很強的「美國關係」，以及在美國有不少投資，則是十分突出和明顯的。

5　無論是曾祖父當年在美國創業，或是他本人再邁創業腳步，都若隱若現地讓人看到家族親戚關係網絡的助力，曾有不少不容低估的商業聯結。

6　可惜，《呂志和傳》中沒有詳細講述這「友人」是誰，但這人能掌握美軍打算出售機械物資的資訊，並轉告呂志和，揭示呂志和的人物關係網絡絕對不能低估。

7　此點進一步突出這位「朋友」的網絡或關係不容小覷，因他能介紹在日本很有影響力的松村家族給呂志和，促成合作，極不簡單。可惜，有關這方面的資料，呂志和在傳記中卻沒透露。

8　呂志和與霍英東堂弟霍伙根的關係顯然亦十分特殊，他們如何認識、之前還有哪些合作、與新中國之間又有何種關係，《呂志和傳》中亦甚少提及。

9　除了呂耀東，妻子還誕下呂耀南、呂耀華、呂慧瑜、呂慧玲，合共三子二女，可說是打破了過去的三代單傳。

呂志和家族圖

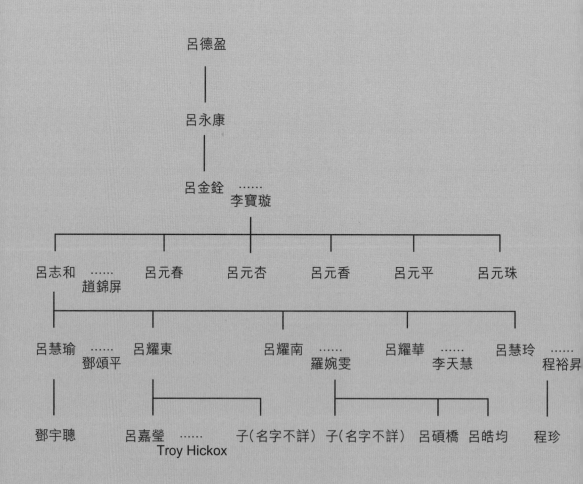

呂德盈

呂永康

呂金銓 ······ 李寶璇

呂志和 ······ 趙錦屏　呂元春　呂元杏　呂元香　呂元平　呂元珠

呂慧瑜 ······ 鄧頌平　呂耀東　呂耀南 ······ 羅婉雯　呂耀華 ······ 李天慧　呂慧玲 ······ 程裕昇

鄧宇聰　呂嘉瑩 ······ Troy Hickox　子(名字不詳)　子(名字不詳)　呂碩橋　呂皓均　程珍

第

家族與社會
特殊環境獨特生意的非獨特家業傳承

　　無論是澳門的發展歷程，或是各代賭王家族的盛衰起落歷程，均見證了澳門在特殊環境與時空下的傳奇發展。傳統智慧與現實經驗告訴我們，鮮有地方能在缺乏天然資源下發展起來，亦鮮有人能從賭博中致富，然而賭博之於澳門，卻成為重要突破點。推進賭博合法專營化的政府，表面看來是最主要贏家，至於作為賭場經營者的那些賭王家族亦是大贏家，他們憑經營賭場富甲一方，名揚中外，恰恰說明在賭博合法化下，只有政府及經營者才是贏家的千古不易道理，同時亦反映了澳門與別不同的歷史選擇與多重特殊性，這樣的發展道路，實非其他地方或城市所能學習模仿。

章

　　那些從澳門賭業中吸納大量資本，積累財富，延續多代的各個賭王家族，他們無論在崛起壯大、開拓生意之時，進行多元投資之時，甚至是安排家業傳承、爭取社會認同、投身慈善事業之時，都可以找到不少值得汲取的經驗教訓。作為本書的總結，本章一方面檢視澳門的獨特地位如何令賭博業獲得茁壯成長的空間，另一方面則會聚焦家族層面，扼要地分析其發展與傳承經驗。

彈丸小城的特殊發展空間

毫無疑問，賭博業能在澳門茁壯成長，歷經個多世紀而不衰，政府屢變而不廢，實有其獨特之所在。一方面，這是因為賭博能滿足人類尋求刺激的本能，哪怕這種需求如果控制得不好，便容易滋生問題；另一方面賭博亦有社會功能，既可紓緩社會壓力，亦能產生經濟效益，同樣地若然掌控不好，亦會出現各種問題，衝擊民生經濟。確實點說，無論中華大地或其他鄰近地區，都對賭博合法化有所抗拒，行了又止，屢禁不絕，因此讓澳門賭博業獲得極為重要的發展空間，令其恰到好處地做出多方面發展平衡，在亞洲地區，甚至世界成為一道發展奇葩，至於令其發揮神奇效果的重中之重，說到底便是第二章中提及那個多重「在中間」的特殊性。

扼要地說，這個多重「在中間」特殊性所展示的，不只是中華大地偏南一隅的小島曾由葡萄牙管治的一面，亦有其因為面積細小，即使經營賭博，也不會給中華大地或千里之外的葡萄牙產生甚麼威脅的另一面；其次，是澳門有著十分清晰的地理、社會及制度邊界，可以有效管理自身問題，有效把賭博活動及相關利害的影響局限於澳門本身社會，不至於牽連太廣，「禍」及全局；其三是賭博業雖然在澳門乃龍頭產業，牽動方方面面生意發展，但主要光顧者卻不是澳門居民，而是外地旅客，所以既能減少本地社會問題，亦能讓光顧者在澳門旅遊耍樂後，以一種較好的心情回到本來社會，減少賭博帶給他們家庭和社會的衝擊。即是說，賭博業能在澳門獲得一個有利各方發展，並讓人各取所需的特殊環境，所以能夠歷久不衰。

進一步說，由於賭博事業在澳門一業獨大，其發展帶動了酒店餐飲、消費娛樂、旅遊交通、銀行匯兌等等，既為政府帶來巨大的直接與間接稅收，亦創造大量就業，當然還有外部資金流入。至於賭場經營者 —— 賭王 —— 不只從中賺取巨利，亦成為「揸莊家族」，因其掌控了那個龍頭產業大權，乃澳門社會的「造王者」，在社會上具有巨大影響力。

正因賭博業在澳門具有與別不同的獨特性，一登賭王寶座便能名成利就、富貴榮華，甚至指點江山，無數人自然垂涎欲滴、虎視眈眈，為此打生打死，鬥個你死我活。可以想像，賭博業的發展進程雖然有不少問題，但由於澳門社會相對自由開放，背後又有中華大地及葡萄牙社會的高度注視，

1920 年代澳門全境一角

沒有個人或家族能千秋萬代地把持下去，長期壟斷利益，令賭業及社會腐化，所以在每次專營權屆滿後，都會出現一番激烈爭奪，而每次都能為賭博業、澳門經濟與社會帶來變革，注入更大發展力量。

舉例說，第一代賭王盧九一統澳門賭壇，專營權劃一化既有助化解內部鬥爭，亦能讓本來較為碎片化的賭博業更好地整合起來，發揮規模經濟效益，此點可說是澳門賭博業日後能夠做大做強的關鍵所在。到第二代賭王傅德蔭上台時，扭轉了過去因循與缺乏開拓的局面，既投入資本興建酒店，增加賭博款式，同時亦興建碼頭、組織更先進的運輸船隊，既能強化澳門與周邊地區（市場）的連結，吸引更多客源，亦提升了本身招待顧客的能力，讓客人有更多層面與時間參與其中。

到何鴻燊成為新賭王時，澳門經濟和社會已經到了必須注入新動力才能恢復發展的階段，賭業本身亦已「垂垂老矣」。任何一種生意或產業，在每一次變革之後的持續發展中，必然會因時代不斷轉變，但本身沒有緊跟時代步伐，而逐漸失去活力，須尋找另一波的變革與力量源頭。來自歐亞混血世家大族，又曾在香港大學求學的何鴻燊，那時可謂志大氣銳，所以在進軍澳門賭業、取得專營權後作出連番新變革與新開拓——雖然基本上還是脫離不了開拓客源、強化與周邊市場的連結，以及增加賭博耍樂款式三個主要層面。而全球及區域社會穩定，經濟持續向好，則令那一波澳門賭業變革有了持續不斷地發展起來的新動力。

澳門回歸，在「一國兩制」安排下，過去憑其獨特位置書寫傳奇的巨大優勢——或稱「澳門程式」——被保留下來，賭博業仍以專利程式繼續

經營，一如既往成為澳門一業獨大的龍頭產業。由於那時何鴻燊已進入暮年，開拓精神大減，哪怕澳門賭業在他領導下收入仍維持穩定，但畢竟還是與他一樣呈現了「老態」，出現不少跟不上時代步伐的現象，澳門經濟與社會因此亦失去了發展動力，疲不能興。正因如此，特區政府在深入檢討後做出了開放專營權的重大決定，令賭牌一開為三，然後又分為正牌與副牌，享有同等地位，於是專營者乃一變為六，澳門博彩業亦在這個發展過程中大放異彩，連帶整體社會及經濟亦同步大變。

澳門博彩業出現巨大轉變，賭場資本主義興起，過去貼在賭博生意上偏門或不道德的負面標籤已大大減退，在某層面上甚至可說成為時髦，更被視之為投資多元化下其中一項金融服務或產品，招來不少投資者垂青。正是在這樣的背景下，早已發跡起家的嘉華集團領軍人呂志和，雖然已走向耄耋之年，仍不以為老，極具開拓精神地進軍澳門賭業，且異軍突起，成功取得專營權，成為備受注目的新賭王。他在取得賭牌後，同樣以不同方法開拓客源、強化與周邊市場連結及增加賭博款式，亦參考其他地方的做法，強化旗下賭場酒店和會所的休閒、娛樂、會議及金融投資等服務，為澳門賭博業、經濟及社會注入更多更大的發展活力。

以澳門這樣一個偏南一隅、缺乏天然資源的彈丸之地，卻能發展成為世界數一數二的賭業大城市，且長盛不衰，實在極不簡單，可說是歷史上之異數，沒有多少城市可以輕易學習模仿。或者可以這樣說，賭博業和澳門之間，由於各有獨特性質，其茁壯成長與不斷發展，能互相吸收、更好發揮之故，才能在歷史上寫下濃彩重墨一筆。作為帶領賭博業發展開拓的靈魂人物，各代賭王自有其過人膽識、才華、多方人脈與社會關係等優勢，不但從賭博的專利生意中賺取了巨大財富，為家族富過多代奠下重要基石，亦書寫了各自傳奇故事，令其在澳門、香港、中華大地，甚至世界商業舞台上留下了叱咤一時的足跡與名聲。

創業者與守業者的不同特質

澳門獨特的社會環境有助賭博業發展，造就多代賭王在澳門歷史上指點江山，對此有一定了解後，接下來且聚焦四個家族，扼要地檢視他們的發

展特點與傳承經驗，看看與其他家族有何不同。綜合四代賭王及其家族的發展故事，不難發現多項特點，其一是創業世代與守業世代具有不同的人生遭遇與領導特質。簡單而言，無論盧九、傅德蔭，乃至於何鴻燊、呂志和，甚至是其他曾參與賭博生意的一時人物如何連旺、蕭瀛洲、霍芝庭、高可寧等，他們走上打天下創業之路的共同背景，都是家境貧苦或家道中落，青年時期被迫離鄉別井謀生等，並曾經因工作或「行走江湖」緣故，結識黑白兩道，編織了特殊的人脈關係網絡。至於他們性格勇狠強悍，做事果敢決斷，加上樂於冒險、不怕出生入死的特點，則讓他們可以在賭壇中吃得開，縱橫四方，從而實踐原始資本累積，為家族的長遠發展奠下重要基礎。

　　不可不察的是，澳門和香港過去曾是三山五嶽人物聚集之地，他們一心向錢看，價值觀念扭曲，所以不但罪案率高，且經營像賭館、煙館等偏門生意——即使它們早年被港澳法律容許，但卻因會腐敗個人身心意志，破壞家庭關係，滋生社會問題，不為主流社會道德所接納——不但不會受到太多指摘排擠，甚至成為不少人樂此不疲的發達門路，認為透過偏門生意，完成了原始資本累積之後，可以洗手不幹，走上正途，然後發財立品

錢納利筆下澳門一角

（鄭宏泰、黃紹倫，2010）。至於利用這種方法達成原始資本累積的家族，其實與馬克思所指西方資本主義社會用暴力、征服、奴役等手段進行發展，可謂異曲同工，沒有二致（Marx, 1981）。社會經濟學家熊彼得（Joseph Schumpeter）亦指，資本主義的發展動力，來自企業家願意冒險、懂得創新、喜歡投機的個性或行為特質（Schumpeter, 1996），亦可說一言中的，直指核心。

正因如此，在總結西方資本主義的發展經驗後，黃仁宇得出了「凡是資本主義的展開，首先必有賭博與冒險性質」的結論（黃仁宇，1997：193）。放在家族由貧而富的發展過程上，我們不難發現，凡是白手興家，或渴望帶領家族走向中興，恢復往昔光輝者，進行第一階段的資本累積——即俗語中的「賺取第一桶金」之時，必然會面對賭博與冒險的問題。當然，這裡所說的賭博，並非狹義上的直接進行博彩，同時亦指生意投資上敢於冒險，甚至參與很高風險的投資炒賣。

傳統智慧有云：「馬上得天下，不能馬上治之」。這些靠賭博生意完成原始資本累積的家族，看來亦明白箇中關鍵，所以他們在身家財富日漲後，一方面不斷進行投資多元化，以達至分散風險的目的，另一方面則強化子孫教育，培養他們走向當官或專業之路。後者在不同年代，因為賭博業在社會中的形象，促使了子孫後代選擇不同事業路徑，其中盧九與傅德蔭走一個方向，何鴻燊和呂志和似乎又走另一方向。

簡單點說，盧九與傅德蔭的年代，社會對賭博生意仍貼上濃烈負面標籤，視為偏門，所以飽讀詩書、曾到西方留學的下一代，一般不願參與其中，寧可選擇加入政府、走專業之路或另立門戶，自行營商。另一方面，由於賭博生意牽涉三山五嶽、黑白兩道，在溫室長大、未經江湖歷練的下一代，未必能駕馭賭博生意的大局。這樣的情況，不但上一代內心清楚，下一代亦容易產生抗拒心態。身為傅德蔭家族第三代傳人的傅厚澤，則直接指出了問題：「傅家第二代未有受過賭業訓練，祖父也不想後人承繼他的衣缽，所以傅老榕（傅德蔭）去世後，傅家後人都無意競投賭場」（《東方日報》，2000 年 11 月 20 日）。

這裡帶出來的另一問題是，在富裕安逸環境下成長的世代，不但衣食無缺，亦不會面對生存問題的威脅，或是感受到弱肉強食的危機，所以他們

必然缺乏那種為了求存而鬥個你死我活的意識，人生目標與性格都與打天下一代截然不同，較缺乏「江湖味」與冒險精神，待人接物處事相信也不會表現得過於勇狠強悍、不擇手段。若要他們接手賭業生意，在那種為求擊敗對手而爾虞我詐，幫派爭奪時有發生，有時難免親上前線火拼搏殺的環境下，必然難以生存，打天下一代不尋求坐天下一代繼承衣缽，自不難理解。

不過，自 1990 年代以還，由於賭場資本主義興起，不少賭場為博彩業注入具現代化包裝的新元素，已非單純賭博，而是加入了其他各種各樣休閒、娛樂、文化創意及金融投資等等，變成了多元化綜合投資，不但消費者光顧時不會那麼抗拒或懷有罪疚（內疚）感，家族後人接班參與管理時，亦不再如過去般存在一份負面標籤的壓力。至於業務結合酒店、旅遊，亦有交通運輸、金融信貸等等，總有一項能切合子孫後代的興趣，容易吸引他們接手繼承。正因如此，在何鴻燊及呂志和的後代中，不少成員都投入到博彩及周邊生意之中，早已邁出了傳承接班的重要步伐。

子承父業或另闢蹊徑

毫無疑問，哪怕只在中國歷史上說，賭博業都絕對是偏門行業，就算願意參與其中，一般亦不願長期投入，亦不打算長存後代，而是希望盡快賺取巨利，然後轉投別業。或者正是考慮到經營賭業生意不能長久，甚至隨時可能遇到不測，四代賭王顯然都十分重視多元投資、分散風險，不只是生意上，亦包括家族內，令其生意和家族不斷多元化，成為真正枝繁葉茂的世家大族。

生意方面，在賭業站穩腳跟後，便不斷向其他不同層面投資，如酒店、旅遊、運輸、金融借貸與地產等等，令其家族企業由本來大比例集中於賭業的生意，逐步轉型為多產業、多市場與多投資的綜合企業，且不純粹集中於澳門，而是遍及全球，在中華大地、亞洲，甚至世界不少核心城市均有其資本投入，成為真真正正高度國際化的世家大族。

家族方面，在四代賭王家族中，除了呂志和沒有納妾外，其餘三人均妻妾子女成群，家族人丁旺盛。出現這種局面，是因為澳門和香港雖早已西化和現代化，但仍長期保留《大清律例》，男人可以納妾，此條例直至 1970

年代初才被廢止。這種婚姻狀況或家族結構，自然讓不少人感到驚奇，一般洋人尤其難以理解。

為怕人多口雜，觸發家族內部矛盾與衝突，或是不願子孫後代染指賭業，過於集中單一生意，當然亦可能是寄望他們在其他方面 —— 例如早年的科舉，後來的參與政治等 —— 有所成就，家長都會特別作出多方面培養，主要著眼教育之上，例如盧九有三個兒子考中舉人（是否憑真才實學取得不論）（譚世寶，2013），其次則支持把子孫們送到海外留學，藉以提升他們的人力資本。傅德蔭的子女中，放洋海外者更多，入讀著名西方學府，擁有突出學歷和亮麗專業。至於何鴻燊和呂志和的子女們，亦更多屬放洋海外的飽學一代。正因如此，單以學歷論，無論哪個時代的賭王家族，其後代的學歷均極為突出。

正如上一節中提及，由於時代急速變遷，社會對賭業的看法已今時不同往日，四個賭王家族在思考是否子承父業時，亦有了重大改變。簡單而言，當社會仍對賭業持有很負面的「撈偏」（做偏門生意）形象時，各賭王大都不願子孫後代參與其中，而是寧可以代理人持牌，但到上世紀八、九十年代後，賭業已逐漸被包裝為休閒娛樂生意，周邊生意與投資又多元多樣，例如度假水療、會議展覽、金融投資、文化保育等；加上社會看待賭博業亦不再如過去般負面時，讓子女參與其中，綢繆讓他們接手父業的安排乃變得明顯，就算不直接染指賭業生意，參與到周邊的酒店、旅遊、金融借貸等亦日漸多見。

就以何鴻燊和呂志和兩個家族而言，由於他們很早便走上了多元投資之路，到思考傳承接班問題時，乃順理成章地安排不同子女各自接掌某一特定生意，這樣既可減少將所有子女集中於單一生意所產生的內部矛盾，亦能調動其積極性，因為由他們就每一生意獨挑大樑，最能考驗他們自身的領導能力。更為重要的是，由於各生意之間存在不少關連性，各子女（或各房）在經營過程中，必然有利他們體會到互利互惠、一榮皆榮的所謂「命運共同體」問題，有助維繫家族關係。

那些子女眾多的家族，很容易呈現分裂分散的局面，主要原因是各成員各有人生追求。簡單地說，不是所有成員都願意參與到家族生意之中，

內部有不少矛盾與競爭，令個別成員卻步，寧可走專業之路，成為律師、會計師或醫生；亦有一些選擇加入政府或是到跨國公司打工，甚至決心自立門戶，創立自己的企業，藉此證明自己的才幹，而非只「靠父幹」。作為資源豐厚，社會關係無孔不入、無遠弗屆的大家族，他們自然樂見成員各有理想與目標，所以亦會盡量配合，給予支持。

這樣的一種發展格局，讓人看到不同成員在不同領域各有各做。舉例說，何鴻燊的子女們，有人主管新濠、有人打理美高梅、有人統領澳博、有人坐鎮信德；另外亦有人寧願當藝人，有人創立科技及互聯網公司等等。可以想像，不同子女間必有在明在暗的較勁，際遇亦有不同，亦必然有高下不同的成就，惟他們人多勢眾，在不同層面的生意及事業又在某程度上緊密相連、彼此糾纏，因此很自然地組連成一個有如榕樹般根深葉茂、生命力旺盛的集團 —— 我們稱之為「榕樹式家族企業集團」（鄭宏泰、高皓，2017）。

毫無疑問，中國傳統文化強調百子千孫、開枝散葉，追求人多勢眾、家大業大。從事賭業的賭王家族，顯然更因本身業務與生意之故，對多生子女、分散風險的重要性感受至深，因此必然發現傳統文化能為其帶來更多有利發展之處。於是他們一方面一而再、再而三地納妾，生育眾多子女，亦不斷把賭場中賺到的利潤投放到其他不同生意及投資上；之後再安排子女到不同地方接受教育，修讀不同科目，接掌不同生意，達至家族人力資源及企業的多元化，發展成枝繁葉盛的榕樹式世家大族。從這個角度看，哪怕賭博業在澳門茁壯成長，當中展示了各種獨特之處，但家族及企業的發展進程，卻與傳統沒有太大差異，基本上還是服從傳統理想和追求 —— 血脈繁衍、開枝散葉，以家大業大、富過多代為目標。

人脈與關係的連結中外

任何富過多代、長期發展的家族，均必然要經歷改朝換代與政局轉變的考驗，所以除了關注投資多元化問題，政治聯繫的多元化、社會網絡的無孔不入與無遠弗屆，其實亦不能忽略。而無論是早期的盧九家族、傅德蔭家族，或者是後期的何鴻燊家族與呂志和家族，對之都十分關注，亦做了無可

厚非的「多方押注」，而他們在政權交替過程中遭遇到在明在暗的挑戰時，所作出的應變，必然導致專利權的得失，左右家業的盛衰起落。

值得高度注視的，其實是崛起階段——或者說取得賭博專營權前——已建立或積累的極為深厚的社會及人脈資本，讓其可以在逐鹿賭權時暗渡陳倉，取得最終勝利。具體點說，盧九在取得澳門賭業專營權，一統本來甚為零星分散的賭業生意之前，已集結了不少具實力的賭業關鍵人物，例如蕭瀛洲家族、李陞家族、韋玉家族，另一方面則已與澳葡政府相關官員「搭通天地線」，所以能夠一擊即中，如願獲得澳葡政府支持，將賭牌劃一，不再分發不同類別與地區，令其可推進投資、開拓業務，澳門賭業因此丕變。

傅德蔭能在1930年代崛起，其實亦與他早已建立深厚人脈及社會網絡，還有對賭業的認識與江湖地位有關。他無論與霍芝庭或是高可寧之間，明顯已有了不少經得起考驗的交往，建立互動關係，尤其掌握了哪些線路可用，哪些線路則需迴避的問題。至於他無論與廣東國民政府，或是澳門葡人政府，其實均有不少私下往來，讓其可在賭牌競逐中取得優勢，登上賭壇王者之位。

來自巨富世家的何鴻燊，社會及人脈關係更加不容小覷。二戰期間在澳門打拚事業，令他建立精明能幹的可信形象，亦累積了個人的生意網絡與人脈關係，例如結識了羅保、何善衡與梁昌等華人社會的顯赫人物，之後與霍英東、葉德利及葉漢等為友，組成鑽石團隊，還有則是迎娶元配黎婉華，連結澳門葡人世家。如此種種，均顯示他建立個人的人脈關係網絡，為走向賭壇核心，甚至登上賭王寶座鋪路，若非如此，江山難以輕易拿下。

對於呂志和的人脈與社會關係網絡，由於他過去作風一直十分低調，社會對他的了解不多，到由畢亞軍所寫、呂志和提供資料的《呂志和傳》一書出版後，才有了較多了解。一方面，我們不難看到，他並非來自貧苦家族，而是具有海外網絡（美國）的商業世家；另一方面則是他很早便投入商海，令其發跡的生意不但與日本有關，亦與美軍有關；到開拓石業及建築等生意時，他亦與霍英東之堂弟等有深厚交往合作。與其他不少巨商一樣，呂志和亦在改革開放時投資內地，強化與中華大地的關係。正因這樣的關係網絡和背景，當澳門開放賭業專營權時，他才能成功突圍，取得賭牌，登上賭

王寶座。

其後，各賭王又會為了鞏固地位，強化生意與家族利益，多方位發展人脈與社會關係網絡，同時亦會大做慈善。這種網絡或社會公益服務，不只集中於澳門、香港、中華大地及葡萄牙，亦包括了全球不同地方，與其投資地點多元化互相呼應。當然，由於這方面的行為很多時都私下進行，沒有公開，他們亦不是政府，不需要向公眾交代，所以缺乏文件記錄，亦甚少有檔案可尋，所以社會對此了解不多，近乎空白。

在眾多社會人脈關係網絡中，有一種讓人清晰可見，亦最為深刻的，那便是「強強結合」的聯姻關係，即是與門當戶對的大家族通婚，締結姻親聯盟。子女數目眾多的賭王家族，更可謂具備有利條件，能夠藉子女通婚，打造與其他世家大族的深厚穩固關係，締結多層面秦晉之好，形成一種一榮俱榮、互相提攜合作、共同進退的效果。

舉例說，在盧九家族中，已經公開讓人知悉的世家大族通婚，便有盧怡若本人娶李陞家族成員為妻，其子迎娶太古洋行總買辦莫幹生之女，而盧九另一孫則迎娶名揚南洋的錫礦鉅子余東旋之女。從這些婚姻聯盟中，不難讓人看到他們藉門戶對的通婚，以更好鞏固利益及影響力的圖謀。

與其他賭王不同，傅德蔭家族一直保持低調，不願張揚，社會對其在不同層面上的人脈及社會網絡經營所知極少，對婚姻關係亦所知不多，唯一曾被披露的世家大族通婚，是傅蔭釗曾娶國民黨將軍之女，可見「強強結合」的婚姻聯盟，實在是世家大族強化或建立穩固社會網絡的重中之重。

論利用婚姻聯盟以強化家族人脈關係與社會網絡，何鴻燊家族必然最受關注，至於何鴻燊愛出風頭，行為舉止開放，則讓社會對此有較多了解，與傅德蔭家族可謂大異其趣。舉例說，在何鴻燊家族中，他本人與元配黎婉華結合，以及他父母叔嫂，乃至祖輩的婚姻，均有不少「強強結合」婚姻聯盟的影子（Hall, 1992: 鄭宏泰、黃紹倫，2004），為他及家族帶來了極為緊密的社會關係。相信他亦因此安排女兒們嫁至不同世家大族，例如何超英與蕭百成（殯儀業蕭明家族）結合、何超瓊與許晉亨（老牌船王許愛周家族）結合、何超鳳與何志堅（製衣業鉅子何壽康家族）結合。可惜，那三段「強強結合」的聯姻均離異收場。當然，他兒子何猷龍與羅秀茵（維他奶羅桂祥

家族）的「強強結合」則甚為恩愛，算是扭轉局面。

在婚姻及家族內部事宜問題上，呂志和保持低調的作風，與傅德蔭甚為相似，均不願暴露於鎂光燈下讓社會大眾知曉，一如對這個家族的其他人脈及社會網絡般，我們所知有限。唯一值得指出，且必須警覺的是，對於那些低調的巨富，無論財力、社會關係，甚至中外政治聯繫，均不容小覷。

的而且確，四代賭王均屬充滿傳奇的獨特風雲人物，他們的經歷、際遇、應對和成就，既折射了時代前進的軌跡，亦反映了港澳在中國近代史上的獨特位置，同時亦說明中國文化與家族制度在整個發展過程的不斷調適與演變。誠然，家大業大必然能積累不少有利條件，如龐大資產、人脈關係、姻親網絡等等，但若沒有成就事業的鬥志與承擔家族福禍的責任，則未必可用那些優勢創造輝煌，四代賭王的故事顯然能夠說明此點，他們的下一代能否在這基礎上更上層樓，或是力守基業，實在仍須更多時間證明。

優則仕或兼善天下

在中國傳統社會，商人被視為四民之末，不是很多人願意從事，反而注重考取功名，寄望學而優則仕，或是商而優則仕，追求加入政府，出任官員，參與政治，號令四方。進入現代社會，尤其在資本主義社會，商人地位大幅提升，資本家指點江山、左右大局，在西方社會尤其突出，所以無論是澳門、香港甚至是東南亞社會，下海經商，追求財富，成為無數人趨之若鶩的人生事業之路。

然而，即如心理學家提出的「需求層次」（hierarchy of needs）理論所指，追求物質、爭取生存和人身安全等雖然重要，但在滿足這些需求後，必會追求更高層次的滿足，例如友誼、尊重、社會認同及個人實踐等（Maslow, 1954）。博彩業被主流社會認為乃偏門的生意，各賭王在發達致富，完成原始資本累積後，兼善天下，大做慈善，自然成為其中一條爭取社會認同與肯定的道路，他們確實亦在這方面做了很多努力。

綜合各方資料顯示，四代賭王家族追求更高層次滿足的方法，在不同時期同中有異。在傳統年代，他們明顯寄望子女商而優則仕，所以盧九一心培養諸子應考科舉，甚至相信曾使手段，令兒子獲得舉人資格（譚世寶，

2013），盧廉若更嘗試進入官場，惟最後應該覺得未能發揮，所以選擇離去，返到澳門接掌父業。其他如盧怡若及盧興源等，都在某程度上染指政治與加入政府，朝學而優則仕的道路前進，只是中華大地的政治環境風高浪急，無法掌握，故未能發揮預期效果。

當然，對於盧九本人而言，自登上賭王之位，個人財富又不斷急增之時，他應曾向葡萄牙及滿清政府作出捐輸，爭取不同勳章與頭銜，讓其在社會上獲得更大名聲與地位。除此之外，他亦慷慨捐款，支持同善堂等不同慈善團體，在澳門或廣東等地推進扶弱賑災等活動。到盧廉若一代，亦在慈善公益上出錢出力，讓他們贏得「善長仁翁」的稱呼。不過，受時代環境與個人視野所限，加上家族財富非如俟後各代賭王般巨大，其捐獻只是點到即止，手法亦停留在很傳統的階段。

傅德蔭雖然信佛，亦較有中國傳統觀念，但他的慈善舉動則並不多見，雖然他亦曾在不同層面上，因應某些親友的求助慷慨解囊，給予幫忙或捐獻。這方面看來與他作風低調有關，因為他不參加公眾活動，少與人交往，自然不是很多人可以與他有深入接觸，向他募捐亦無從入手。他的子孫同樣作風低調，有關他們事業發展的資料不多，慈善公益活動亦甚為有限，就連在家族一手推動出版的《傅德蔭傳》一書中，亦甚少講述這方面的社會貢獻，只十分強調傅德蔭「惠澤後人」（鄭棣培，2018：241）。這裡所指的「後人」，當然是指其子孫後代，不是大社會。

何鴻燊的作風與傅德蔭可謂截然不同，他對傳媒來者不拒，而且幽默風趣，長期成為鎂光燈的焦點。他在慈善上亦表現得樂善好施，無論母校皇仁書院或香港大學，甚至是東華三院、保良局、仁濟醫院，以至澳門的大小慈善組織，他都曾作出捐獻。他的妻妾子女們亦表現得熱心公益，甚至擔任一些重大慈善組織的主席或董事，為其籌款及管理出力，這些行為一方面為他們贏來了個人知名度，同時亦有助於慈善組織的發展，貢獻應該給予肯定。正因其熱心慈善公益，無論是何鴻燊本人或是他的家人，均曾獲不同層次的名銜與勳章，提升了他們的社會地位。

或者是從社會發展進程中察覺到，商而優則仕已沒太大吸引力，當官已不一定可以揚名聲、顯父母，所以無論是何鴻燊及其子女，乃至於呂志和

家族，均沒興趣直接參與其中，頂多只擔任一些如人大、政協之類的政治職銜，或只透過代理人或中間人參與政治，力圖影響政府政策，維護本身商業及家族利益。這種狀況，其實亦是其他世家大族所較普遍採用的手法。

毫無疑問，四位賭王中，呂志和在慈善公益上的舉動最為突出，亦更備受中外社會注視，其中焦點，自然是仿效諾貝爾獎或邵逸夫獎，創立以他本人命名的「呂志和獎」，促進世界可持續發展、推動人類福祉、提倡人生正面價值觀念（呂志和獎網站，沒年份）。

更確實點說，繼之前各代賭王以「零售式」推進慈善公益後，呂志和顯然吸納了西方一些公益事業的特點，於是轉為撥出巨款，設立自己的慈善信託基金，並從過去只是扶貧助弱式的慈善行為，提升為宣揚更高層次的真善美人生與社會價值觀念。由於其慈善基金採取可持續方式營運，以基金每年所產生的利潤投入獎項與慈善之中，本金則不會受影響，所以從制度上說，必然可長期發展下去。這揭示他的追求，不只是傳統的商而優則仕，而是商而優則公益，尤其藉創立「呂志和獎」（呂志和慈善基金），讓自己垂範後世，達至不朽（鄭宏泰、高皓，2019）。

自賭場資本主義興起以來，社會對賭博的印象有很大改變，起碼不再視之如洪水猛獸，而是有了更多休閒、娛樂、融資投資等色彩，亦注入不少現代化電子遊戲的玩樂氣息。儘管如此，作為賭場經營者，始終明白到它在社會或道德上的一些問題，所以常會作出慷慨捐獻，大做慈善公益，回饋社會。撇開這些舉動是否為了「漂白」不論，傳統社會所提及「達則兼善天下」的觀念，還是十分清晰地顯露出來，可見賭王們儘管在澳門這個十分獨特的地方，憑賭業這項特殊生意獲得巨額財富，他們在家業傳承與慈善公益等舉動上，卻沒脫離傳統思想的窠臼，與其他巨富家族的思考方向亦沒有呈現太大差別。

總結

從某層面上說，博彩已成為澳門的代名詞，不同年代的賭王則成為澳門博彩業的象徵。正因如此，賭王及其家族的發展故事與經歷，可說深深地嵌入了澳門社會與歷史之中，難以分割擺脫。可以更直白地說，賭博業能夠

滿足人類某些本能需要，又具有一定社會與經濟作用的，因此締造了澳門奇跡，亦孕育了多代澳門賭王。至今為止，澳門仍是大中華及亞洲地區獨一無二合法開賭，並以此支撐社會和經濟發展的地方，大小新舊賭王們則長期叱咤風雲，吸引中外傳媒視野。

　　賭博業在澳門的茁壯成長與長期發展，具有多重特殊性，但賭王家族的崛起、壯大與傳承，則與其他大多數家族的發展軌跡沒有太大差異。簡單而言，創業世代由貧到富、歷盡艱辛，表現了過人才幹與膽識，守業世代則大多在富裕環境中成長，接受良好教育，某些層面雖有優勢，但某些層面反而不如創業世代。至於家族人丁眾多，很多時又埋下鬥爭分裂的種子，結果除了小部分成員留守賭博生意外，更多成員走向專業之路，或是另起爐灶，經營自己的生意。博彩業自 1990 年代出現重大變化，一方面是社會上的看法變得沒那麼負面，另一方面是博彩業加入了很多娛樂休閒與投資元素，令守業世代不再如過去般抗拒接班，亦令家業傳承有了較以前不同的經營與發展環境。更確實地說，那些舊賭王家族雖脫離了賭業，惟因及早做好財富與投資轉移，後人基本上仍能穩居社會上層，雖然亦有部分後人因不思進取或遭遇不幸，已如昔日王謝堂前燕，飛入尋常百姓家，風光不再了。

參考資料

Abt, V. 1996. The role of the state in the expansion and growth of commercial gambling in the USA, in McMillen, J. (ed.) *Gambling Cultures: Studies in History and Interpretation*, pp. 179-198. London: Routledge.

Abt, V., Smith, J. F. and Christiansen, E. M. 1985. *The Business of Risk: Commercial Gambling in Mainstream America*. Lawrence: University Press of Kansas.

Alexander, R. C. and Paterline, B. A. 2005. Boom or bust? Casino gaming and host municipalities, *International Social Science Review*, 80(1/2), 20-28.

Altman, J. 1985. Gambling as a mode of redistributing and accumulating cash among Aborigines: A case study from Arnhem Land, in Caldwell, G., Haig, B., Dickerson, M. and Sylvan, L. (eds.), *Gambling in Australia*, pp. 50–67. Sydney: Croom Helm.

American Gaming Association. 2012. *2012 State of the States: The AGA Survey of Casino Entertainment*. Washington, DC: American Gaming Association.

Azmier, J. J. and Roach, R. 2000. *The Ethics of Charitable Gambling: A Survey*. Calgary: Canada West Foundation.

Bankoff, G. 1991. Redefining criminality: Gambling and financial expediency in the colonial Philippines, 1764–1898, *Journal of Southeast Asian Studies*, 22(2), 267-281.

Barrie, R. and Tricker, G. 1991. *Shares in Hong Kong: One Hundred Years of Stock Exchange Trading*. Hong Kong: Stock Exchange of Hong Kong Limited.

Bhagwati, J. N. 1982. Directly unproductive, profit-seeking (DUP) activities, *Journal of Political Economy*, 90(5), 988-1002.

Bloomberg, J. L. 1995. Casinos are a burden on local governments, in Cozic, C. P. and Winters, P. A. (eds.) *Gambling*, pp. 157–161. San Diego: Greenhaven Press.

Blue, G. 2000. Opium for China: The British connection, in Brook, T. and Wakabayashi, B. T. (eds.) *Opium Regimes: China, Britain, and Japan, 1839– 1952*, pp. 31-54. Berkeley: University of California Press.

Bybee, S. and Aguero, J. A. 2000. The hospitality industry's impact on the state of Nevada: A summary & review, *Gaming Research & Review Journal*, 5(2), 27-31.

CBC News. 2010. Edmonton archdiocese bans casino fundraising, September 18.

Cable, M. and French, F. 1927. *Through Jade Gate and Central Asia: An Account of Journeys in Kansu, Turkestan and the Gobi Desert*. Boston: Houghton.

Calcagno, P. T., Walker, D. M. and Jackson, J. D. 2010. Determinants of the probability and timing of commercial casino legalization in the United States, *Public Choice*, 142(1), 69-90.

California Economic Forecast. 2008. *Economic Impact of the Chumash Casino Resort on the County of Santa Barbara*. Goleta: California Economic Forecast.

Campbell, F. 1976. Gambling: A positive view, in Eadington, W. R. (ed.) *Gambling and Society: Interdisciplinary Studies on the Subject of Gambling*, pp. 218–228. Springfield: Charles C Thomas Publisher.

Casino City. 2002. Macau bets future on China, Asian high rollers, *Casino City Newsletter*, 86, 1–2.

Centre for Social and Health Outcomes Research and Evaluation (SHORE) and Te Ropu Whariki. 2008. *Assessment of the Social Impacts of Gambling in New Zealand: Report to Ministry of Health*. Auckland: SHORE and Te Ropu Whariki.

Chambers, K. G. E. 2011. *Gambling for Profit: Lotteries, Gaming Machines, and Casinos in Cross-national Focus*. Toronto: University of Toronto Press.

Chan, W. T. 1963. *A Source Book in Chinese Philosophy*. Princeton: Princeton University Press.

Chang, J. J. 1988. Settlement of the Macao issue: Distinctive features of Beijing's negotiating behavior, *Case Western Reserve Journal of International Law*, 20, 253-278.

Cheng, C. M. B. 1999. *Macau: A Cultural Janus*. Hong Kong: Hong Kong University Press.

Cheng, I. 1997. *Intercultural Reminiscences*. Hong Kong: David C. Lam Institute for East-West Studies, Hong Kong Baptist University

Clark, C. and Walker, D. M. 2009. Are gamblers more likely to commit crimes? An empirical analysis of a nationally representative survey of US young adults. *International Gambling Studies*. 9(2), 119-134.

Coates, A. 2009. *A Macao Narrative*. Hong Kong: Hong Kong University Press.

Cohen, J. A. and Chiu, H. (1974). *People's China and International Law: A Documentary Study*. Princeton: Princeton University Press.

Collins, P. 2003. *Gambling and the Public Interest*. Westport: Praeger Publishers.

Comaroff, J. and Comaroff, J. L. 2001. Millennial capitalism: First thoughts on a second coming, in Comaroff, J. and Comaroff, J.L. (eds.) *Millennial Capitalism and the Culture of Neoliberalism*, pp. 1-56. Durham: Duke University Press.

Cooper, L. E. Sr. 1995. Gambling violates biblical principles, in Cozic, C. P. and Winters, P. A. (eds.) *Gambling*, pp. 23-29. San Diego: Greenhaven Press.

Cosgrave, J. F. and Klassen, T. R. 2009. *Casino State: Legalized Gambling in Canada*. Toronto: University of Toronto Press.

Cozic, C. P. and Winters, P. A. 1995. *Gambling*. San Diego: Greenhaven Press.

Davis, K. 1937. The sociology of prostitution, *American Sociological Review*, 2(5), 744-755.

Devereux, E. C. 1968. Gambling in psychological and sociological perspective, *International Encyclopedia of the Social Science*, 6, 53-62.

Dixit, A. and Grossman, G. 1984. Directly unproductive prophet-seeking activities, *The American Economic Review*, 74(5), 1087-1088.

Dombrink, J. 1996. Gambling and the legalisation of vice: Social movements, public health and public policy in the United States, in McMillen, J. (ed.), *Gambling Cultures: Studies in History and Interpretation*, pp. 43-64. London: Routledge.

Donahue, E. 1995. Americans approve of gambling, in Cozic, C. P. and Winters, P. A. (eds.) *Gambling*, pp. 48–50. San Diego: Greenhaven Press.

Duara, P. 1995. *Rescuing History from the Nation: Questioning Narratives of Modern China*. Chicago: University of Chicago Press.

Dunkley, A. 2010. MP raises concerns over possible importation of casino workers. *Jamaica Observer*, January 29.

Dunstan, R. 1997. *Gambling in California*. http://www.library.ca.gov/crb/97/03/97003a.pdf.

Durkheim, E. 1982. *The Rules of Sociological Method*. New York: Free Press.

Eadington, W. R. 1995. The emergence of casino gaming as a major factor in tourism markets: Policy issues and considerations, in Butler, R. and Pearce, D (eds.) *Change in Tourism: People, Places, Processes*, pp. 159–186. London: Routledge.

Eadington, W. R. and Doyle, M. R. 2009. *Integrated Resort Casinos: Implications for Economic Growth and Social Impacts*. Reno: Institute for the Study of Gambling and Commercial Gaming, University of Nevada.

Fabiansson, C. 2010. *Pathways to Excessive Gambling: A Societal Perspective on Youth and Adult Gambling Pursuits*. Farnham: Ashgate.

Ferguson, N. 1998. *The World's Banker: The History of the House of Rothschild*. London: Weidenfeld & Nicolson.

Financial Review. Various years.

Fok, K. C. 1978. *The Macao Formula: A Study of Chinese Management of Westerners from the Mid-sixteenth Century to the Opium War Period*, Ph.D. dissertation, University of Hawaii.

Fok, K. C. 2003. The existence of Macau: A Chinese perspective, in Macau Ricci Institute (ed.) *Macau on the Threshold of the Third Millennium*, pp. 13–38. Macao: Macau Ricci Institute.

Forbes. Various years. https://www.forbes.com/profile/lui-che-woo/?sh=7a471dc792b5

Geertz, C. 1972. Deep play: Notes on the Balinese cockfight, *Daedalus*, *101*(1), 1-37.

Geis, G. 1972. *Not the Law's Business? An Examination of Homosexuality, Abortion, Prostitution, Narcotics, and Gambling in the United States*. Rockville: National Institute of Mental Health.

Gittins, J. 1969. *Eastern Windows - Western Skies*. Hong Kong: South China Morning Post.

Goodman, R. 1995. *The Luck Business: The Devastating Consequences and Broken Promises of America's Gambling Explosion*. New York: Free Press.

Graffam, J. and Southgate, R. 2005. *From Pokies to Problems: Gambling and the Impact on Community Services in Eastern Melbourne*. Melbourne: Deakin University.

Grinols, E. L. 2004. *Gambling in America: Costs and Benefits*. Cambridge: Cambridge University Press.

Grinols, E. L. and Omorov, J. D. 1996. Who loses when casinos win? *Illinois Business Review*, *53*(1), 7-11, 19.

Gunn, G. C. 1996. *Encountering Macau: A Portuguese City-state on the Periphery of China, 1557–1999*. Boulder: Westview Press.

HLT Advisory Inc. 2008. *Economic Impact of the Canadian Gaming Industry: Key Findings Report*. Toronto: HLT Advisory Inc.

Habermas, J. 1976. *Legitimation Crisis*. London: Heinemann.

Hall, P. 1992. *In the Web*. Heswall, Wirral: Peter Hall

Hao, Z. 2011. *Macau: History and Society*. Hong Kong: Hong Kong University Press.

Ho, E. P. 2010. *Tracing My Children's Lineage*. Hong Kong: Centre of Asian Studies.

Hong Kong Daily Press. Various years.

Hong Kong Telegraph. Various years.

IBISWorld. 2022. Global casins & online gambling: Market size 2005–2028. https://www.ibisworld.com/global/market-size/global-casinos-online-gambling/.

Jabr, Ferris. 2013. How the brain gets addicted to gambling, *Scientific American*, 1 November. https://www.scientificamerican.com/article/how-the-brain-gets-addicted-to-gambling/.

Johnston, D. 1992. *Temples of Chance: How America Inc. Bought out Murder Inc. to Win Control of the Casino Business*. New York: Doubleday.

Kadish, S. H. 1967. The crisis of overcriminalization, *Annals of the American Academy of Political and Social Science*,

374, 157–170.

Kindt, J. W. 1995. Gambling is economically harmful, in Cozic, C. P. and Winters, P. A. (eds.) *Gambling*, pp. 134–143. San Diego: Greenhaven Press.

King, R. 1969. *Gambling and Organized Crime*. Washington, DC: Public Affairs Press.

Knapp, T. J. 1976. A functional analysis of gambling behavior, in Eadington, W. R. (ed.) *Gambling and Society: Interdisciplinary Studies on the Subject of Gambling*, pp. 276–294. Springfield: Charles C Thomas Publisher.

Ko, M. 1988. Ho bidding for hotel in Canada, *South China Morning Post*, 3 September 1988.

Lages, A. 2010. Reducing imported labour to continue: Secretary Tam. *Macau Daily Times*, April 2.

Lahr, M. L., Hincken, G., Chao, J. and Azhar, N. 2010. *The Contribution of the Casino Hotel Industry to New Jersey's Economy*. New Brunswick: Center for Urban Policy Research, The State University of New Jersey.

Lamas, R. W. 1998. *History of Macau: A Student's Manual*. Macao: Institute of Tourism Education.

Lehne, R. 1986. *Casino Policy*. New Brunswick: Rutgers University Press.

Li, W. L. and Smith, M. H. 1976. The propensity to gamble: Some structural determinants, in Eadington, W. R. (ed.) *Gambling and Society: Interdisciplinary Studies on the Subject of Gambling*, pp. 189–206. Springfield: Charles C Thomas Publisher.

Los Angeles Times. 2012. Global gambling revenue up 5.6%, led by Asia growth, February 9.

Macmillan Dictionary. 2012. http://www.macmillandictionary.com.

Mandeville, B. 1981. *The Fable of the Bees*. Hildesheim: Georg Olms Verlag.

Maruya, T. 1999. Macroeconomy: Past, present, and prospects, in Berlie, J. A. (ed.) *Macao 2000*, pp. 123–144. Hong Kong: Oxford University Press.

Marx, K. 1981. *Capital: A Critique of Political Economy*, trans. Fernbach, D. Harmondsworth: Penguin Books.

Maslow, A. 1954. *Motivation and Personality*. New York: Harper.

Maxwell, K. 1999. Macao: The shadow land, *World Policy Journal*, 16(4), 73–95.

McCartney, G. 2006. Casino gambling in Macao: Through legalizing to liberalization, in Hsu, C. H. C. (ed.) *Casino Industry in Asia Pacific: Development, Operation, and Impact*, pp. 37–58. Binghamton: Haworth Hospitality Press.

McGowan, R. A. 2001. *Government and the Transformation of the Gaming Industry*. Cheltenham: Edward Elgar.

McGowan, V. M., Droessler, J., Nixon, G. and Grimshaw, M. 2000. *Recent Research in the Socio-cultural Domain of Gaming and Gambling: An Annotated Bibliography and Critical Overview*. Edmonton: Alberta Gaming Research

Institute.

McMillen, J. 1989. The future: Golden goose or Trojan horse?—Symposium summation, in Campbell, C. S. and Lowman, J. (eds.) *Gambling in Canada: Golden goose or Trojan Horse? A Report from the First National Symposium on Lotteries and Gambling, May 1988*, pp. 371-409. Vancouver: School of Criminology, Simon Fraser University.

McMillen, J. 1996. Understanding gambling: History, concepts and theories, in McMillen, J. (ed.) *Gambling Cultures: Studies in History and Interpretation*, pp. 6-42. London: Routledge.

Merton, R. K. 1957. *Social Theory and Social Structure*. Glencoe: Free Press.

Montalto de Jesus, C. A. 1984. *Historic Macao*. Oxford: Oxford University Press.

National Research Council. 1999. *Pathological Gambling: A Critical Review*. Washington, DC: National Academies Press.

Okuley, B., & King-Poole, F. 1979. *Gamblers Guide to Macao*. Hong Kong: South China Morning Post.

Olmsted. C. 1962. *Heads I Win, Tails You Lose*. New York: Macmillan.

Pantalon, M. V., Maciejewski, P. K., Desai, R. A. and Potenza, M. N. 2008. Excitement-seeking gambling in a nationally representative sample of recreational gamblers, *Journal of Gambling Studies, 24*(1), 63-78.

Parsons, T. 1949. *The Structure of Social Action: A Study in Social Theory with Special Reference to a Group of Recent European Writers*. Glencoe: Free Press.

Paton, J. L. 1914. Gambling, in Hastings, J. (ed.) *Encyclopædia of Religion and Ethics* (Vol. VI, pp. 163-167). Edinburgh: T. & T. Clark.

Porter, J. 1996. *Macau: The Imaginary City — Culture and Society, 1557 to the Present*. Boulder: Westview Press.

Price, J. A. 1972. Gambling in traditional Asia, *Anthropologica, 14*(2), 157-180.

PricewaterhouseCoopers. 2011. *Global Gaming Outlook: The Casino and Online Gaming Market to 2015*. http://www.pwc.com/en_GX/gx/entertainment-media/publications/assets/pdf/global-gaming-outlook.pdf.

Probate Administration Bonds: Lo Lin Yeuk al.... 1927. HKPRO file No.: HKRSI43-2, 259/1927. Hong Kong: Hong Kong Public Records Office.

Probate Jurisdiction Will Files: Ko Ho Ning. 1948-1955. HKPRO Will No.: HKRSI44-6A, 2/57. Hong Kong: Hong Kong Public Records Office.

Probate Jurisdiction: Fu Tak Yung alias... 1963. HKPRO file No.: HKRS96-1, 573/1963. Hong Kong: Hong Kong Public Records Office.

Probate Jurisdiction: Ko Ho Ning. 1965. HKPRO file No.: HKRS96-1, 9/1957. Hong Kong: Hong Kong Public Records Office.

Probate Jurisdiction: Loo Hing Yun @... 1962. HKPRO file No.: HKRS144-6A-2667. Hong Kong: Hong Kong Public Records Office.

Productivity Commission, Australian Government. 1999. *Australia's Gambling Industries: Inquiry Report*. http://www.pc.gov.au/projects/inquiry/gambling/docs/finalreport.

Ramp, W. and Badgley, K. 2009. Blood money: Gambling and the formation of civic morality, in Cosgrave, J. F. and Klassen, T. R. (eds.) *Casino State: Legalized Gambling in Canada*, pp. 19-45. Toronto: University of Toronto Press.

Reith, G. 1999. *The Age of Chance: Gambling in Western Culture*. London: Routledge.

Rephann, T. J., Dalton, M., Stair, A. and Isserman, A. 1997. Casino gambling as an economic development strategy, *Tourism Economics*. 3(2), 161-183.

Rose, I. N. 1995. Local gambling operations may collapse, in Cozic, C. P. and Winters, P. A. (eds.) *Gambling*, pp. 144-152. San Diego: Greenhaven Press.

Schumpeter, J. A. 1996. *The Theory of Economic Development*, 4th edition. New Brunswick, London: Transaction Publishers.

Scodel, A. 1964. Inspirational group therapy: A study of gamblers anonymous, *American Journal of Psychotherapy*. 18, 115-125.

Shakespeare, W. 1936. *The Complete Works of Shakespeare*. Boston: Ginn.

Sit, V. F. S. 1991. Evolution of Macau's economy and its export-oriented industries, *Copenhagen Papers in East and Southeast Asian Studies*. 6, 63-88.

Skolnick, J. H. 1968. Coercion to virtue: The enforcement of morals, *Southern California Law Review*. 41, 588-641.

Skolnick, J. H. and Dombrink, J. 1978. The legalization of deviance, *Criminology*. 16(2), 193-208.

Slack, E. R., Jr. 2001. *Opium, State, and Society: China's Narco-economy and the Guomindang, 1924–1937*. Honolulu: University of Hawaii Press.

Smeral, E. 1998. Economic aspects of casino gaming in Austria, *Journal of Travel Research*. 36, 33-39.

Smith, A. 2002. *The Theory of Moral Sentiments*. Cambridge: Cambridge University Press.

Smith, A. 2003. *The Wealth of Nations*. New York: Bantam Classic.

Smith, C. 1983. Compradores of the Hong Kong Bank, in King, F. H. H. (ed.) *Eastern Banking Essays in the History of Hong Kong & Shanghai Banking Corporation*, pp. 93-111. London: Athlone Press.

Smith, G., Wynne, H. and Hartnagel, T. 2003. *Examining Police Records to Assess Gambling Impacts: A Study of Gambling-related Crime in the City of Edmonton*. Edmonton: Alberta Gaming Research Institute.

Social Welfare Bureau. 2001. *Report on Drug Control in Macao (1991–2000)*. http://www.ias.gov.mo/stat/dptt_relatorio/relatorio.htm.

Sombart, W. 1962. *The Jews and Modern Capitalism*, trans. Epstein, M., Collier Books, New York.

South Australian Centre for Economic Studies. 2008. *Social and Economic Impact Study into Gambling in Tasmania. Volume 1: Final Report*. Adelaide: South Australian Centre for Economic Studies.

South China Morning Post. Various years.

South Waikato District Council. 2006. *Gambling in the South Waikato District: An Assessment of Social and Economic Impacts*. Tokoroa: South Waikato District Council.

Spectrum Gaming Group. 2009. *Gambling in Connecticut: Analyzing the Economic and Social Impacts*. Linwood: Spectrum Gaming Group.

Statistics and Census Service. 1998. *Macao and its Population Changes over 500 Years (1500–2000)*. Macao: Macao Government.

Strange, S. 1986. *Casino Capitalism*. Oxford: Blackwell.

Strange, S. 1998. *Mad money: When Markets Outgrow Governments*. Ann Arbor: The University of Michigan Press.

Tatler. Various years.

The China Mail. Various years.

The Telegraph. 2010. China's secret gambling problem, January 9.

Thomassen, B. 2009. The uses and meanings of liminality. *International Political Anthropology*, 2(1), 5-27.

Thompson, W. N. 1998. Casinos de Juegos del Mundo: A survey of world gambling, *Annals of the American Academy of Political and Social Science*, 556, 11-21.

United Nations Office on Drugs and Crime. 2010. *A Century of International Drug Control*. Vienna: United Nations Office on Drugs and Crime.

United States General Accounting Office. 2000. *Impact of Gambling: Economic Effects more Measurable than Social Effects*. Washington, DC: United States General Accounting Office.

Veblan, T. 1953. *The Theory of the Leisure Class: An Economic Study of Institutions*. New York: American Library.

Walker, D. M. 2007. *The Economics of Casino Gambling*. Berlin: Springer.

Walker, D. M. and Jackson, J. D. 2007. Do casinos cause economic growth? *American Journal of Economics and Sociology*, 66(3), 593-607.

Weber, M. 1985. *The Protestant Ethic and the Spirit of Capitalism*, trans. Parsons, T. New York: Scribner's Book.

Williams, R. J., Belanger, Y. D. and Arthur, J. N. 2011. *Gambling in Alberta: History, Current Status, and Socioeconomic Impacts*. Final Report submitted to the Alberta Gaming Research Institute. http://research.uleth.ca/seiga/seiga_final_report.pdf.

Williams, R. J., Rehm, J. and Stevens, R. M. G. 2011. *The Social and Economic Impacts of Gambling*. Final Report prepared for the Canadian Consortium for Gambling Research. http://www.ccsa.ca/2011%20CCSA%20Documents/SEIG%20FINAL%20REPORT.pdf.

Willis, C. 2002. *China and Macau*. Aldershot: Ashgate.

Winn, H. 1987. Shun Tak tops league of best performers, *South China Morning Post*, 9 October 1987, p. 32.

Wiseman, P. 2007. Macau leads Las Vegas in gambling. *USA Today*, January 22.

Wong, T. 1990. Stanley Ho, Hong Kong's most flamboyant multimillionaire, loves a bargain, *South China Morning Post*, 11 February 1990, p. D1.

World Casino Directory. 2012. *World casinos*. http://www.worldcasinodirectory.com/casino.htm.

Yeo, F. 1994. *My Memories*. England: No publisher.

Yogonet Gaming News. Various years.

Zabilka, I. L. 1995. Americans have historically considered gambling unethical, in Cozic, C. P. and Winters, P. A. (eds.) *Gambling*, pp. 30-36. San Diego: Greenhaven Press.

Zheng, V. and Wan, P. S. 2014. *Gambling Dynamism: The Macao Miracle*. Berlin: Springer-Verlag.

Zheng, V. and Wong, S. L. 2010. The mystery of capital: Eurasian entrepreneurs' socio-cultural strategies for commercial success in early twentieth-century Hong Kong, *Asian Studies Review*, *34*: 467–487.

Zola, I. K. 1967. Observations on gambling in a lower-class setting, in Herman, R. D. (ed.) *Gambling*, pp. 19-31. New York: Harper & Row.

van Gennep, A. 1961. *The rites of passage*, trans by Vizedom, M. B. and Caffee, G. L. Chicago: University of Chicago Press.

《NOW 新聞》。各年。

《十姑娘回憶錄之與魔鬼抗衡》。2007。香港：壹出版有限公司。

《大公報》。各年。

《大風號》。各年。

《工商日報》。各年。

《工商晚報》。各年。

《中國評論通訊社》。各年。

《今周刊》。各年。

《申報》。各年。

《旭茉 JESSICA》。各年。

《每日頭條》。各年。

《亞洲週刊》。各年。

《忽然一周》。各年。

《明報》。各年。

《東方日報》。各年。

《東周刊》。各年。

《阿斯達克財經》。各年。

《信報》。各年。

《保良局董事》。2009。〈董事履歷：梁安琪〉，載 http://www.poleungkuk.org.hk/images/stories/
PDF/09Angela-Leong.pdf

《南方人物周刊》。各年。

《星島日報》。各年。

《香港 01》。各年。

《香港經濟日報》。各年。

《壹週刊》。各年。

《智富雜誌》。各年。

《華字日報》。各年。

《華僑日報》。各年。

《新會潮連蘆鞭盧氏族譜》。1949。中山：中山文獻館。

《經濟一週》。各年。

《經濟日報》。各年。

《資本雜誌》。各年。

《澳門日報》。各年。

《澳門特別行政區立法會議員資料》。沒年份。〈議員資料：梁安琪〉，載 http://www.al.gov.
mo/zh/deputies/18

《澳門憲報》。各年。

《霍芝庭先生訃告》。1939。香港：私人印發。

《蘋果日報》。各年。

二胡。1980。〈賭場第一把手：「鬼王」葉漢〉，載齊以正、郭峰（編）《香港兆萬新富列傳》，
頁 17-25。香港：文藝書屋。

中國國家統計局。2011。《中國統計年報，2011。北京：中國國家統計局。

文兆堅。2014。《澳門研究書目提要》。澳門：澳門理工學院。

王文達。1999。《澳門掌故》。澳門：澳門教育出版社。

王美英。2001。〈清代賭博論述〉，《武漢大學學報》，第 52 卷，第 3 期，2001 年 5 月，頁
304-308。

王國維。1956。《觀堂集林》(20 卷)。台北：藝文印書館。

台灣行政院經濟委員會。2008。〈我國開放觀光賭場之競爭力分析〉，台北：台灣行政院經
濟委員會。https://ws.ndc.gov.tw/001/administrator/10/relfile/5680/4415/0012611.pdf。

安威管理有限公司。沒年份。〈關於我們〉，載 https://ec5.me/25316600。

行者。1986。〈棺材佬及其後代〉，載齊以正、林鴻籌（編）《香港豪門的興衰》，頁 230-
233。香港：龍門文化事業有限公司。

呂志和 網站。沒年份。〈關於呂志和 〉。http://www.luiprize.org/zh-hant/the-prize。

何文翔。1992。《香港家族史》。香港：明報出版社。

何文翔。1994。《富豪接班人》。香港：明報出版社。

何偉傑。2011。《澳門：賭城以外的文化內涵》。香港：香港城市大學出版社。

何漢威。1996。〈清末廣東的賭商〉，載《中央研究院歷史語言研究所集刊》，第 67 本，頁 61-108。台北：中央研究院。

冷夏。1994。《何鴻燊傳》。香港：明報出版社。

吳志良、湯開建、金國平。2009。《澳門編年史》(第四卷)。廣州：廣東人民出版社。

吳湘衡。1965。〈我所知道的霍芝庭〉、〈霍芝庭這個人〉，《廣州文史資料存稿匯編》，第 10 輯及 15 輯。廣州：廣州政協文史資料研究委員會。

李長森。2010。〈盧九父子與土生葡人飛南第家族〉，載林廣志、呂志鵬 (編) 《盧九家族與華人社會》，頁 142-155。澳門：民政總署。

杜博奇。2014。〈澳門賭史從盧九開始〉，《中華書摘》，第 1 期，頁 53-55。

林廣志。2006。〈晚清澳門華人巨商盧九家族事跡考述〉，《澳門研究》，2006 年 10 月，第 36 期，頁 145-157。

林廣志。2013。《盧九家族研究》。北京：社會科學文獻出版社。

俞大猷。2009。《正氣堂集》(電子版)。北京：北京愛如生數字化技術研究中心。

胡根。2010。〈盧九家族與近代澳門博彩業〉，載林廣志、呂志鵬 (編) 《盧九家族與華人社會》，頁 156-163。澳門：民政總署。

胡根。2011。《澳門早期博彩業》。香港：三聯書店 (香港) 有限公司。

桑兵。2004。《庚子勤王與晚清政局》。北京：北京大學出版社。

韋玲。1980。〈自述四十賭場生涯：葉漢先生訪問記摘要〉，載齊以正、郭峰 (編) 《香港兆萬新富列傳》，頁 26-29。香港：文藝書屋。

香港防癌會。沒年份。〈組織架構：執行委員會委員名單〉，載 https://www.hkacs.org.hk/tc/medicalnews.php?id=94。

香港酒店業主聯會。沒年份。〈本會宗旨〉。http://www.fedhotelowners.com.hk。

夏東元。2009。《鄭觀應年譜長編》。上海：上海交通大學。

祝春亭、辛磊。2005。《澳門賭王何鴻燊全傳》。石家莊：湖北人民出版社。

張仲禮、陳曾年、姚欣榮。1991。《太古集團在舊中國》。上海：上海人民出版社。

張廷茂。2011。《晚清澳門番攤賭博專營研究》。廣州：暨南大學出版社。

張卓夫。2010。〈論盧怡若家藏應用文的語言風格及其應用〉，載林廣志、呂志鵬（編）《盧九家族與華人社會》，頁 100-114。澳門：民政總署。

張愛玲。1991。《流言》。台灣：皇冠出版社。

畢亞軍。2015。《呂志和傳》。香港：三聯書店（香港）有限公司。

郭雙林、蕭梅花。1995。《中華賭博史》。北京：中國社會科學出版社。

郭棐。1998。《粵大記》。廣州：中山大學出版社。

陳志峰。2010。〈盧怡若生平初探〉，載林廣志、呂志鵬（編）《盧九家族與華人社會》，頁 202-213。澳門：民政總署。

陳新文。1998。〈早期澳門城市的形成與發展〉，《文化雜誌》，第 36 期，1998 年 12 月號，頁 83-88。澳門：澳門特別行政區政府文化局。

陶世明。1986。〈賭國混江龍後代立品〉，載齊以正、林鴻籌（編）《香港豪門的興衰》，頁 203-208。香港：龍門文化事業有限公司。

麥潔玲。1999。《說吧，澳門》。香港：牛津大學出版社。

傅棣章。2018。〈真正的問題在於決定如何做到最好〉。http://www.ftifoundation.org/tc/exchange-content.php?exchange_content_id=47。

傅德蔭基金有限公司。2018。〈關於我們〉。http://www.ftifoundation.org/tc/page.php?sub_cat_id=4&cat_id=1。

曾慶榴。2009。〈歷史迷霧中的廖仲愷案〉，《粵海風》，2009 年第 3 期，頁 10-19。

湯開建。1995。〈澳門諸名淺議〉，《文化雜誌》，第 23 期，1995 年 6 月號，頁 29-38。澳門：澳門特別行政區政府文化局。

黃仁宇。1997。《資本主義與二十一世紀》。北京：三聯書店。

黃平。2008。《挑戰博彩：澳門博彩業開放及其影響》。北京：社會科學文獻出版社。

黃純怡。2016。〈宋代的賭博風習及其會意義〉，《興大歷史學報》，第 17 期，2016 年 6 月，頁 105-124。

黃啟臣。1999。《澳門通史》。廣東：廣東教育出版社。

黃雁鴻。2010。〈盧九父子與同善堂〉，載林廣志、呂志鵬（編）《盧九家族與華人社會》，頁 176-183。澳門：民政總署。

黃霑。1981。《數風雲人物》。香港：博益出版集團有限公司。

黃鴻釗。1999。《澳門簡史》。香港：三聯書店（香港）有限公司。

黃鴻釗。2015。〈汪柏私許葡人通市〉，《一國兩制研究》，第 24 期，第 2 號，頁 187-192。

楊中美。2001。《賭王何鴻燊傳奇》。台北：時報出版社。

葉農、王桃。2010。〈盧九家族研究綜述：兼論澳門「盧九街」的開闢〉，載林廣志、呂志鵬（編）《盧九家族與華人社會》，頁 164-175。澳門：民政總署。

嘉華集團。沒年份。〈主席及創辦人呂志和博士簡介〉。香港：該集團。https://www.kwah.com/zh-hk/investor-relations/ir-kwah。

趙利峰。2011。〈民國時期的澳門博彩公司鈎沉〉，《暨南學報（哲學社會學版）》，2011 年第 3 期，總第 152 期，頁 188-195。

銀河娛樂集團財政報告。各年。香港：該集團。https://www.galaxyentertainment.com/zh-hant/investor/financial-reports。

銀河娛樂集團新聞稿。各年。香港：該集團。https://www.galaxyentertainment.com/zh-hant/investor/ir-releases。

樂文送。1978。〈賭王何鴻燊〉，載王敬義（編）《香港億萬富豪列傳》，頁 175-187。香港：文藝書屋。

歐陽偉然。2010。〈伍員優賽，卜式輸財：革命老人盧怡若〉，載林廣志、呂志鵬（編）《盧九家族與華人社會》，頁 214-227。澳門：民政總署。

衛恭。1963。〈廣州賭害：番攤、山票、白鴿票〉，《廣州文史資料》，第 9 輯，1963 年，頁 69-71。

鄭天祥、黃就順、張桂霞、鄧漢增。1994。《澳門人口》。澳門：澳門基金會。

鄭宏泰、高皓。2017。《創業垂統》。香港：三聯書店（香港）有限公司。

鄭宏泰、高皓。2019。《為善者王：慈善信託歷史源流與制度分析》。香港：中華書局（香港）有限公司。

鄭宏泰、黃紹倫。2004。《香港華人家族企業個案研究》。香港：明報出版社。

鄭宏泰、黃紹倫。2005。《香港米業史》。香港：三聯書店（香港）有限公司。

鄭宏泰、黃紹倫。2006。《香港股史：1841-1997》。香港：三聯書店（香港）有限公司。

鄭宏泰、黃紹倫。2007。《香港大老：何東》。香港：三聯書店（香港）有限公司。

鄭宏泰、黃紹倫。2010。《婦女遺囑藏著的秘密：人生、家庭和社會》。香港：三聯書店（香港）有限公司。

鄭宏泰、黃紹倫。2011。《一代煙王：利希慎》。香港：三聯書店（香港）有限公司。

鄭宏泰。2014。「買辦與信任——徐潤、鄭觀應和何東的例子」，載莫華釗、梁元生、胡波、侯杰（編）《買辦與近代中西文化交流》，頁 141-159。廣州：廣東經濟出版社。

鄭宏泰。2018。《仁生家族：跨國企業的前世今生》。香港：中華書局。

鄭宏泰。2020。〈昨夜的渡輪上：曾經作別的人和事〉，載鄭宏泰、周文港（編）《東西南北：文咸街的華洋商貿網絡》，頁 102-135。香港：中華書局。

鄭國強。2010。〈清末民初粵澳賭商及其政治關係的歷史回眸〉，載林廣志、呂志鵬（編）《盧九家族與華人社會》，頁 304-323。澳門：民政總署。

鄭棣培。2018。《傅德蔭傳》（傅厚澤記述）。香港：Next Publications Limited。

鄧開頌、謝后和。1999。《澳門歷史與社會發展》。珠海：珠海出版社。

鄧開頌。1999。《澳門歷史：1840-1949》。珠海：珠海出版社。

鄧開頌、黃鴻釗、吳志良、陸曉敏。2000。《澳門歷史新說》。石家莊：花山文藝出版社。

澳門立法會。2001。《娛樂場幸運博彩經營法律制度》。https://www.io.gov.mo/cn/entities/admpub/rec/121610。

澳門特別行政區政府博彩監察協調局。沒年份。《澳門博彩業歷史》。http://www.dicj.gov.mo/web/cn/history/index.html。

蕭亮、辛磊。2005。《葉漢正傳》。石家莊：湖北人民出版社。

顏玉強、張立濤、陳丹、陳波。2005。《中國向賭博說不》。北京：中國青年出版社。

龐尚鵬。1997。《百可亭摘稿》（影印版）。台南：莊嚴文化事業有限公司。

羅新本、許蓉生。2002。《中國古代賭博習俗》。西安：陝西人民出版社。

譚世寶。2010。〈略論清末民初澳門華商之兩頭蛇：以盧九在中葡矛盾中的投機活動為中心〉，載林廣志、呂志鵬（編）《盧九家族與華人社會》，頁 132-141。澳門：民政總署。

譚世寶。2013。〈略評《革命史系·盧公怡若傳》及其誤信者〉，《文化雜誌》中文版第 89 期，頁 167-188。澳門：澳門特區文化局。

譚世寶。2014。〈一個「澳門皇帝」的身後事〉，《羊城晚報》，2014 年 11 月 26 日。

竇儀。1964。《宋刑統》（30 卷）。台北：文海出版社。

竇應泰。2010。《賭王何鴻燊大傳》。北京：團結出版社。

三聯書店
http://jointpublishing.com

JPBooks.Plus
http://jpbooks.plus

| 編輯 | 寧礎鋒 |
| 設計 | 黃詠詩 |

| 書名 | 揸莊家族：澳門龍頭產業造王者 |
| 作者 | 鄭宏泰、高皓 |

| 出版 | 三聯書店（香港）有限公司 ｜
香港北角英皇道 499 號北角工業大廈 20 樓
Joint Publishing (H.K.) Co., Ltd. ｜
20/F., North Point Industrial Building, 499 King's Road,
North Point, Hong Kong |

| 香港發行 | 香港聯合書刊物流有限公司 ｜
香港新界荃灣德士古道 220-248 號 16 樓 |

| 印刷 | 美雅印刷製本有限公司 ｜
香港九龍觀塘榮業街 6 號 4 樓 A 室 |

版次	2023 年 7 月香港第一版第一次印刷
規格	16 開（170mm × 230mm）248 面
國際書號	ISBN 978-962-04-5282-6

| Copyright | ©2023 Joint Publishing (H.K.) Co., Ltd.
Published & Printed in Hong Kong, China |